Reflexión Escaparse del remolino de la vida cotidiana –
Los Sistemas Modulares USM crean ambientes de armonía.

Out Now! La nueva USM iPhone App – www.usm.com/app

Distribución para España: Unidad de sistemas modulares SL, Gran Via Carles III, 98 1° 3ª Torre Norte (Edificio Trade)
08028 Barcelona, Tel. +34 933 390 204, Fax +34 933 390 188, info@usm-es.com
Sede principal: USM U. Schärer Söhne AG, Münsingen Suiza
www.usm.com

"It's time to focus on 21st century needs."

Kazuhiro Kojima, Architect, Tokyo, Japan: Winner of the Global Holcim Awards Silver 2009.

Develop new perspectives for our future: 3rd International Holcim Awards competition for projects in sustainable construction. Prize money totals USD 2 million. www.holcimawards.org

OPEN NOW FOR ENTRIES
www.holcimawards.org

In partnership with the Swiss Federal Institute of Technology (ETH Zurich), Switzerland; the Massachusetts Institute of Technology, Cambridge, USA; Tongji University, Shanghai, China; Universidad Iberoamericana, Mexico City; and the Ecole Supérieure d'Architecture de Casablanca, Morocco. The universities lead the independent juries in five regions of the world. Entries at www.holcimawards.org close March 23, 2011.

The Holcim Awards competition is an initiative of the Holcim Foundation for Sustainable Construction. Based in Switzerland, the foundation is supported by Holcim Ltd and its Group companies and affiliates in more than 70 countries. Holcim is one of the world's leading suppliers of cement and aggregates as well as further activities such as ready-mix concrete and asphalt including services.

2G N.56
Ábalos+Sentkiewicz

Directora Editor-in-chief
Mónica Gili

Editores Editors
Moisés Puente, Anna Puyuelo
e-mail: 2g@ggili.com

Fotografías Photographs
José Hevia

Coordinación editorial
Editorial staff
Saskia Adriaensen,
Laura Torres Roa

Producción Production
Andreas Schweiger

Diseño gráfico Graphic design
PFP, Quim Pintó, Montse Fabregat

Traducción castellana
Spanish translation
Moisés Puente

Traducción inglesa
English translation
Paul Hammond

Fotomecánica Colour separations
Rovira digital, SL

Impresión Printing
Ingoprint

Encuadernación Binding
Garos, SL

Suscripciones Subscriptions
Editorial Gustavo Gili, SL
Departamento de suscripciones
Rosselló 87-89
08029 Barcelona, España
Tel. (+34) 93 322 81 61
Fax (+34) 93 322 92 05
e-mail: suscripciones@ggili.com

Publicidad Advertising
Tender Media
Tel. (+34) 93 18 24 196
e-mail: info@tendermedia.es
www.tendermedia.es

Printed in Spain
Depósito legal: B. 9.309-2000
ISBN: 978-84-252-2375-4

Precio en España Price in Spain
29,50 € IVA incluido

ISSN: 1136-9647
© Editorial Gustavo Gili, SL, 2010

Editorial Publisher
Editorial Gustavo Gili, SL
Rosselló 87-89
080298 Barcelona, España
Tel. (+34) 93 322 81 61
Fax (+34) 93 322 92 05
e-mail: info@ggili.com
www.ggili.com

Cualquier forma de reproducción, distribución, comunicación pública o transformación de esta obra sólo puede ser realizada con la autorización de sus titulares, salvo excepción prevista por la ley. Diríjase a CEDRO (Centro Español de Derechos Reprográficos, www.cedro.org) si necesita fotocopiar o escanear algún fragmento de esta obra. La Editorial no se pronuncia, ni expresa ni implícitamente, respecto a la exactitud de la información contenida en esta publicación, razón por la cual no puede asumir ningún tipo de responsabilidad en caso de error u omisión. All rights reserved. Any form of reproduction, distribution, public transmission or transformation of this work may only be undertaken with the authorisation of the copyright holders, legally constituted exceptions aside. If you need to photocopy or scan any part of this work, get in touch with CEDRO (Centro Español de Derechos Reprográficos/The Spanish Centre for Reprographic Rights, www.cedro.org). The Publisher makes no assertion, either expressly or implicitly, as to the accuracy of the information contained in this magazine, and so cannot assume responsibility of any kind in the event of error or omission.

La fuerza de la unión.

En 2011, las mejores oportunidades del mercado de la Construcción:

- Todos los sectores y las asociaciones apoyan a **CONSTRUMAT**, el salón generalista de la construcción.

- **La oferta de nuestro país es la mejor del mercado internacional.** Productos y Servicios de alta tecnología y alta calidad al mejor precio.

- Acciones específicas para la captación de distribuidores europeos, así como prescriptores y compradores de Brasil y Marruecos.

- Construmat, el **referente sectorial**, apuesta ampliamente por la **Sostenibilidad, Rehabilitación e Innovación** como ejes de desarrollo para el sector.

- 2011, un paso más hacia la interrelación de **la oferta y la demanda**, realizando agendas comerciales para favorecer los mejores resultados.

Construmat, por experiencia, por capacidad, por iniciativa, ahora más que nunca ofrece las mejores soluciones al sector.

Únase a nosotros para aprovechar toda su fuerza.

CONSTRUMAT
BARCELONA
SALÓN INTERNACIONAL DE LA CONSTRUCCIÓN

Fira Barcelona

**Recinto Gran Via
16-21 Mayo 2011**

www.construmat.com

Aerolínea Oficial:

Spanair
A STAR ALLIANCE MEMBER

2G Números publicados / Back Issues

Nº 1. David Chipperfield. Obra reciente (agotado) | Nº 2. Toyo Ito. Sección 1997 (agotado) | Nº 3. Landscape. Estrategias para la construcción del paisaje (agotado) | Nº 4. Arne Jacobsen. Edificios públicos (agotado) | Nº 5. Eduardo Souto de Moura. Obra reciente (agotado) | Nº 6. Ushida Findlay (agotado) | Nº 7. R.M. Schindler. 10 Casas | Nº 8. Arquitectura latinoamericana. Una nueva generación (agotado) | Nº 9. Williams Tsien. Obras (agotado) | Nº 10. Instant China | Nº 11. Baumschlager & Eberle (agotado) | Nº 12. Craig Ellwood. 15 Casas (agotado) | Nº 13. Carlos Jiménez | Nº 14. Construir en las montañas. Arquitectura reciente en los Grisones | Nº 15. Arquitectura italiana de la posguerra 1944-1960 | Nº 16. Foreign Office Architects | Nº 17. Marcel Breuer. Casas americanas (agotado) | Nº 18. Arquitectura y energía | Nº 19. Waro Kishi. Obra reciente (agotado) | Nº 20. Arquitectura portuguesa. Una nueva generación (agotado) | Nº 21. Lacaton & Vassal (agotado) | Nº 22. Ábalos&Herreros | Nº 23-24. Lina Bo Bardi (agotado) | Nº 25. Josep Lluís Mateo. Obra reciente | Nº 26. Mathias Klotz | Nº 27. Mansilla + Tuñón. Obra reciente | Nº 28. Aires Mateus (agotado) | Nº 29-30. Max Bill. Arquitecto | Nº 31. Riegler Riewe | Nº 32. Carlos Ferrater. Obra reciente (agotado) | Nº 33. José Antonio Coderch. Casas (agotado) | Nº 34. Sergison Bates | Nº 35. Burkhalter Sumi. Obra reciente | Nº 36. BKK-3 | Nº 37. Valerio Olgiati (agotado) | Nº 38. Ofis arhitekti | Nº 39/40. Gerrit Th. Rietveld | Nº 41. Eduardo Arroyo | Nº 42. HildundK | Nº 43. Kazuhiro Kojima | Nº 44. Smiljan Radic (agotado) | Nº 45. Paulo Mendes da Rocha | Nº 46. Tony Fretton Architects | Nº 47. Paulo David (agotado) | Nº 48/49. Mies van der Rohe. Casas | Nº 50. Sou Fujimoto | Nº 51. MGM Morales Giles Mariscal | Nº 52. Sauerbruch Hutton | Nº 53. Cecilia Puga | Nº 54. João Vilanova Artigas | Nº 55. Robbrecht en Daem

No. 1 David Chipperfield. Recent work (out of print) | No. 2 Toyo Ito. Section 1997 (out of print) | No. 3 Landscape. Strategies for the construction of landscape (out of print) | No. 4 Arne Jacobsen. Public buildings (out of print) | No. 5 Eduardo Souto de Moura. Recent work (out of print) | No. 6 Ushida Findlay (out of print) | No. 7 R.M. Schindler. 10 Houses | No. 8 Latin American architecture. A new generation (out of print) | No. 9 Williams Tsien. Works (out of print) | No. 10 Instant China | No. 11 Baumschlager & Eberle (out of print) | No. 12 Craig Ellwood. 15 Houses (out of print) | No. 13 Carlos Jiménez | No. 14 Building in the Mountains. Recent Architecture in Graubünden | No. 15 Postwar Italian Architecture 1944-1960 | No. 16 Foreign Office Architects | No. 17 Marcel Breuer. American Houses (out of print) | No. 18 Architecture and energy | No. 19 Waro Kishi. Recent Works (out of print) | No. 20 Portuguese architecture. A new generation (out of print) | No. 21 Lacaton & Vassal (out of print) | No. 22 Ábalos&Herreros | No. 23-24 Lina Bo Bardi (out of print) | No. 25 Josep Lluís Mateo. Recent Works | No. 26 Mathias Klotz | No. 27 Mansilla + Tuñón. Recent work | No. 28 Aires Mateus (out of print) | No. 29-30 Max Bill. Architect | No. 31 Riegler Riewe | No. 32 Carlos Ferrater. Recent work (out of print) | No. 33 José Antonio Coderch. Houses (out of print) | No. 34 Sergison Bates | No. 35 Burkhalter Sumi. Recent work | No. 36 BKK-3 | No. 37 Valerio Olgiati (out of print) | No. 38. Ofis arhitekti | No. 39/40. Gerrit Th. Rietveld | No. 41. Eduardo Arroyo | No. 42. HildundK | No. 43. Kazuhiro Kojima | No. 44. Smiljan Radic (out of print) | No. 45. Paulo Mendes da Rocha | No. 46. Tony Fretton Architects | No. 47. Paulo David (out of print) | No. 48/49. Mies van der Rohe. Houses | No. 50. Sou Fujimoto | No. 51. MGM Morales Giles Mariscal | No. 52. Sauerbruch Hutton | No. 53. Cecilia Puga | No. 54. João Vilanova Artigas | No. 55. Robbrecht en Daem

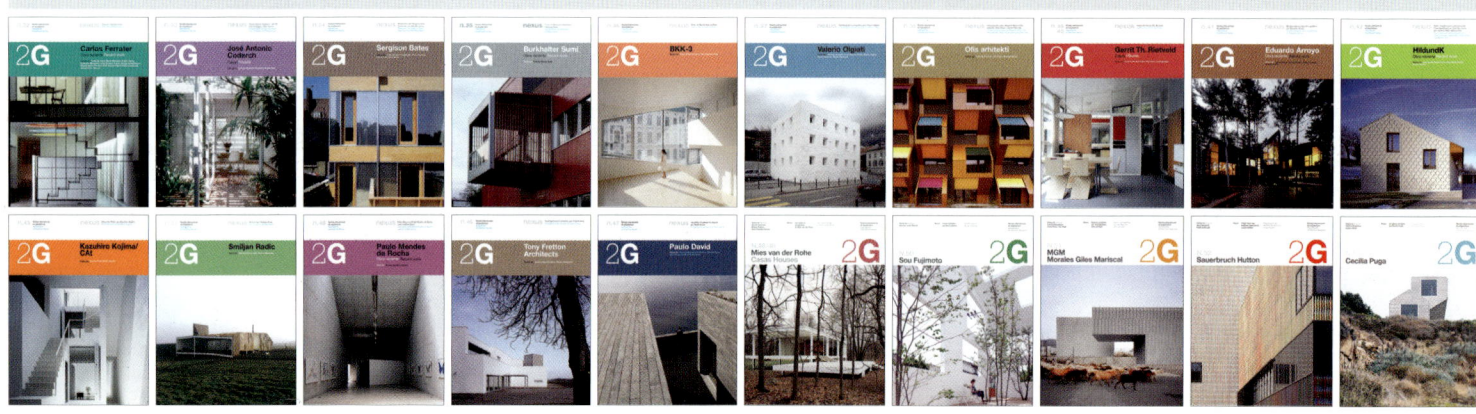

2G N.56
Ábalos+Sentkiewicz

tune the light

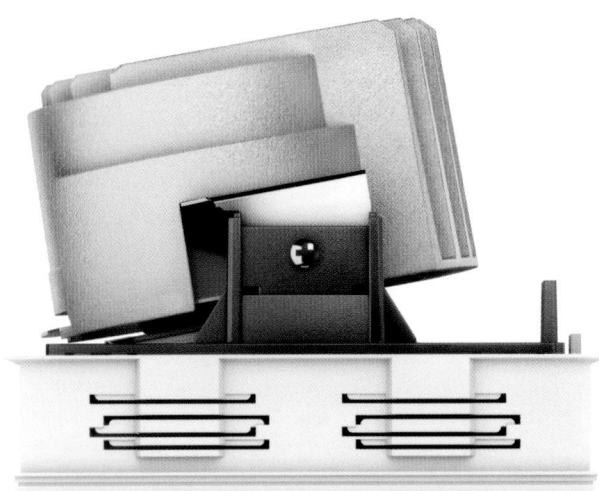

Quintessence LED

Presentamos un nuevo programa de Downlights perfectamente adaptado al concepto del confort visual eficiente: Quintessence de ERCO. En este sistema con alrededor de 1.200 elementos de iluminación diferenciados, los LEDs constituyen la principal fuente de luz. Quintessence ofrece más de 350 luminarias empotrables en el techo con LEDs: en distintos tamaños, formas y niveles de potencia, como bañadores de pared para la iluminación vertical eficiente, como Downlights con radiación de rotación simétrica o como proyectores orientables y proyectores empotrables para la iluminación de acento. Equipados con LEDs de alto rendimiento y larga duración en blanco luz diurna, blanco cálido y técnica varychrome de 4 canales. Con una potencia instalada de sólo 28W, generan flujos luminosos de hasta 2.160lm, mientras que una lámpara halógena de bajo voltaje equiparable necesita 100W. Estos datos lo ponen de manifiesto: aquí reside el futuro de la iluminación integrada en el techo.

www.erco.com

ERCO

2G N.56
Ábalos+Sentkiewicz

Índice Contents

4 **CONTRA EL NATURALISMO: ÁBALOS+SENTKIEWICZ Y LA BELLEZA DE LA SOSTENIBILIDAD**
AGAINST NATURALISM: ÁBALOS+SENTKIEWICZ AND THE BEAUTY OF SUSTAINABILITY
PHILIP URSPRUNG

13 **LA ARQUITECTURA TERMODINÁMICA DE ÁBALOS+SENTKIEWICZ**
THE THERMODYNAMIC ARCHITECTURE OF ÁBALOS+SENTKIEWICZ
FLORENCIO MANTECA

20 Bloque de viviendas en la calle Orfila, Madrid
Orfila Street housing block, Madrid

32 Aparcamiento, Princeton
Carpark, Princeton

36 Estación Osmose, proyecto Grand Paris, París
Osmose station, Grand Paris project, Paris

42 CaixaForum, Zaragoza
CaixaForum, Saragossa

46 Centro de ocio para mayores, Azuqueca de Henares, Guadalajara
Senior citizens' leisure centre, Azuqueca de Henares, Guadalajara

56 Orange County Museum of Art, Orange County
Orange County Museum of Art, Orange County

60 Torre Porte de la Chapelle, París
Porte de la Chapelle Tower, Paris

64 Edificio de oficinas Lolita, Madrid
Lolita office building, Madrid

76 Centro de Artes Escénicas, Taipei
Performing Arts Centre, Taipei

82 Observatorio del Palmeral de Elche
Observatory of Elche Palm Grove

86 Estudio Albert Oehlen, Bülher
Atelier Albert Oehlen, Bülher

96 Torre Spina, Turín
Spina Tower, Turin

100 Estación intermodal, parque y torres de viviendas, Logroño
Intermodal station, park and housing towers, Logroño

106 CaixaForum, Sevilla
CaixaForum, Seville

110 Fundació Antoni Tàpies, Barcelona
Fundació Antoni Tàpies, Barcelona

124 Biografía
Biography

125 Nexus
LA BELLEZA TERMODINÁMICA
THERMODYNAMIC BEAUTY
IÑAKI ÁBALOS

15 NOTAS + 5 ANOTACIONES
15 NOTES + 5 ANNOTATIONS
IÑAKI ÁBALOS, RENATA SENTKIEWICZ + ENRIQUE WALKER

Cubierta: Edificio de oficinas Lolita, Madrid Lolita office building, Madrid © José Hevia

Contra el naturalismo: Ábalos+Sentkiewicz y la belleza de la sostenibilidad
Against naturalism: Ábalos+Sentkiewicz and the beauty of sustainability
Philip Ursprung

1. Lefebvre, Henri, *La production de l'espace* [1974], Anthropos, París, 2000⁴.

1. Lefebvre, Henri, *La production de l'espace* [1974], Anthropos, Paris, 200,4ᵗʰ ed. (English version: *The production of space*, Blackwell, Oxford, 1991, p. 54).

En su libro *La production de l'espace*, Henri Lefebvre plantea la siguiente pregunta: "¿Ha producido el socialismo de Estado un espacio propio? [...] La cuestión no carece de importancia. Una revolución que no produzca un espacio nuevo no ha desarrollado todo su potencial; de hecho, ha fracasado en no haber cambiado la vida en sí, sino que simplemente ha cambiado las superestructuras ideológicas, las instituciones y el aparato político. Para que tenga un carácter verdaderamente revolucionario, una transformación social debe manifestar una capacidad creativa en sus efectos sobre la vida cotidiana, sobre el lenguaje y sobre el espacio".[1]

Henri Lefebvre dice a sus lectores que, en el momento presente y por falta de información o entendimiento, él no puede ofrecer respuestas satisfactorias. En la actualidad, más de dos décadas después de la desaparición del socialismo de Estado, podemos contestar la pregunta que planteaba Lefebvre con un "sí". Quien viaje a Europa del Este puede presenciar la absorción en curso del régimen especial socialista por el régimen espacial del capitalismo. La privatización de antiguos terrenos de propiedad estatal y la presión para maximizar beneficios y adaptarse de un modo rápido y flexible a clientes cambiantes, ha cambiado el aspecto de fachadas, plazas y calles, ha tenido su influencia en la vida útil de los edificios, y ha desplazado las fronteras entre lo privado y lo público, entre el trabajo y el ocio. Mientras los políticos y los inversores demolieron la mayor parte de los vestigios del pasado socialista durante la década de 1990 —como, por ejemplo, el Palast der Republik en Berlín Este—, una nueva generación de artistas y arquitectos siente ahora compasión por este pasado perdido. Resulta paradójico que la existencia del espacio socialista se vuelva visible sólo después de haberse desvanecido.

Henri Lefebvre interpretó la espacialidad como un indicador de transformación social, política y económica. El análisis de la espacialidad no sólo le permitía averiguar más acerca del pasado, sino también especular acerca del futuro. Por ejemplo, en su libro *La revolución urbana* describe un régimen futuro de "urbanización total", un régimen que debería suceder al dominio de la Revolución Industrial. Mientras esta última producía una espacialidad marcada por la repetición y la multiplicación, la primera se anunciaba mediante la diferencia y la contradicción interna. Mientras escribía el libro, Lefebvre sentía que la "urbanización total" no había ocurrido todavía: "Lo urbano

In his book *The production of space* (1974), Henri Lefebvre asks the following question: "Has state socialism produced a space of its own? [...] The question is not unimportant. A revolution that does not produce a new space has not realized its full potential; indeed it has failed in that it has not changed life itself, but has merely changed ideological superstructures, institutions or political apparatuses. A social transformation, to be truly revolutionary in character, must manifest a creative capacity in its effects on daily life, on language and on space."[1]

Henri Lefebvre tells his readers that he cannot, at the present time, for lack of information or comprehension, give satisfactory answers. Today, more than two decades after the disappearance of state socialism, we can answer Lefebvre's question with a "yes." Anyone who travels to Eastern Europe can witness the ongoing absorption of the socialist special regime by the spatial regime of capitalism. The

Tomas Florschuetz, *Sín título (Palast) 46,* **2006, 183 x 228 cm, impresión en color.**
Thomas Florschuetz, *Untitled (Palast) 46,* **2006, 183 x 228 cm, colour print.**

© Cortesía de la Galerie m/*Courtesy Galerie m*, Bochum y del artista/*and the artist*, Berlín/*Berlin*.
© Vegap, Barcelona 2010.

Philip Ursprung (Baltimore, 1963) estudió Historia del Arte en Ginebra, Viena y Berlín. Desde 2005 es catedrático de arte moderno y contemporáneo de la Universität Zürich. Ha sido profesor en la ETH de Zúrich, en la Universität der Künste de Berlín y en Columbia University, Nueva York. Fue comisario de *Herzog & de Meuron: Archeology of the mind*, celebrada en el Canadian Centre for Architecture (CCA) de Montreal, exposición de la que editó su catálogo *Herzog & de Meuron: Natural history* (Lars Müller, Baden, 2002). Ha escrito la introducción del libro *Studio Olafur Eliasson: An encyclopedia* (Taschen, Colonia, 2008) y fue el editor de *Caruso St John: Almost everything* (Polígrafa, Barcelona, 2008). Su libro más reciente es *Die Kunst der Gegenwart* (Beck, Múnich, 2010), y próximamente la editorial University of California Press publicará *Allan Kaprow, Robert Smithson, and the limits to art*.

Philip Ursprung (Baltimore, 1963) studied art history in Geneva, Vienna, and Berlin. Since 2005 he has been Professor of Modern and Contemporary Art at Zürich University. He has taught at ETH Zurich, the Universität der Künste in Berlin and the Graduate School of Architecture, Planning and Preservation of Columbia University, New York. At the Canadian Centre for Architecture (CCA) in Montreal he curated the exhibition *Herzog & de Meuron: Archaeology of the mind* and edited the catalogue *Herzog & de Meuron: Natural history* (Lars Müller, Baden, 2002). He wrote the introduction to *Studio Olafur Eliasson: An encyclopedia* (Taschen, Cologne, 2008) and is the editor of *Caruso St John: Almost everything* (Polígrafa, Barcelona, 2008). His most recent book is *Die Kunst der Gegenwart* (Beck, Munich, 2010). His book *Allan Kaprow, Robert Smithson, and the limits to art* is forthcoming from the University of California Press.

2. Lefebvre, Henri, *La révolution urbaine*, Gallimard, París, 1970 (versión castellana: *La revolución urbana*, Alianza Editorial, Madrid, 2003).
3. Ibíd.
4. Meadows, Donella H., et al. (eds.), *The limits to growth. A report for the Club of Rome's project on the predicament of mankind*, Universe Books, Nueva York, 1972 (versión castellana: *Los límites del crecimiento: informe al Club de Roma sobre el predicamento de la humanidad*, Fondo de Cultura Económica, Ciudad de México, 1988).

2. Lefebvre, Henri, *La révolution urbaine*, Gallimard, París, 1970 (English version: *The urban revolution*, University of Minnesota Press, Minneapolis, 2003, p. 16).
3. Ibíd., p. 29.

La canciller alemana Angela Merkel de visita en Groenlandia.
The Chancellor of Germany Angela Merkel visiting Greenland.

© Michael Kappeler/ AP Photo/Gtresonline

[una forma abreviada de sociedad urbana] puede definirse, pues, no como una realidad que se ha logrado, situada en el tiempo detrás del momento presente, sino, al contrario, como un horizonte, una virtualidad reveladora".[2] A Lefebvre le interesaba menos lo obvio que lo latente, aquello que está por venir y que todavía no era visible. Lefebvre llamó a estos fenómenos "campos ciegos": "En el pasado había un campo entre lo rural y lo industrial [del mismo modo que en la actualidad existe entre lo industrial y lo urbano] que nos era invisible".[3]

Lefebvre no escribió acerca de la revolución ecológica y, por supuesto, nadie hoy en día puede decir si realmente existe tal revolución, o, por decirlo en términos de Lefebvre, si son revolucionarias las transformaciones de las que estamos siendo testigos desde principios de la década de 1970, fecha de la publicación del libro *Los límites del crecimiento*,[4] que provocó el movimiento de protección medioambiental. Sin duda, los medios de comunicación están repletos de malas noticias sobre el cambio climático, sobre huracanes, inundaciones, sequías y vertidos de petróleo. El miedo actual de una catástrofe ecológica recuerda al temor a la bomba atómica en las décadas de 1940 y 1950. Mientras que durante la Guerra Fría los políticos solían sostener a niños en sus brazos con el fin de mostrar que estaban preocupados por el futuro de la sociedad, ahora se los muestra acariciando glaciares en Groenlandia para demostrar su preocupación por el futuro del planeta. 'Sostenibilidad' es la palabra mágica, y para la mayoría de ciudadanos preocupados por el tema, la "cumbre del clima" de Copenhague parece ser más importante que los encuentros del G8 o acontecimientos como la Conferencia Ministerial de la Organización Mundial del Comercio, celebrada en Seattle en 1999. Sigue sin quedar claro si de hecho estos fenómenos están cambiando nuestras vidas de una forma que no sea superficial, si sólo los observamos en los medios de comunicación de masas, o si en realidad los experimentamos en el modo en que conducimos nuestras vidas cotidianas. Si asumimos la idea de Lefebvre; es decir, que para averiguar si en realidad está teniendo lugar una revolución, deberíamos mirar el espacio que ésta produce, deberíamos contemplar una serie de cuestiones importantes.

Ábalos+Sentkiewicz pertenecen a ese tipo de arquitectos que no sólo se plantean tales cuestiones, sino que también producen respuestas. En su texto "La belleza termodiná-

privatization of formerly state-owned land, and the pressure to maximize profits and to adapt flexibly and rapidly to changing clients, has changed the way façades, squares and streets look, has influenced the lifespan of buildings and has shifted the boundaries between the private and the public, between work and leisure. While politicians and investors demolished most remnants of the socialist past during the 1990s—for instance the Palast der Republik in East Berlin—a new generation of artists and architects now feels much sympathy for this lost past. It is a paradox that socialist space becomes visible only after it has vanished.

Lefebvre interpreted spatiality as an indicator of social, political and economic transformation. The analysis of spatiality not only allowed him to find out more about the past, but also to speculate about the future. For instance, in his book *The urban revolution* he describes a future regime of "complete urbanization" which shall succeed the realm of the industrial revolution. While the latter produced a spatiality that was marked by repetition and multiplication, the former is announced by difference and internal contradiction. When Lefebvre wrote the book he felt that the "complete urbanization" had not yet happened: "The urban [an abbreviated form of urban society] can therefore be defined not as an accomplished reality, situated behind the actual in time, but, on the contrary, as a horizon, an illuminating virtuality."[2] He was thus less interested in the obvious than

5. Ábalos, Iñaki, "La belleza termodinámica", publicado en la sección Nexus de esta publicación, págs. 127-136 (127).
4. Meadows, Donella H., et al (eds.), *The limits to growth. A report for the Club of Rome's project on the predicament of mankind*, Universe Books, New York, 1972.
5. Ábalos, Iñaki, "Thermodynamic beauty," published in this monograph: pp. 127-136 (127).
6. Ábalos, Iñaki, *Atlas pintoresco. Vol. 1: El observatorio*, and *Atlas pintoresco. Vol. 2: Los viajes*, Editorial Gustavo Gili, Barcelona, 2005 and 2008.

mica", Iñaki Ábalos escribe: "Sólo si hay una verdadera discusión estética, si hay una idea de belleza asociada a la sostenibilidad, ésta podrá interesar a la arquitectura de una forma no circunstancial y tendrá sentido trabajar sobre ella".⁵ Es precisamente este debate estético lo que está en juego en su intento en curso por huir del dilema de una arquitectura aún cautiva entre los dos polos de la "arquitectura ecológica". A pesar, o a causa, del progreso constante de la tecnología de la construcción, de los nuevos materiales, de la legislación, de los subsidios y de una demanda en rápido crecimiento en el mercado internacional, la mayor parte de la arquitectura ecológica imita de una forma naíf la maquinaria *high tech* o el bricolaje de base. Su vocabulario formal tiene ahora su propio lenguaje y ronda en algún lugar entre el mimetismo de la era espacial y el de la Edad de Piedra.

El dilema estético tiene sus raíces en los propios orígenes de la arquitectura moderna, y se remonta al Crystal Palace que Joseph Paxton construyó para la Gran Exposición de Londres de 1851. Para que el barrio aristócrata de Hyde Park le concediera el permiso para construir la nave de exposiciones temporales, Paxton tuvo que preservar una hilera de olmos añejos. Construyó una nave similar a los invernaderos, de los que era un especialista, y así se las arregló para proteger e integrar los árboles dentro del edificio construido. El edificio, producido industrialmente —cons-

in the latent, in things to come that were not yet visible. He called those phenomena "blind fields": "In the past there was a field between the rural and the industrial [just as there is today between the industrial and the urban] that was invisible to us."³

Lefebvre did not write about the ecological revolution. And, of course, nobody at the present moment can tell if such a revolution actually exists, or whether (to stick with Lefebvre's terminology) the transformations that we have witnessed since the early 1970s, when the book *The limits to growth* was published, triggering the environmental protection movement, are revolutionary at all.⁴ Without doubt, the present-day media is full of bad news on climate change, hurricanes, floods, droughts and oil spills, to the point where the current fear of ecological catastrophe recalls the fear of the atomic bomb in the 1940s and 1950s. And while politicians during the Cold War used to take small children in their arms in order to show that they cared about the future of society, they are now shown caressing glaciers in Greenland to show that they care about the future of the planet. "Sustainability" is the magic word, and the "climate summit" in Copenhagen seems to be more important to most concerned citizens than the meetings of G8, or events such as the World Trade Organization Ministerial Conference in Seattle in 1999. Yet it remains unclear whether these phenomena are actually changing our lives in a more than superficial way and whether we actually experience them in the way we lead our daily lives. If we take up Lefebvre's idea—namely, that in order to find out if a revolution is actually taking place we should look at the space it produces—this leads to a series of important questions. Ábalos+Sentkiewicz belong to those architects who are not merely raising such questions but also producing answers. In his text "Thermodynamic beauty," Iñaki Ábalos writes: "only if there is genuine aesthetic debate, if there is an idea of beauty associated with sustainability, will the latter be able to appeal to architecture in a non-circumstantial way —and will encourage architects to work on it."⁵ It is precisely this aesthetic debate that is at stake in their ongoing attempt to escape the dilemma of an architecture that still remains caught between the two poles of "ecological architecture." Despite (or perhaps because of) the steady progress in building technology, in new materials, in legislation and subsidies, and a rapidly growing demand on an international market, most ecological architecture naively imitates either high-tech machinery or grass root *bricolage*. It has no formal vocabulary of its own and hovers somewhere between space age and Stone Age.

The aesthetic dilemma has its roots in the very origins of modernist architecture, specifically in the Crystal Palace built by Joseph Paxton for the 1851 London Great Exhibition. In order to get permission for the temporary exhibition hall in Hyde Park, Paxton had to spare a row of old elm trees. He built a "nave," in the manner of the greenhouses he was an expert in, and thus managed both to protect and to integrate the trees into the built structure. The industrially produced building, made out of iron beams, wooden boards and glass panes, and assembled by an army of railway workers in only four months, incorporates the very nature it has ousted as an image. This "dialectic" relationship, as Robert Smithson might say, between the preindustrial and the industrial has informed modern architecture

El Crystal Palace, Londres, 1851.
The Crystal Palace, London, 1851.

6. Ábalos, Iñaki, *Atlas pintoresco. Vol. 1: el observatorio*, y *Atlas pintoresco. Vol. 2: los viajes*, Editorial Gustavo Gili, Barcelona, 2005 y 2008.
7. Smithson, Robert, "A museum of language in the vicinity of art," in *Art International*, March 1968. Published also in Flam, Jack (ed.), *Robert Smithson. The collected writings*, California University Press, Berkeley/Los Angeles/London, 1996, pp. 78-94 (85).
7. Smithson, Robert, "A museum of language in the vicinity of art," in *Art International*, March 1968. Published also in Flam, Jack (ed.), *Robert Smithson. The collected writings*, California University Press, Berkeley/Los Angeles/London, 1996, pp. 78-94 (85).

truido con vigas metálicas, tableros de madera y paños de vidrio y que fue ensamblado por un ejército de trabajadores ferroviarios en sólo cuatro meses—, incorpora la propia naturaleza que había expulsado como imagen. Tal como diría Robert Smithson, esta relación "dialéctica" entre lo preindustrial y lo industrial ha alimentado la arquitectura moderna desde entonces. Las reliquias del Antiguo Régimen están atrapadas como fantasmas dentro del envase de la espacialidad moderna; ambas se encuentran inseparablemente entrelazadas. A falta de otros conceptos, podríamos denominar "naturalista" a esta actitud, o ideología, puesto que se basa en la asunción de que en realidad existe una cosa, la naturaleza, y que el significado de la arquitectura reside en su capacidad de articular, enmarcar, ensalzar y controlar las fuerzas de la naturaleza. Ábalos+Sentkiewicz ponen mucha energía en la investigación de este problema fundamental. De hecho, los dos volúmenes del *Atlas pintoresco*[6] de Iñaki Ábalos pueden leerse como una historia crítica del naturalismo: una narrativa sobre los parques y los paisajes artificiales: sobre la imagen de la naturaleza, sobre la observación, la cartografía y el escrutinio de aquello que no se conoce y su transformación en imágenes. También constituye un viaje que conduce al lector a través de la historia de la invención y de la estetización de la naturaleza en los siglos XIX y XX, muy en la línea de lo que sostenía Robert Smithson: "La 'naturaleza' es simplemente otra ficción de los siglos XVIII y XIX".[7]

Interfaz
Comparable con la de Robert Smithson, la postura de Ábalos+Sentkiewicz respecto al naturalismo es crítica e irónica. Si se miran algunos detalles de sus proyectos, puede percibirse cómo tratan con esta ambivalencia. Uno de los ejemplos son las rejas metálicas del edificio de viviendas en la calle Orfila, en el centro de Madrid, unas rejas que aluden al "mirador", esa especie de balcón estrecho y acristalado que sirve de barrera climática y que se ha popularizado por todo el centro de Madrid desde el siglo XIX. Conformados como ornamentos vegetales, recuerdan al vocabulario formal del modernismo, a las obras maestras de Antoni Gaudí en Barcelona. Se trata de interfaces, de elementos que median entre la luz del sol y la sombra, entre la fachada y el interior, lo público y lo privado, la función y el decoro, entre lo figurativo y lo abstracto. A un nivel metafórico, las rejas metálicas también representan la mediación entre el régimen histórico y el económico. El edificio de viviendas se sitúa junto a un palacete decimonónico, propiedad de una familia que posee una de las colecciones de arte más importantes de España, familia que también es propietaria del nuevo edificio de viviendas. El edificio se sitúa, pues, en un umbral entre dos regímenes espaciales diferentes: un pasado aristocrático más estático, basado en la propiedad de tierras, y una situación contemporánea más dinámica, fundamentada en el valor de las propiedades inmobiliarias urbanas. Mientras el régimen aristocrático utilizaba la naturaleza como un telón de fondo —a modo de parques, árboles añejos, segundas residencias veraniegas, etc.— y hacía uso de amplios espacios abiertos, el régimen urbano incorpora la naturaleza como imagen y comprime el espacio hasta el punto de convertirlo casi en superficies planas, o, como diría Frederic Jameson, en "superficialidad". Mientras que para la espacialidad aristocrática el

ever since. The relics of the *ancien régime* are caught like phantoms within the hull of modernist spatiality. Both are inseparably intertwined. For lack of other terms, one might call this attitude or ideology "naturalist," since it is based on the assumption that there is actually such a thing as nature on the one hand, and that architecture's meaning resides in its capacity to articulate, frame, enhance and control the forces of nature on the other. Ábalos+Sentkiewicz have put much energy into the investigation of this basic problem. In fact, Iñaki Ábalos's two-volume *Atlas pintoresco*[6] can be read as a critical history of naturalism. It is a narrative about parks and artificial landscapes, about the image of nature, about the observation, mapping and surveillance of what is not known and its transformation into images. And it is also a journey that leads the reader through the history of the invention and aestheticization of nature in the 19th and 20th centuries —very much in the sense of Robert Smithson, who stated: "'Nature' is simply another 18th- and 19th-century fiction."[7]

Interface
As with Robert Smithson, Ábalos+Sentkiewicz's attitude toward naturalism is critical and ironic. If one looks at the details of their projects, it becomes clear how they deal with this ambivalence. One example is the metal grilles they designed for the apartment block in Orfila Street, in the centre of Madrid. These grilles allude to the *mirador*, a sort of narrow, glazed balcony that serves as a climate barrier and has been popular since the 19th century throughout the inner part of Madrid. They are shaped like vegetal ornaments and recall the formal vocabulary of Art Nouveau, namely the masterworks of Antoni Gaudí in Barcelona. They are interfaces, elements that mediate between sunlight and shadow, façade and interior, private and public, function and decorum, the figurative and the abstract. On a metaphorical level the metal grilles also stand for the mediation between historical and economic regimes. The apartment block is adjacent to a 19th-century palace. Its owners, a family who owns one of the most important art collections in Spain, are also the proprietors of the apartment building. The Orfila apartment block thus stands on a threshold between different spatial regimes: A more static aristocratic past based on landownership and a more dynamic contemporary situation based on the value of urban real estate. While the aristocratic regime used nature as a backdrop—in the guise of parks, ancient trees, second homes for the summer, and so on—and drew on wide, open spaces, the urban regime incorporates nature as image and compresses space to the point where it almost turns into flat surfaces, or "depthlessness" as Fredric Jameson might say. Whereas for aristocratic spatiality emptiness was marked by a *horror vacui* where blank space had to be filled and ornamented, urban spatiality considers emptiness as a luxury (a promise of further profit, so to speak). It is no coincidence that, like the Crystal Palace, the footprint of the Orfila apartment block responds to the siting of an old tree in the palace's garden.
The grilles are thus more than a merely formal reference, or sign, that "contextualizes" the building and that adapts itself stylistically to its neighbours. They are indispensable artifacts that not only produce a specific atmosphere and ever-changing arabesques of light and shade inside the

vacío se caracterizaba por un *horror vacui*, donde el espacio vacío debía llenarse y ornamentarse, la espacialidad urbana considera el vacío como un lujo (la promesa de un beneficio futuro, por decirlo de alguna manera). No es casualidad que, como el Crystal Palace, la huella del edificio de viviendas de la calle Orfila sea una reacción al emplazamiento de un árbol añejo que había en el jardín del palacete.

Las rejas son, pues, más que una mera referencia formal o signo que "contextualiza" el edificio y lo adapta estilísticamente a sus vecinos; son artefactos imprescindibles que no sólo producen una atmósfera concreta y unos arabescos siempre cambiantes de luces y sombras en el interior de las viviendas, sino que también constituyen una piedra de toque conceptual de todo el edificio. Al igual que el portal del edificio recubierto con espejos que transforman la entrada en un *hall* cristalino que se refleja a sí mismo y que lleva luz al interior, las rejas funcionan tanto a nivel fenomenológico como práctico. Ambos dispositivos articulan la colisión anacrónica entre dos regímenes espaciales y económicos y, de este modo, sitúan el edificio en un marco estético, histórico y económico. Como dispositivos, las rejas son "ecológicas" no tanto en el sentido de representación de cualidades técnicas de un bajo consumo energético y un buen aislamiento, sino en el sentido más amplio de interactuar con el entorno. Su "sostenibilidad" no se reduce a la técnica, sino que más bien reside en la manera como media de forma flexible dentro de las diversas capas de representación en la ciudad, dentro de espacios en conflicto, tanto de un espacio real como de espacios simbólicos de la complejidad urbana.

Mientras que las viviendas en la calle Orfila se sitúan en el centro mismo de Madrid, el edificio de oficinas Lolita de Ábalos+Sentkiewicz se sitúa en la periferia, en un cruce de diversas autopistas en el borde mismo de la ciudad. Mientras que el espacio ha cristalizado en un estado sólido en el centro colmatado de Madrid, en los márgenes de la ciudad el espacio es fluido. Se trata de una situación que podría denominarse "pintoresca", en el sentido que Robert Smithson otorga al término; es decir, un lugar donde colisionan varios regímenes temporales y espaciales, donde reina el anacronismo y la disyunción. Los coches circulan sobre las bandas curvas de hormigón como bailarines en un interminable *ballet mécanique*. Centros comerciales, oficinas y viviendas se mezclan en un paisaje urbano lleno de expectación, de cosas por venir, un *terrain vague* donde cada centímetro cuadrado de terreno parece prometer un beneficio futuro. El edificio se caracteriza por formas ovoides fluidas y por el contraste entre el hormigón blanco y los vidrios azules.

A primera vista, uno podría tomar este edificio por un vástago genuino de la villa Savoie de Le Corbusier. El nombre del edificio de oficinas se refiere a la heroína de la famosa novela de Vladimir Nabokov, una metáfora del apetito moderno de virginidad y belleza natural. Sin embargo, a pesar de las sorprendentes similitudes, lo que está en juego no es la dicotomía entre lo preindustrial y lo industrial, o entre la naturaleza *versus* la modernidad. Aunque el edificio se eleve sobre *pilotis* en un prado verde y un pequeño estanque, en él no hay nada de natural. Al contrario, el entorno parece tan artificial como el edificio, y se asemeja a una escena de una película de cienciaficción del decorado de *Mon oncle* de Jacques Tati. Digamos que el edificio se encuentra más próximo a la escultura de Damien Hirst, *The physical impossibility of death in the mind of someone living* (1991), que a una escultura

apartments, but also function as a conceptual cornerstone of the entire building. Like the mirror-covered lobby that turns the entrance into a crystalline hall, mirroring itself and bringing light into the interior, they function on both a phenomenological and a practical level. They articulate the anachronistic collision between two spatial and economic regimes and thus situate the building in an aesthetic as well as a historical and economical frame. The grilles as a device are "ecological" less in the sense of representing the technical qualities of low energy consumption and good insulation, but rather in the sense of interacting with the environment in the broadest sense. Their "sustainability" is not reduced to technique. Rather it resides in the way in which it mediates flexibly within the various layers of representation in the city, within the conflicting spaces, both actual and symbolic, of the urban complexity.

Whereas the Orfila apartment block stands at the very core of Madrid, Ábalos+Sentkiewicz's Lolita project focuses on the periphery. The office building is located at the crossroads of various highways at the very edge of the city. Whereas in the packed centre of the city, space has crystallized into a solid state, the margins remain in flux. It is a situation that can be called "picturesque," in the sense of Robert Smithson —a site where various temporal and spatial regimes collide, where anachronism and disjunction reign. Cars drive on the curbed concrete strips like dancers in an endless *ballet mécanique*. Shopping malls, offices and housing are mixed in an urban landscape that is full of expectation of things to come, a *terrain vague*, where every square inch of the ground seems to promise future profit.

The building is marked by fluid ovoid shapes, and the contrast of white concrete and blue glazing. At first sight one could take it for a genuine offspring of Le Corbusier's Villa Savoie. The name alludes to the heroine in Vladimir Nabokov's famous novel —a metaphor for the modernist appetite for virginity and unspoiled beauty. But despite some striking similarities, it is not the dichotomy of the preindustrial and the industrial, or of nature versus modernity, that is at stake. Although the building stands elevated on pilotis over a green lawn and a little pond, there is nothing natural. On the contrary, the environment looks as artificial as the building, more like a scene in a science-fiction movie or the set of Jacque Tati's *Mon oncle*. The structure is closer to, say, Damien Hirst's sculpture *The physical impossibility of death in the mind of someone living* (1991) than to a modernist drop-sculpture, and one could in fact expect to find a giant shark hovering in the blue-green interior of Lolita.

Renata Sentkiewicz insists, tongue in cheek, that the function of the water is mainly to reflect sunlight under the large roof covering the ground floor and the entrance, in order to project a vivid pattern of moving reflections onto the otherwise rather monotone ceiling. In fact, mirrors feature prominently in the building, not unlike the lobby of the Orfila apartment block. They reflect the panoramic view of the busy traffic network and the skyline of Madrid, blend the image of the outside with the image of the interior office spaces and fill the entire open spaces of the building with a literally urban atmosphere. Again, the building is "sustainable" less in the sense of representing ecological techniques and more in the sense of providing a point of reference in an otherwise highly discontinuous artificial landscape and of generating a specific beauty in an area

Damien Hirst, *The physical impossibility of death in the mind of someone living*, 1991. Vidrio, acero, solución de formol y tiburón 217 × 542 × 180 cm.
Damien Hirst, *The physical impossibility of death in the mind of someone living*, 1991. Glass, steel, silicon, formaldehyde solution and shark 217 × 542 × 180 cm.

Fotografía de/ *Photography by:* Prudence Cuming Associates/© Hirst Holdings Limited and Damien Hirst. All rights reserved, DACS 2010

moderna caída del cielo; en realidad, podría esperarse que un tiburón gigante flotara en el interior verde azulado del edificio Lolita.

Renata Sentkiewicz insiste, en tono jocoso, que la función del agua del estanque es principalmente reflejar la luz del sol bajo el gran techo que cubre la planta baja y la entrada, y proyectar un vívido motivo de reflejos en movimiento en un techo, por lo demás, bastante monótono. De hecho, los espejos desempeñan un papel destacado en el edificio, de un modo similar a aquellos del portal de las viviendas de la calle Orfila. Reflejan la vista panorámica de la ajetreada red de tráfico y de la silueta de la ciudad de Madrid, combinan la imagen del exterior con las imágenes del interior de los espacios de oficina, y llenan todos los espacios abiertos del edificio con una atmósfera literalmente urbana. De nuevo, el edificio es "sostenible", no tanto en su representación de técnicas ecológicas, sino en proporcionar un punto de referencia en un paisaje artificial altamente discontinuo, y en generar una belleza específica en una zona que a menudo carece de la representación adecuada. El edificio parece reaccionar con flexibilidad a las fuerzas que están allí, en este caso, a la crudeza de las infraestructuras, a la velocidad de los coches que circulan diariamente de casa al trabajo, al riesgo del desarrollo inmobiliario. Como en el caso de las viviendas en la calle Orfila, esta función puede compararse con una interfaz que media entre diferentes esferas. La postura es de una pasividad relajada; acepta las fuerzas y conflictos impulsores, las presiones y los problemas —en origen, el edificio estaba pensado como viviendas, antes de que el cliente cambiara de opinión y decidiera destinarlo a espacio de oficinas—, sin identificarse necesariamente con dichas fuerzas. El resultado es una expresión de autonomía formal, o de belleza.

Así, las viviendas en la calle Orfila y el edificio de oficinas Lolita no guardan una relación estilística concreta, o, dicho

that often lacks adequate representation. It seems to react flexibly to the forces that are there —in this case the rawness of infrastructure, the speed of commuter cars, the risk of real estate development. This function can be compared, just as in the case of the Orfila apartment block, to an interface that mediates between different realms. The attitude is one of relaxed passivity. It accepts the driving forces and conflicts, the pressures and problems—originally the building was planned as apartments before the client changed his mind and decided to use it as office space—without necessarily identifying these forces. The result is an expression of formal autonomy, or beauty.

The Orfila apartment block and the Lolita office building are thus not related by a specific style—that is, an easy recognizable and reproducible formal vocabulary—but rather by an architectural attitude. This attitude does not depend on the scale of a project. The studio of the German painter Albert Oehlen is located in an idyllic landscape in the pre-alpine Appenzell area in Switzerland. Ábalos+Sentkiewicz, in collaboration with Enguita and Lasso de la Vega, decided to draw on local craftsmanship and building technique and created a studio that is made mainly of wood. It looks simple, straightforward and practical, and thus goes well with the matter-of-fact buildings used in agriculture and small-scale industry in the area. However its location is unusual. It is built into a very steep slope; seen from the side, the building looks like an abstract painting, a shaped canvas cut in half by the terrain. It seems to emerge out of the ground like an observatory overlooking the village beneath while at the same time looking distanced and isolated.

Seen from a distance, the building looks like a concrete structure. By painting the wooden façade to look as through it were made of concrete the architects provide a shape that is anything but "contextual." It does not hide that fact that it was designed elsewhere, that it is a product of an interna-

en otras palabras, no tienen un vocabulario formal común, fácilmente reconocible y reproducible, sino que más bien lo que tienen en común es una actitud arquitectónica que no depende de la escala del proyecto. El estudio del pintor alemán Albert Oehlen está ubicado en un paisaje idílico por excelencia: la zona prealpina suiza de Appenzell. Ábalos+Sentkiewicz, en colaboración con Enguita & Lasso de la Vega, decidieron recurrir a la artesanía y a las técnicas constructivas locales para crear un estudio construido principalmente con madera. Parece sencillo, directo y práctico, y de este modo encaja bien con los edificios honestos utilizados en la agricultura y en la industria de pequeña escala de la zona. No obstante, su ubicación es inusual. El estudio está construido en una pendiente pronunciada, una situación extrema para un edificio en esta zona. Visto desde el lateral, el edificio parece una pintura abstracta, un lienzo cortado por la mitad por el terreno, un edificio que parece emerger del terreno como un observatorio con vistas sobre la aldea que hay más abajo, pero que también está, de algún modo, separado y aislado.

Visto desde lejos, el edificio parece de hormigón. Al pintar la fachada de madera como si estuviera construida con hormigón, los arquitectos proporcionan una forma que es todo menos "contextual". No esconde el hecho de que el estudio fue proyectado en otro lugar, que es el producto de un arquitecto con conexiones internacionales, construido para un artista cosmopolita que cuenta con una serie de coleccionistas de élite. Se presenta con orgullo como un extraño con relaciones que están más cerca de las redes urbanas de, por ejemplo, Los Ángeles, que de los establos cercanos; no obstante, el edificio no es imponente. Existe un elemento absurdo en su aislamiento que, de algún modo, recuerda a las estaciones de metro falsas de la obra *Metro-net* de Martin Kippenberger, un viejo compañero de Albert Oehlen, como aquella que instaló en la isla griega de Siros en 1993.

La forma arquitectónica no representa el método constructivo ecológico, la materialidad que se ha utilizado, el sistema de calefacción sostenible, el aislamiento, etc., sino que tiene en cuenta la ubicación global de la aldea y del valle vecino, su pasado, su presente y su futuro. Por ejemplo, la cubierta en diente de sierra del estudio hace que el visitante sea más sensible al hecho de que existen muchas pequeñas fábricas en la región, y que la industria textil dependía del trabajo realizado en las granjas hasta mediados del siglo XIX. Su soste-

tionally connected architect for a cosmopolitan artist with a highly elite set of collectors. It proudly presents itself as a stranger who is more closely linked to the urban networks of, say, Los Angeles, than to the stables nearby. But it is not imposing. There is an absurd element to its isolation and it somehow recalls the dummy subway entrances of the *Metro-net* by Martin Kippenberger, Oehlen's long-time companion —for example, the subway entrance that he installed on the Greek island of Syros in 1993.

The architectural form does not represent the ecological building method, the materials used, the sustainable heating system, the insulation, and so forth. Rather, it takes into account the overall situation of the village and the surrounding valley, its past, present and future. The saw-tooth roof of the studio, for example, makes the visitor more sensitive to the fact that many small factories can be found in the area and that the textile industry depended on work done in the farmhouses until the mid-19th century. Its sustainability also lies in the way in which the building mediates between the local typology and the elite and highly exclusive international world of art and architecture. It does not colonize its surrounding, does not turn it into a seemingly untouched nature, but rather sharpens our eyes for its internal contradictions —the fact that the landscape is marked by infrastructure buildings, and a growing pressure for housing by commuters who work in the nearby towns.

Osmosis

The balance of adaptation to economic pressure and aesthetic autonomy is even more explicitly developed in projects such as Osmose. In order to find an aesthetic form for the concept of "zero emission," Ábalos+Sentkiewicz, in collaboration with Jasper Morrison, provide the subway space of Osmose station with a kind of gigantic siphon that reaches out in order to collect sunlight and lead it toward the underground. The concept is an answer to the tremendous problems posed by the Parisian metro since its construction in around 1900. The Parisians never really wanted a metro, one of the arguments in opposition being that, unlike the people in London, the Parisians long for sunshine and air and should not dwell underground. Hector Guimard, who was in charge of this epic infrastructure project, deliberately disguised the intervention by "naturalizing" the industrial rawness and by camouflaging the brutality of the

Martin Kippenberger, *Entrada de metro,* Siros, Grecia, 1993.
Martin Kippenberger, *Subway entrance,* Syros, Greece, 1993.

© Pablo León de la Barra, 2006

nibilidad reside en cómo media el edificio entre la tipología local y el mundo internacional de élite y altamente exclusivo del arte y de la arquitectura. No coloniza sus alrededores, no los convierte en una naturaleza aparentemente intacta, sino que agudiza nuestra vista por sus contradicciones internas, por el hecho de que el paisaje esté marcado por edificios de infraestructura y por la presión creciente de viviendas demandadas por los habitantes que van y vienen a diario a trabajar a las ciudades cercanas.

Ósmosis

El equilibrio de adaptación a la presión económica y a la autonomía estética se hace incluso más explícito todavía en proyectos como la estación Osmose de París. Con el fin de encontrar una forma estética para el concepto de "cero emisiones", Ábalos+Sentkiewicz, en colaboración con Jasper Morrison, proporcionan al espacio del metro de la estación Osmose una especie de sifón gigantesco, que se alarga para recoger la luz natural y llevarla hasta el metro. El concepto es una respuesta a los enormes problemas que tiene el metro parisino desde su construcción, hacia el año 1900. En realidad, los parisinos nunca quisieron un metro, y uno de los argumentos consistía en que, al contrario que los londinenses, los habitantes de París anhelaban el sol y el aire, y por ello no debían vivir bajo tierra. Hector Guimard, quien se encargó de este proyecto épico de infraestructuras, disfrazó deliberadamente la intervención al "naturalizar" la crudeza industrial y camuflar la brutalidad de las entradas de metro con un sistema de decoración casi orgánico. Mediante el diseño, transformó la naturaleza abstracta y discontinua de la infraestructura moderna en una coherencia narrativa, donde la ficción y la percepción física, el miedo y el orgullo se fundían en una atmósfera concreta.

Hacia la segunda mitad del siglo xx, cuando finalmente los ciudadanos se acostumbraron a su metro e hicieron de él una parte de su vida cotidiana, las autoridades comenzaron a desmantelar la decoración *art nouveau* para dejar espacio a estructuras más grandes que permitieran conectar los suburbios con el centro. El infame resultado es el intercambiador de Les Halles, inaugurado en la década de 1970. Allí donde se encontraba el viejo mercado, el legendario "vientre de París", la gente que viaja diariamente del centro a la periferia se enfrenta ahora a un hueco abismal, un cráter que conduce a las estaciones subterráneas de metro. Mientras este fiasco urbanístico saca a la superficie la oscuridad y fealdad del sistema del metro, echando a perder así la experiencia estética tanto en la estación de metro como en el parque situado encima, la estación Osmose propone llevar la belleza y la luz de la superficie al metro. Mientras Les Halles intentaba "llenar" el agujero que tenía que arrancarle a la tierra, la estación Osmose sigue la lección de Robert Smithson en sus no realizados *Land reclamation projects*; es decir, que no se debería intentar "restaurar" las intervenciones humanas y "recrear" la naturaleza, sino articular la intervención humana y hacerla visible. El resultado en la propuesta de Ábalos+Sentkiewicz es un paisaje completamente artificial, que se desarrolla en vertical y acepta la densidad y la interacción entre el nudo de tráfico y el uso comercial como una realidad urbana, y el transporte y el mercado como algo tan inevitable como bello.

La propuesta para la estación Osmose se llevará a cabo parcialmente en el proyecto para Logroño, un *verticalscape* que

entrances with a quasi-organic decoration system. By means of design he turned the abstract and discontinuous nature of the modern infrastructure into a narrative coherence, whereby fiction and physical perception, fear and pride mingled to create a specific atmosphere.

Towards the second half of the 20th century, when the citizens finally got used to their underground system and made it a part of daily life, the authorities started dismantling the Art Nouveau décor in order to make room for much larger structures which allowed to connect the *banlieu* to the centre. The infamous result is the hub at Les Halles that opened in the 1970s. Where there used to be the old market, the legendary "belly of Paris," commuters are now confronted with an abysmal opening, a crater leading them to the underground train stations. While this urbanistic fiasco brings the darkness and ugliness of the subway system to the surface and thus spoils the aesthetic experience both at the subway station and on the park above it, Osmose station proposes to bring the beauty and light of the surface to the underground. While Les Halles attempted to "fill" the hole that had to be torn into the earth, Osmose station follows the lesson taught by Robert Smithson in his unrealized *Land reclamation* projects, namely that one should not attempt to "restore" human interventions and "recreate" nature, but rather articulate the manmade intervention and make it visible. The result in Ábalos+Sentkiewicz's proposal is an entirely artificial landscape that develops vertically, accepting density and the interaction between the traffic knot and commercial use as an urban reality, transport and the market as something both inevitable and beautiful.

The proposal for Osmose station will be partially realized in the project for Logroño, a *verticalscape* combining train station, bus station, park and habitat. In this large-scale project, which is currently under construction, the crystal-shaped ceiling of the platform over the train station takes the role of the interface. It mediates between various spatial and temporal realms, between the park on the platform, car traffic, pedestrians and high-speed trains, between commuting and shopping, recreation and living. Its topological structure, a spatiality than consists exclusively of surfaces, so to speak, eradicates the distinctions between inside and outside, wall and ceiling, and translates the current economic regime into an overall environment.

Hector Guimard, entrada de metro, París, hacia 1900.
Hector Guimard, subway entrance, Paris, c. 1900.

Fotografía de/
Photography by
stevecadman
on Flickr.

combina estación de tren, estación de autobuses, parque y viviendas. En este proyecto a gran escala, actualmente en fase de construcción, el techo facetado en forma de cristal mineral de la plataforma sobre la estación de tren, toma el papel de interfaz: media entre diversas esferas espaciales y temporales, entre el parque sobre la plataforma, el tráfico de coches, peatones y trenes de alta velocidad, entre el viaje diario de ida y vuelta y el ir de compras, entre el recreo y la vida. Su estructura topológica, una espacialidad que consta exclusivamente de superficies, por decirlo de algún modo, erradica la distinción entre interior y exterior, entre pared y techo, y traslada el actual régimen económico a un entorno global.

Uno de los proyectos más ambiciosos hasta la fecha de Ábalos+Sentkiewicz es la torre de la Chapelle en París, un proyecto de rascacielos que combina los temas del *verticalscape* y el observatorio. Al superponer unas sobre otras las diferentes plantas como estratos de sedimentos, la torre parece una estructura que crece de manera continua en el tiempo, como una estalagmita. La idea de *verticalscape* permite superar el problema tradicional de cualquier edificio en altura: la discontinuidad radical entre las plantas separadas entre sí. Desde un punto de vista conceptual, el edificio elude el dilema de modernidad *versus* "naturaleza". En lugar de reproducir la dicotomía del Crystal Palace y construir una jaula de vidrio alrededor de un parque interior, el proyecto se basa en la asunción de que lo urbano se ha convertido en naturaleza. Al igual que se hizo difícil distinguir entre pared y techo, entre interior y exterior, la distinción entre aquello que es naturaleza y lo que no lo es se ha vuelto obsoleta. La naturaleza y todos los emblemas por los que solía estar representada están completamente absorbidos en esta nueva esfera espacial.

Proyectos de Ábalos+Sentkiewicz, como la torre de la Chapelle o el observatorio de Elche, podrían verse como utópicos; sin embargo, son algo más que meras proyecciones del presente en el futuro. Como todos los proyectos del estudio, estén o no construidos, parecen observar lo que hay y lo que se avecina con sumo cuidado. Parecen estar llenos de antenas, de dispositivos ópticos, de sensores y receptores, siempre listos para recibir datos e impresiones, listos para el siguiente experimento. Parecen haber aprendido la lección de Robert Smithson de "exploración de bajo nivel", un método que utilizaba para su selección de emplazamientos, como, por ejemplo, cuando escogió el lugar para su obra *The spiral jetty*. Nadie puede predecir el futuro, pero todos podemos aprender del pasado, de observar los éxitos y los fracasos. Con sus proyectos, Ábalos+Sentkiewicz han demostrado que el naturalismo pertenece a esas trampas que debemos evitar. Han abierto nuestros ojos a la interrelación e interdependencia entre diversos regímenes espaciales y temporales, y su obra nos acerca la belleza de la sostenibilidad.

One of Ábalos+Sentkiewicz's most ambitious projects to date is Porte de la Chapelle tower in Paris. It is a project for a skyscraper that combines the themes of the *verticalscape* and the observatory. By layering the various storeys on each other like layers of sedimentation, the tower resembles a structure that steadily grows over time, such as a stalagmite. The concept of the *verticalscape* allows the traditional problem of any high-rise building—namely the radical discontinuity between the separate storeys—to be overcome. On a conceptual level, the building avoids the dilemma of modernity versus "nature." Instead of reproducing the dichotomy of the Crystal Palace and building a glass cage around an internal park, the project is based on the assumption that the urban has become nature. As the distinction between wall and ceiling, inside and outside, becomes more difficult to make, the distinction between what is nature and what is not becomes obsolete. Nature and all the emblems it used to be represented by are totally absorbed into this new spatial realm.

One could see projects by Ábalos+Sentkiewicz such as the Porte de la Chapelle tower and the observatory at Elche as utopian. But they are something more than mere projections of the present into the future. They seem, like all projects by these architects, whether built or unbuilt, to observe very carefully what already exists and what is coming. They seem to be full of antennas, optical devices, sensors and receptors, always ready to receive data and impressions, ready for the next experiment. They seem to have learnt Robert Smithson's lesson of "low-level scanning," a method he used for his site selection –for example, when he chose the site for his earthwork *The Spiral Jetty*. Nobody can foresee the future. But we can all learn from the past, by observing success and failure. Through their projects, Ábalos+Sentkiewicz have demonstrated that naturalism is a trap to be avoided. They have opened our eyes to the interrelation between and interdependence of various spatial and temporal regimes. And their practice brings us closer to the beauty of sustainability.

La arquitectura termodinámica de Ábalos+Sentkiewicz
The thermodynamic architecture of Ábalos+Sentkiewicz
Florencio Manteca

1. Behling, Stefan, XXI Congreso Mundial de la Unión Internacional de Arquitectos (UIA), Berlín, 2002.
1. Behling, Stefan, 21st World Congress of the International Union of Architects (UIA), Berlin, 2002.

El estudio Ábalos+Sentkiewicz explora una relación entre arquitectura y energía coherente con el contexto medioambiental en el que operan, y coherente con una concepción en la que el edificio supera su papel de consumidor de energía para convertirse en una infraestructura energética urbana, capaz de generar, recibir, almacenar y distribuir energía térmica y eléctrica de forma inteligente, reduciendo el impacto ambiental provocado por el hecho de construir. Y todo ello sin renunciar a la estética, ni a la transparencia, ni a la ligereza, con un posicionamiento crítico y científico que parte de plantearse dónde se sitúa la calidad medioambiental y arquitectónica de un proyecto, y cómo alcanzarlas sin dogmatismo y sin recetas precocinadas. Esta búsqueda de una nueva arquitectura termodinámica está alejada de la arquitectura *fría*, meramente tectónica, pero también de los lugares comunes y de los rígidos preceptos de la "arquitectura bioclimática" de los pioneros europeos, entendida como refugio y protección frente a un clima agresivo.

Si tuviera que definir los rasgos característicos de esta metodología proyectual, diría que se fundamenta en una idea rectora —el diseño integrado—, en un afán sintético y en una actitud de pragmatismo científico. Con estos rasgos, Iñaki Ábalos y Renata Sentkiewicz han desarrollado durante los últimos años una suerte de "línea editorial" que supone una reorganización completa de las estrategias de ahorro energético. Si la consecución de un adecuado nivel de confort en los edificios se suele confiar, según Stefan Behling,[1] a los sistemas convencionales de climatización, en menor medida a las soluciones pasivas, y apenas se presta importancia a la forma arquitectónica, Ábalos+Sentkiewicz proponen un esquema inverso, donde la adecuación termodinámica se consigue gracias a la forma, la proporción, los materiales y la orientación elegida; en segundo lugar, con un diseño de los sistemas pasivos que aprovecha las condiciones climáticas del entorno; y, por último, mediante los sistemas activos alimentados con energías renovables. Arquitectura, energía, luz y paisaje se tratan de manera simultánea, negando la posibilidad de desarrollar conceptos independientes, es decir, desde una integración radical.

Así, cada proyecto se organiza según los siguientes pasos:
· Un estudio climático exhaustivo, con análisis de todas las variables higrotérmicas temperatura, humedad, radiación solar, velocidad y dirección de los vientos dominantes que afectan al proyecto. Desde el primer momento se dispone

The Ábalos+Sentkiewicz studio explores a relationship between architecture and energy that is coherent with the environmental context in which they operate, and coherent with a conception of the building in which it transcends its role as a consumer of energy and becomes capable of generating, receiving, storing and distributing thermal and electrical energy in an intelligent way, thus reducing the environmental impact caused by its construction. And all this without sacrificing aesthetics or transparency or lightness. They begin with a critical and scientific standpoint that considers where the environmental and architectural quality is located, and how to attain these features without dogmatism and without a predetermined formula. This search for a new thermodynamic basis is a far cry from *cold*, merely tectonic, architecture, but also from the rigid precepts of the "bioclimatic architecture" of the European pioneers, understood as refuge and protection in the face of an aggressive climate.

If I had to define the characteristic features of this new methodology, I would say that it is based on the guiding principle of integrated design, on a desire for synthesis, and on an attitude of scientific pragmatism. During the last few years Iñaki Ábalos and Renata Sentkiewicz have developed a sort of "editorial line" that involves a complete reorganization of energy-saving strategies. If the attainment of an adequate degree of comfort in a building is usually entrusted, according to Stefan Behling,[1] to conventional air conditioning systems, Ábalos+Sentkiewicz propose the opposite —thermodynamic adaptation is achieved thanks to the form, proportion, materials and chosen orientation; though also through the design of passive systems that make use of the climatic conditions of the surroundings; and lastly, by means of active systems fed with renewable energies. Architecture, energy, light and landscape are treated in a simultaneous way by negating the possibility of developing them as independent concepts; that is to say, in terms of radical integration.

Therefore, each project is organized according to the following steps:
· Exhaustive study of the climate, with analysis of all the hygrothermic variables—temperature, humidity, solar radiation, dominant wind speed and direction—that affect the project. From the first, the group has the data that will enable them to identify the elements that need to be pro-

Florencio Manteca (Madrid, 1969) es arquitecto por la Escuela de Arquitectura de Madrid (ETSAM) y ha desarrollado su carrera profundizando en la relación entre la arquitectura y la energía. Es director del Departamento de Arquitectura Bioclimática del Centro Nacional de Energías Renovables (CENER), donde desarrolla proyectos de investigación enfocados en la eficiencia energética y la integración de energías renovables en la edificación. Manteca es igualmente director del Congreso Internacional de Arquitectura, Ciudad y Energía (CIBARQ) y director de la Zero Energy Alliance.

Florencio Manteca (Madrid, 1969) graduated as an architect from the Madrid School of Architecture (ETSAM) and has developed his career by making a profound study of the relationship between architecture and energy. He is Head of the Department of Bioclimatic Architecture at the National Renewable Energy Centre (CENER), where he develops research projects focusing on energy efficiency and the integration of renewable energies in building. Manteca is also director of CIBARQ, the International Congress on Architecture, Cities and Energy, and head of the Zero Energy Alliance.

de datos que permiten identificar los elementos de los que habrá que protegerse y los que tienen un potencial de aprovechamiento energético.
· Del análisis de estos datos y el resto de condicionantes surgen ideas de cómo adecuar programa, forma y lugar, a través de maquetas o bocetos embrionarios que se someten a discusión multidisciplinaria. Estos esquemas contienen a menudo un esquema estructural y una organización funcional, lo que facilita la discusión y la propuesta de alternativas hasta encontrar consensos básicos.
· A partir de aquí, las estrategias bioclimáticas se incorporan de manera natural al diseño del edificio, integradas en su condición tectónica y con una vocación de simplicidad que les impide cobrar un protagonismo formal o condicionar la imagen del edificio. Hay en este sentido un cierto pudor ético contra el exhibicionismo de mecanismos, artilugios y demás "parafernalia sostenible", algo que despista a aquéllos que se empeñan en una lectura banal de la sostenibilidad, acerca de su verdadera implicación medioambiental.
· Finalmente, y tras definir volúmenes de muy poca demanda energética, se analizan cuidadosamente las fuentes de energía renovable disponibles en el entorno, así como las tecnologías más adecuadas en cada caso, con objeto de minimizar el consumo de energías fósiles, pero teniendo también en cuenta otros criterios, como los económicos y de oportunidad, o la propia sensibilidad del cliente.

Podríamos decir que la posición de Ábalos+Sentkiewicz frente a los criterios medioambientales se sitúa entre la aproximación ecotecnológica alemana e inglesa, con una confianza ciega en la tecnología, y la arquitectura pasiva y *low tech* del Mediterráneo y Latinoamérica. Como consecuencia, uno de los planteamientos que define el compromiso medioambiental de Ábalos+Sentkiewicz es su obsesión por ser sintéticos, por eliminar todo aquello que no aporte valor —energético, medioambiental, estético, social, etc.— al proyecto. En su arquitectura, los conceptos energéticos no son evidentes, las tecnologías de generación y distribución de la energía no se hacen visibles, y las soluciones bioclimáticas no se enfatizan. Un "menos es más" unifica las demandas tectónicas y las termodinámicas en una suerte de nueva síntesis (esta decisión de reducir materia, energía y ocupación al mínimo, les ha llevado a implicarse en la Zero Energy Alliance, una agrupación europea de empresas multinacionales para el desarrollo de proyectos que superen el concepto de Energía Cero, llegando al Cero Global: edificios de cero emisiones, cero residuos y cero vertidos).
Me gustaría también subrayar el que quizá sea el rasgo que define esa nueva arquitectura termodinámica, el planteamiento absolutamente pragmático del concepto energético en la propuesta arquitectónica. En Ábalos+Sentkiewicz los criterios medioambientales se plantean desde el primer análisis de las sinergias existentes, buscando el dato cierto frente a la intuición, el conocimiento frente a la opinión. La propuesta arquitectónica incluye invariablemente un concepto energético que refuerza y aporta coherencia formal y programática a la solución arquitectónica, añadiendo un tercer actor (la energía) al convencional binomio función/forma. La energía se utiliza, pues, como una verdadera materia prima; nunca se dan por hecho relaciones causa-efecto entre el contexto climático y la respuesta arquitectónica; en cada caso, se analizan todas las magnitudes físicas

tected from and those that could be harnessed for energy.
· From an analysis of these data and the remaining determinants arise ideas about how to adapt programme, form and location. This is done through the use of models of embryonic mock-ups, which are submitted to multidisciplinary discussion. These sets of ideas often contain a structural scheme and a functional organization, which helps when it comes to discussing them and proposing alternatives until a basic consensus is reached.
· From here on in bioclimatic strategies are incorporated in a natural way into the design of the building, integrated into its thermal condition, always aiming at a simplicity that prevents them from acquiring formal protagonism or determining the building's image. In that sense there is a certain ethical modesty at work, protecting against any exhibitionism of devices, gadgetry and other "sustainable paraphernalia" —something that misleads many people set on a banal reading of sustainability as to the projects' true environmental involvement.
· Finally, after defining volumes with very little energy demand, the sources of renewable energy available in the surrounding area are analysed, along with the most suitable technologies in each case; the aim here is to minimize the consumption of fossil-fuel energies, but also to take into account other criteria (economics, opportunities), or the particular sensibility of the client.

We might say that Ábalos+Sentkiewicz's position as regards environmental criteria is somewhere between the Anglo-German ecotechnological approach (with a blind confidence in technology), and the passive, low-tech architecture of the Mediterranean and Latin America. As a result, one of the approaches that defines the environmental commitment of Ábalos+Sentkiewicz is their obsession with being synthetic, with eliminating anything that does not contribute value—whether energy, environmental, aesthetic, social—to the project. In their architecture the energy issues are not overt, the technologies of generating and distributing energy are not made visible, and the bioclimatic solutions are not emphasized. A "less is more" attitude unifies the tectonic demands and the thermodynamics into a sort of new synthesis. (This decision to reduce material, energy and occupation to a minimum has led to the practice's involvement with the Zero Energy Alliance, a European association of multinational companies aiming at the development of projects that go beyond the concept of Zero Energy, arriving at Global Zero: buildings with zero emissions, zero residues and zero waste).
I would also like to underline what is perhaps the most salient feature of this new thermodynamic architecture: the absolutely pragmatic approach to the concept of energy in their proposals. In Ábalos+Sentkiewicz the environmental criteria are posited from the first analysis of existing synergies, by seeking solid data as opposed to intuition, knowledge not opinion. The architectural proposal invariably includes an energy concept that reinforces and provides formal and programmatic coherence to the architectonic solution by adding a third actor (energy) to the conventional duality of function/form. Energy is utilized, then, as an authentic raw material. Never are cause and effect relationships between climatic context and architectural response taken as read. In each instance all the physical magnitudes

CENTRO DE OCIO DE MAYORES EN AZUQUECA

Condicionantes
Clima continental seco. Veranos muy calurosos e inviernos fríos. Humedad relativa baja.

Concepto energético
El edificio se ha diseñado para el estándar europeo de Edificio de Energía cercana a Cero mediante la optimización de la envolvente térmica desde la perspectiva iluminación/radiación/aislamiento, y la aplicación de fuentes de energía renovables, tanto para climatización como para generación eléctrica.

Medidas pasivas: envolvente térmica
Se ha diseñado una envolvente con un alto grado de aislamiento térmico y una distribución de huecos y macizos que optimiza la iluminación natural sin penalizar las demandas de refrigeración, gracias a las protecciones solares y a la calidad del vidrio utilizado (1,1 W/m²K). Ajardinamiento exterior como acondicionador pasivo verano/invierno. La cubierta vegetal garantiza un elevado grado de aislamiento térmico en invierno, y, debido al efecto del enfriamiento por evaporación, una reducción de las ganancias energéticas por transmisión a través de la cubierta y la reducción de las cargas de refrigeración.

Medidas activas: geotérmica y energía solar fotovoltaica
Climatización por bomba de calor geotérmica (calefacción y refrigeración), cuyo rendimiento es óptimo para el perfil de cargas del edificio, previéndose coeficientes de operación superiores a 4. El consumo eléctrico se compensa con la producción de 7 kWp eléctricos (40 m² de paneles fotovoltaicos de silicio monocristalino).

SENIOR CITIZENS' LEISURE CENTRE IN AZUQUECA

Determining factors
Dry continental climate. Very warm summers and cold winters. Low relative humidity.

Energy concept
The building has been designed for the European standard of a near-Zero Energy Building through optimization of the thermal wrapper from the illumination/radiation/insulation point of view, and the use of renewable energy sources for climate control as well as electricity generation.

Passive measures: the thermal wrapper
A wrapper has been designed with a high degree of thermal insulation and a distribution of window spaces and wall sections that optimizes the natural lighting without penalizing refrigeration requirements, thanks to the sun protectors and the quality of the glass used (1.1 W/m²K). Exterior landscaping as a summer/winter passive conditioner. The vegetalized roof guarantees a high degree of thermal insulation in winter and, due to the effect of cooling through evaporation, a reduction in the energy gains through transmission via the roof and the reduction of refrigeration loads.

Active measures: geothermics and photovoltaic solar energy
Climate control through a geothermic heat pump (heating and refrigeration) whose output is optimum for the loads of the building, an operating coefficient superior to 4 being envisaged. Electricity consumption is compensated for with the production of 7 kWp of electricity (40 m² of monocrystal silicon photovoltaic panels).

SOCIAL
Programa de ocio para mayores en ciudad industrial con un alto porcentaje de paro y prejubilaciones
SOCIAL
Leisure centre for elderly people in an industrial city with a high level of unemployment and early retirement

- Gimnasio y rehabilitación / Gym and rehabilitation
- Juegos / Play
- Biblioteca y prensa / Library and press
- Internet / Internet
- Televisión / Television
- Cafetería / Coffee bar
- Salón multiusos / Multipurpose space
- Servicios / Services
- Vestíbulos y circulaciones / Halls and circulation

TIPOLOGÍA
Se rescata una tipología tradicional de la región de Castilla La Mancha: casas de campo de cinco crujías y patios intersticiales.
TYPOLOGY
A traditional Castilla La Mancha region typology is rehabilitated: five-bay country houses with interstitial patios.

ARQUITECTURA
ARCHITECTURE

MEDIDAS PASIVAS
PASSIVE MEASURES
Cubierta verde
Vegetalized roof
Ventilación natural
Natural ventilation
Colector solar de vidrio al sur en invierno
In winter, south-facing glass solar panel

MEDIDAS ACTIVAS
ACTIVE MEASSURES
Geotermia
Geothermics
Fotovoltaica
Photovoltaics

PAISAJISMO
LANDSCAPING

Enfriamiento adiabático (lámina de agua)
Arbolado caduco y perenne estratégicamente dispuesto.
Toldos
Adiabatic cooling system (sheet of water)
Deciduous and evergreen trees strategically arranged.
Canopies

que afectan al consumo energético, y se les da una interpretación formal y material original.

En las colaboraciones con Ábalos+Sentkiewicz he tenido la posibilidad de comprobar el extraordinario compromiso (y especialmente de Renata Sentkiewicz) con la calidad ambiental de los proyectos, profundizando a veces en la física de los materiales, diseccionando una cubierta vegetal o un cerramiento ligero, analizando las conductividades térmicas de los componentes del cerramiento, en busca de una mejora de su transmitancia. Esta investigación aplicada lleva incluso a definir las características de la tierra vegetal de una cubierta verde para optimizar su comportamiento energético, o a plantear a los fabricantes mejoras en sus productos, a veces con importantes beneficios para éstos. El número y tipo de árboles que hay en una parcela, su altura y diámetro, el tipo de tejido de una protección solar pasan a ser datos cruciales que se nos envían para calcular su efecto sobre la radiación incidente sobre el edificio. Hay en esta actitud un verdadero y original interés científico por cuantificar medioambientalmente los instrumentos del paisajismo, un tema aún irresuelto en la literatura técnica, pero de enorme interés en los contextos climáticos benignos. Pragmatismo científico, dato frente a intuición, integración entre arquitectura, paisaje y medio ambiente.

Termino resaltando esta última característica: la integración del paisajismo y del espacio público dentro del concepto arquitectónico. La utilización de los recursos paisajísticos a modo de amortiguadores térmicos y creadores de microclimas (el agua, la vegetación, la topografía, etc.), conduce a una dimensión pública inédita del proyecto, aportando espacios de alta calidad ambiental a la ciudad, y una respuesta congruente a las características de los climas continental y mediterráneo, tan generosos en estrategias espaciales si se los trata con sabiduría y cuidado.

La respuesta técnica que proponen Ábalos+Sentkiewicz constituye un camino hacia una nueva arquitectura y un nuevo paisaje termodinámicos que promete un salto cualitativo respecto de las actuales concepciones medioambientales.

that affect energy consumption are analysed and a formal interpretation and original material are given to them.
In my collaborations with Ábalos+Sentkiewicz I've had a chance to witness their extraordinary commitment (especially Renata Sentkiewicz's) to the environmental quality of their projects, as they make a profound study of the physics of the materials, dissecting a green roof or lightweight walling, analysing the thermal conductivities of the wall components in search of an improving of their transmittance. This applied research even leads to a defining of the characteristics of the soil of a green roof in order to optimize its energy behaviour or to proposing to manufacturers improvements to their products (at times with important benefits for the makers). The number and type of trees there are on a plot of land, their height and diameter, the fabric of a solar protection become crucial data that are sent to us in order to calculate their effect on the solar radiation on the building. In this attitude there is a genuine, original scientific interest in environmentally quantifying the tools of landscape design, an as yet unresolved issue in the technical literature but one of enormous interest in benign climatic contexts. Theirs is a scientific pragmatism —data as opposed to intuition, the integration of architecture, landscape and environment.

I shall end by highlighting this last characteristic: the integration of landscape design and public space within an architectural context. The use of landscape resources as thermal buffers and creators of microclimates (water, vegetation, topography, etc.) gives an unprecedented public dimension to the project, contributing spaces of high environmental quality to the city and a response congruent with the characteristics of continental and Mediterranean climates, which are so generous in spatial strategies if one treats them with wisdom and care.

The technical response Ábalos+Sentkiewicz propose suggests a path towards a new architecture and a new thermodynamic landscape that promises a qualitative leap forwards as regards current environmental conceptions.

OBSERVATORIO DEL PALMERAL DE ELCHE
Condicionantes
Clima mediterráneo. Inviernos suaves y veranos calurosos, con humedad relativa elevada.
Concepto energético
Se fundamenta en el uso de la fuente renovable más abundante en la zona, la energía del Sol, que se aprovechará para calefacción, ACS y refrigeración. Además, se genera electricidad para cubrir las demandas de iluminación.
Medidas pasivas
Diseño de una piel inteligente, con vidrios con bajo factor solar, protegidos en las orientaciones sur y suroeste. El material de la piel es reflectante, lo que conlleva un valor bajo de absortividad (posible uso de Solar Concentrator MIT).
Cubierta vegetal. Riego de máxima eficiencia con aguas subterráneas; favorecen el enfriamiento por evaporación, disminuyendo así la necesidad de refrigeración. Riego de máxima eficiencia con aguas subterráneas y pluviales.
Ventilación nocturna mediante chimeneas (sólo por la noche). Al día siguiente, dicha estructura, ya fría, absorberá parte de las cargas internas, retardando la necesidad de refrigeración.
Medidas activas
Integración de energía solar térmica y fotovoltaica. Se proyecta la integración de 650 m² de paneles fotovoltaicos que aportarán la energía para la iluminación y 250 m² de captadores solares térmicos de tubos de vacío que cubrirán la demanda de refrigeración y ACS.

OBSERVATORY OF ELCHE PALM GROVE
Determining factors
Mediterranean climate. Gentle winters and hot summers, with high relative humidity.
Energy concept
This is based on the use of the area's most abundant renewable source, the energy of the Sun, which will be used for heating, SWH and refrigeration. Moreover, electricity is generated to fulfil lighting requirements.
Passive measures
The design of an intelligent skin with protected glazing with a low solar factor on the south and southwest orientations. The material of the skin is reflective, which implies a low absorption value (possible use of Solar Concentration MIT).
The green roof. Maximum efficiency watering with underground water; this favours cooling through evaporation, thus reducing the need for refrigeration. Maximum efficiency irrigation with underground and rain water. Nocturnal ventilation by means of chimneys (only for the night). On the following day this structure, already cold, will absorb part of the internal loads, thus retarding the need for refrigeration.
Active measures
The integration of thermal and photovoltaic solar energy. The integration is planned of 650 m² of photovoltaic panels that will supply the energy for lighting and 250 m² of solar thermal collectors of empty tubing that will cover the demand for refrigeration and SWH.

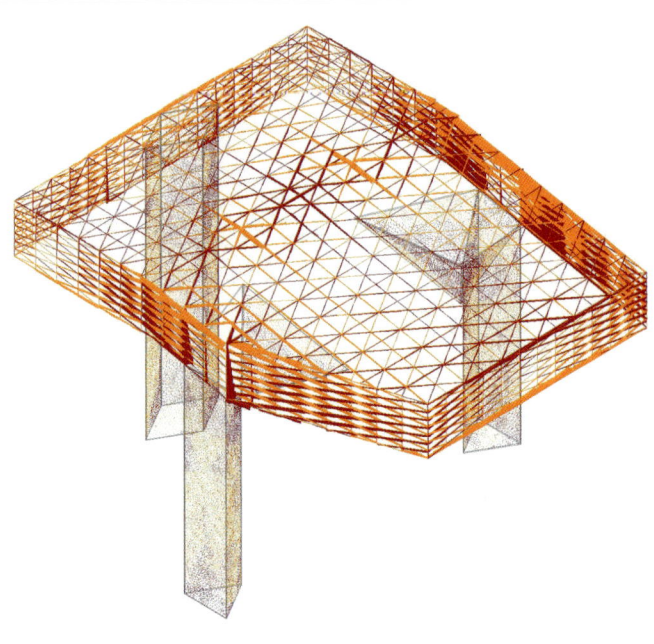

ESTACIÓN INTERMODAL, PARQUE URBANO Y TORRES DE VIVIENDAS, LOGROÑO

Condicionantes
Clima continental moderado, con inviernos fríos y veranos relativamente calurosos.

Concepto energético
Se aprovecha el soterramiento de las vías y la estación intermodal de Logroño para plantear un nuevo modelo de ciudad basado en una estrategia energética y medioambiental integral que incluye las infraestructuras, el espacio público (el parque) y las viviendas que componen una nueva pieza de ciudad. Se trabaja con la visión puesta en la Ciudad Cero Emisiones y Cero Residuos.

Estrategias urbanas. El espacio público
Se diseña un parque urbano como cubierta del intercambiador de transportes donde se incorporan infraestructuras energéticas (acumulación interestacional de energía térmica y red de distrito para la distribución descentralizada de calor y frío) energías renovables a gran escala (solar térmica, fotovoltaica y eólica de pequeña potencia) e integración de criterios de movilidad sostenible y gestión del agua y residuos.

Escala edificatoria. Estrategias pasivas
Optimización de criterios pasivos de calefacción y refrigeración en las viviendas con máximo aprovechamiento del soleamiento y ventilación natural, compatible con el estándar de Edificio con Energía cercana a Cero.
En el intercambiador de transportes se diseña una estrategia de ventilación híbrida (natural y mecánica) gracias a la cual se consigue una adecuada calidad del aire interior, garantizando la dispersión de los contaminantes provenientes de los autobuses con una máxima eficiencia.

INTERMODAL STATION, PARK AND HOUSING TOWERS, LOGROÑO

Determining factors
Moderate continental climate, with cold winters and relatively hot summers.

Energy concept
The burying of the railway tracks and the intermodal station in Logroño is put to good use in order to create a new city model based on an integral energy and environmental strategy that includes the infrastructures, public space (the park) and the apartments, which go to form a new piece of city. We work with our sights set on the Zero Emissions and Zero Residues City.

Urban strategies. Public space
An urban park is designed as a roof for the intermodal station incorporating energy infrastructures (the inter-seasonal accumulation of thermal energy and a district-based network for the heat and cold decentralized distribution), renewable energies on a grand scale (solar heat, photovoltaic and low-power wind energy) and the integration of criteria of sustainable mobility and water- and waste-management.

Building scale. Passive strategies
The optimization of heating and refrigeration passive criteria in the apartments with maximum use being made of insolation and natural ventilation, compatible with the standard of a near-Zero Energy Building.
A strategy of hybrid ventilation (natural and mechanical) is designed in the intermodal station thanks to which an appropriate quality of interior air is arrived at by guaranteeing the highly effective dispersal of pollutants from the buses using it.

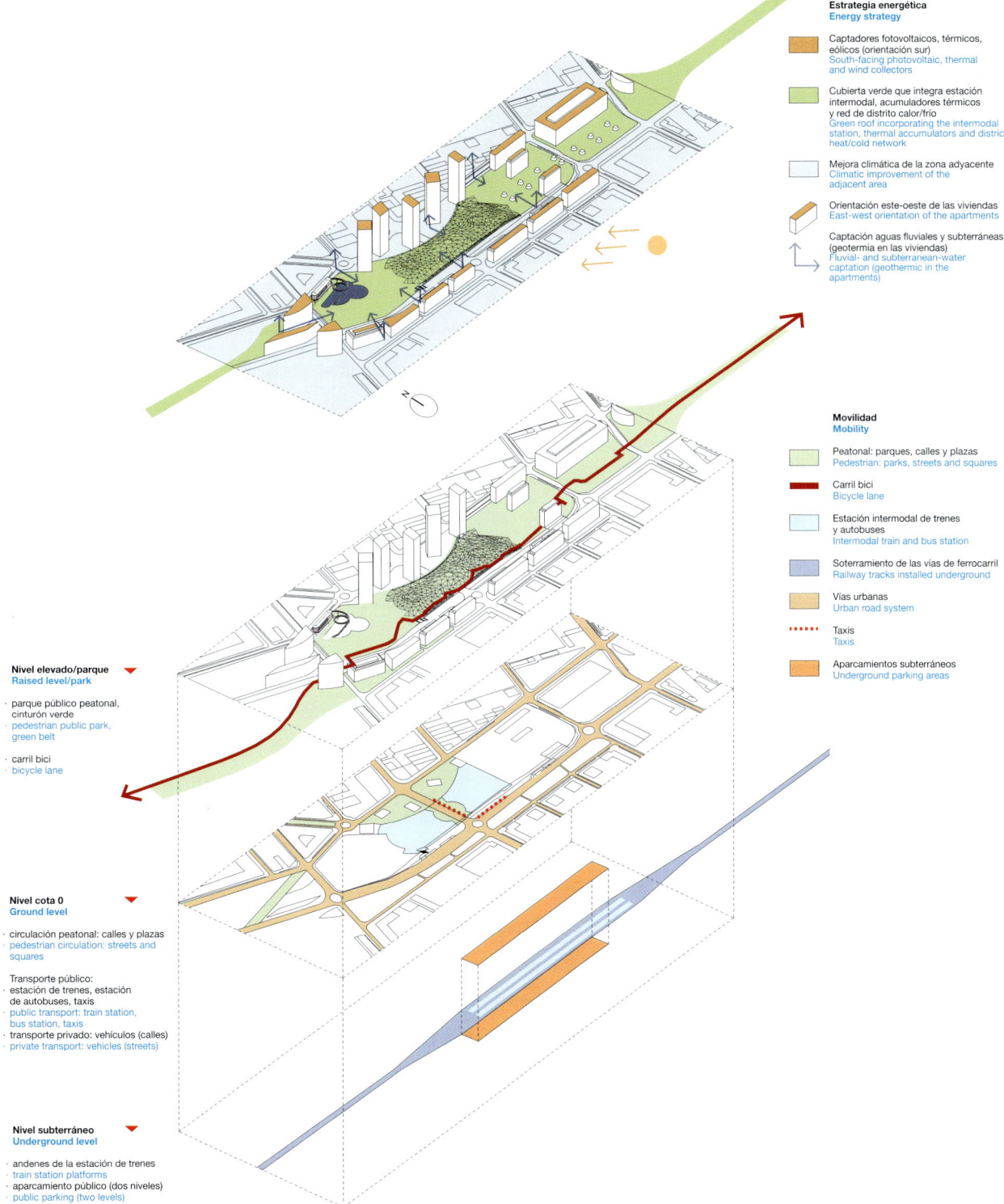

CAIXAFORUM ZARAGOZA

Condicionantes
Clima continental seco. Veranos muy calurosos e inviernos fríos. Humedad relativa baja. Durante las noches de verano, las temperaturas suelen bajar de los 20 ºC. El programa exige un control muy preciso de las condiciones higrotérmicas y de iluminación de los espacios expositivos, y unos criterios exigentes de ahorro energético y sostenibilidad.

Concepto energético
Un volumen con un factor de forma optimizado, que reduce las pérdidas energéticas por transmisión a través del muro y con una apertura de huecos muy controlada, limitando así las ganancias térmicas por radiación directa a través de los vidrios.

Medidas pasivas
Refrigeración pasiva: un innovador concepto de acumulación de frío en un depósito con materiales de cambio de fase (PCM's), un sistema que permite acumular frío durante las noches, cuando la temperatura desciende de 20 ºC, y cederlo al edificio durante el día, una vez la temperatura supera los 20 ºC. Este almacén de frío actúa como un intercambiador de calor inter-diario que retrasa la demanda de refrigeración, reduciendo el consumo energético en este concepto.

Medidas activas
Sistema de climatización: se propone un sistema de aprovechamiento geotérmico con un doble objetivo: la ventilación del auditorio mediante un sistema de tubos enterrados para refrigerar el aire de impulsión antes de llegar a la UTA y la climatización con una bomba de calor, mediante un sistema de desplazamiento de aire a baja velocidad en el resto del edificio. La integración de energía solar térmica y fotovoltaica permite la generación in situ de gran parte de las demandas energéticas.

CAIXAFORUM, SARAGOSSA

Determining factors
Dry continental climate. Very hot summers and cold winters. Relatively low humidity. During the summer nights the temperatures usually fall below 20ºC. The programme calls for very precise control of the hygrothermic conditions and the lighting of the exhibition spaces and for exacting criteria of energy saving and sustainability.

Energy concept
A volume with an optimized form factor that reduces energy loss due to transmission through the wall and with highly controlled window spaces, thus limiting thermal gains due to direct radiation through the glazing.

Passive measures
Passive refrigeration: an innovatory concept of cold-accumulation in a deposit with phase-change materials (PCMs), a system that permits the accumulating of coldness during the nights when the temperature descends from 20ºC, and the transferring of it to the building during the day, once the temperature rises above 20ºC. This storing of coldness acts as an inter-daily heat exchanger that slows down the demand for refrigeration, thus reducing energy consumption in this respect.

Active measures
Air conditioning system: we propose a system with geothermic optimization with a double aim in mind: ventilation of the auditorium by means of a system of underfloor tubing to refrigerate the air impulsion before reaching the Air Treatment Unit (ATU), and climate control with a heat pump by means of a system of low-speed air displacement in the remainder of the building. The integration of thermal and photovoltaic solar energy permits the generation in situ of a major part of the energy requirements.

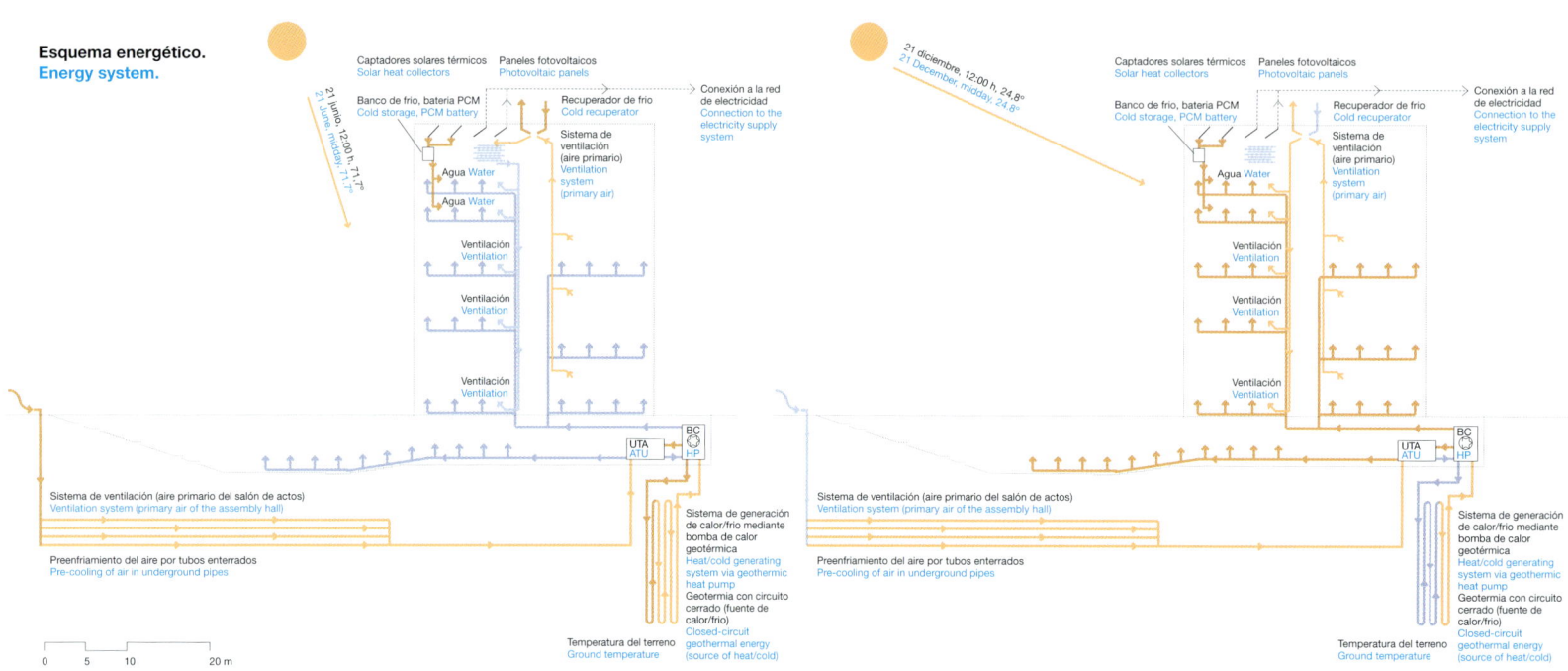

Esquema energético.
Energy system.

TORRE SPINA, TURÍN

Condicionantes
Clima continental. Inviernos fríos y veranos suaves.

Concepto energético
El concepto energético apoya al arquitectónico con una doble piel energética, fría en verano y caliente en invierno, captadora y acumuladora de energía todo el año. Esta piel responde a los análisis climáticos de Turín, las "cartografías de radiación" y los estudios de sombreamiento que se han realizado.

Medidas pasivas: doble piel energética
En épocas frías actúa como un *buffer térmico* que mejora sustancialmente las características de aislamiento del cerramiento, conservando la energía. Además, en aquellas zonas expuestas a la radiación solar, la energía calorífica se acumula en la cámara de aire, desde donde se distribuye al interior del edificio. En las épocas calurosas, la misión de la fachada es reducir las ganancias solares y disipar las cargas interiores generadas por las personas, la iluminación y los equipos. La cámara de aire se abre permitiendo la ventilación a través de las compuertas superiores e inferiores y las rejillas repartidas en la triangulación de la fachada para garantizar una ventilación constante. En las orientaciones soleadas, la serigrafía del vidrio exterior se densifica y se distribuye de forma que el vidrio reduce su factor solar. La sombra proyectada de los volúmenes reduce la captación solar.

Medidas activas: energía solar fotovoltaica
Las caras inclinadas del poliedro que conforma el edificio, especialmente expuestas a la radiación solar (en torno a los 1.500 kWh/m^2), se transforman en un gran captador solar fotovoltaico, con una superficie de captación total de 1.480 m^2, que suministrará una potencia anual de 205 MWh.

SPINA TOWER, TURIN

Determining factors
Continental climate. Cold winters and mild summers.

Energy concept
The energy concept backs up the architectural concept with a double energy skin, cold in summer and warm in winter, a yearlong energy collector and accumulator. This skin responds to the climactic analyses of Turin, "radiation maps" and shade studies that have been undertaken.

Passive measures: a double energy skin
During cold spells this acts as a thermal buffer that substantially improves the insulation characteristics of the outer wall, thus conserving energy. On top of that, in those areas exposed to solar radiation, calorific energy is accumulated in the air chamber, from where it is distributed to the inside of the building. During hot periods the façade's mission is to reduce solar gains and to dissipate the interior loads generated by people, lighting and equipment. The air chamber opens to permit ventilation through the upper and lower hatches and the grilles set out in the triangulation of the façade to guarantee constant ventilation. In those directions exposed to the sun, the serigraphy of the exterior glass is denser and is distributed in such a way that the glass reduces its solar factor. The shadow cast by the volumes reduces solar captation.

Active measures: photovoltaic solar energy
The sloping faces of the polyhedron-shaped building which are particularly exposed to solar radiation (around 1,500 kW h/m^2) are transformed into a great photovoltaic solar collector with a total captation surface of 1,480 m^2, which will furnish an annual capacity of 205 MW h.

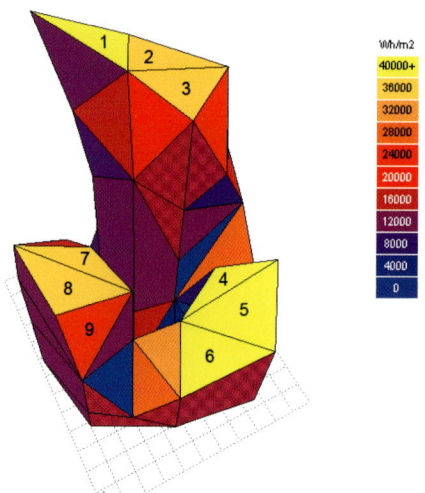

Radiación fotovoltaica.
Photovoltaic radiation.

ESTACIÓN OSMOSE, PROYECTO GRAND PARIS, PARÍS

Condicionantes
Clima continental húmedo. Inviernos fríos y veranos calurosos. El proyecto utiliza de forma coordinada la energía que disipa el metro, las fachadas orientadas al sur como generadores fotovoltaicos y el programa mixto y denso para plantear un conjunto cercano a cero emisiones. Por otra parte se plantea la intermodalidad de la estación, con incorporación de autobuses así como bicicletas y automóviles eléctricos de alquiler.

Concepto energético
Principios eólicos
La energía eléctrica y mecánica utilizada para el funcionamiento del metro se disipa en forma de calor. La circulación de los trenes genera grandes cantidades de calor, de 5 h a 24 h, con picos en las horas punta. Esta energía se recupera para calefactar el edificio en invierno y para disipar el calor en verano. Se propone un pulmón eólico con una chimenea para evacuar el calor producido por el metro, chimenea que atraviesa todo el edificio de programa mixto. La altura de la chimenea hace que el flujo se produzca por ventilación natural. En el interior, en la parte superior y junto a los orificios de salida, se sitúa un intercambiador de recuperación de energía que mantiene la temperatura de un circuito de agua que sirve a los distintos programas inmobiliarios situados alrededor de la estación, donde se colocan bombas de calor reversibles.

En consecuencia, el sistema resulta más eficaz si simultáneamente se dan necesidades de calor y de frío, de ahí el interés en un programa inmobiliario mixto en el que conviven comercios, oficinas y viviendas. En verano el pulmón eólico aumenta la porosidad del edificio, lo que reduce las necesidades de refrigeración.

Fachadas fotovoltáicas micromorfas
La fachada sur y las cubiertas no accesibles se equipan con paneles fotovoltaicos micromorfos, que cubrirán el 100 % de las necesidades eléctricas de la estación en cuanto a iluminación. Se producirán unos 400.000 KW/h al año.

Recuperación del agua
Se prevé la recuperación de 4.000 m³ anuales de aguas pluviales gracias a los 8.000 m² de superficie estanca de los que se dispone. Con este volumen se cubren las necesidades del conjunto del edificio.

OSMOSE STATION, GRAND PARIS PROJECT, PARIS

Determining factors
Damp continental climate. Cold winters and hot summers. In a coordinated manner the project utilizes the energy dissipated by the Métro, the south-facing façades as photovoltaic generators, and the dense mixed programme in order to create a near-zero emissions complex. Furthermore, a transportation hub-style station is posited with the incorporation of buses, along with bicycles and electric cars for hire.

Energy concept
Wind-power principles
The electrical and mechanical energy used by the metro is given off as heat. The running of the trains generates huge amounts of heat from 5 am to midnight, peaking during rush hour. This energy is recovered to heat the building in winter and to dissipate the heat in summer. We propose an eolic lung with a chimney to evacuate the heat produced by the metro, a chimney that rises through the entire mixed-programme building.

The height of the chimney means that the heat flow is produced by natural ventilation. Inside, in the upper area next to the outlets, is an energy-recovery interchanger that keeps the temperature constant of a water circuit serving the different property programmes situated around the station, in which reversible heat pumps are placed.

As a result, the system is more efficient when there is a simultaneous need for heat and cold, which is of interest in a mixed property programme in which businesses, offices and apartments exist side by side. In summer the eolic lung increases the porosity of the building, thus reducing the need for refrigeration.

Micromorph photovoltaic façades
The south façade and the non-accessible roofs are equipped with micromorph photovoltaic panels that will cover all the station's electricity needs in terms of lighting. 400,000 kW h a year will be produced.

Water recovery
The recovery is foreseen of 4,000 m³ of rainwater run-off a year thanks to the 8,000 m² of watertight surface available. With this amount the needs of the entire building are covered.

Estrategia energética.
Energy strategy.

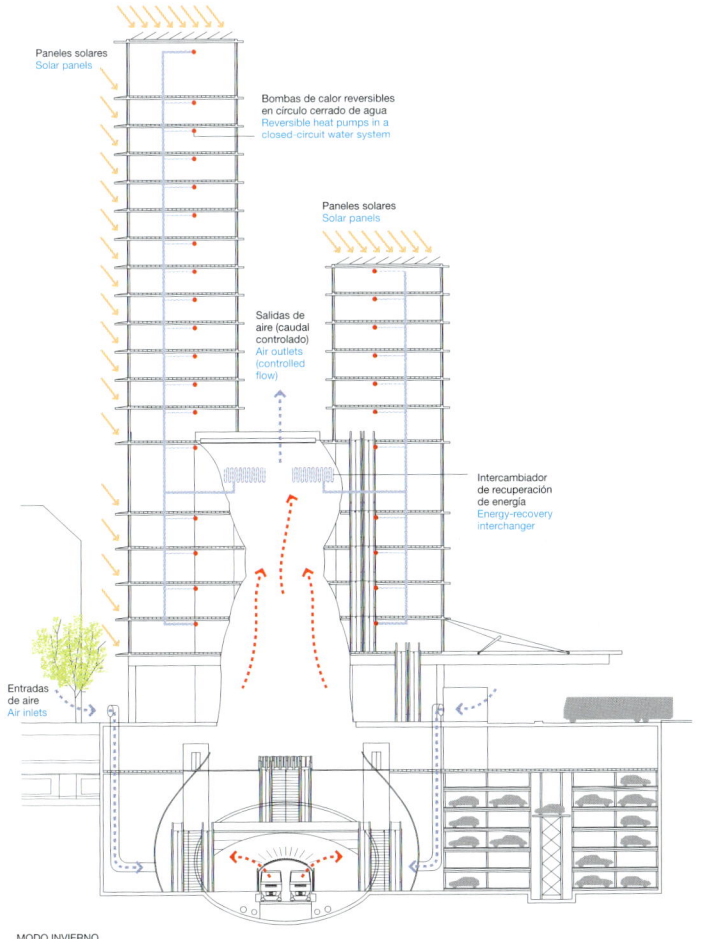
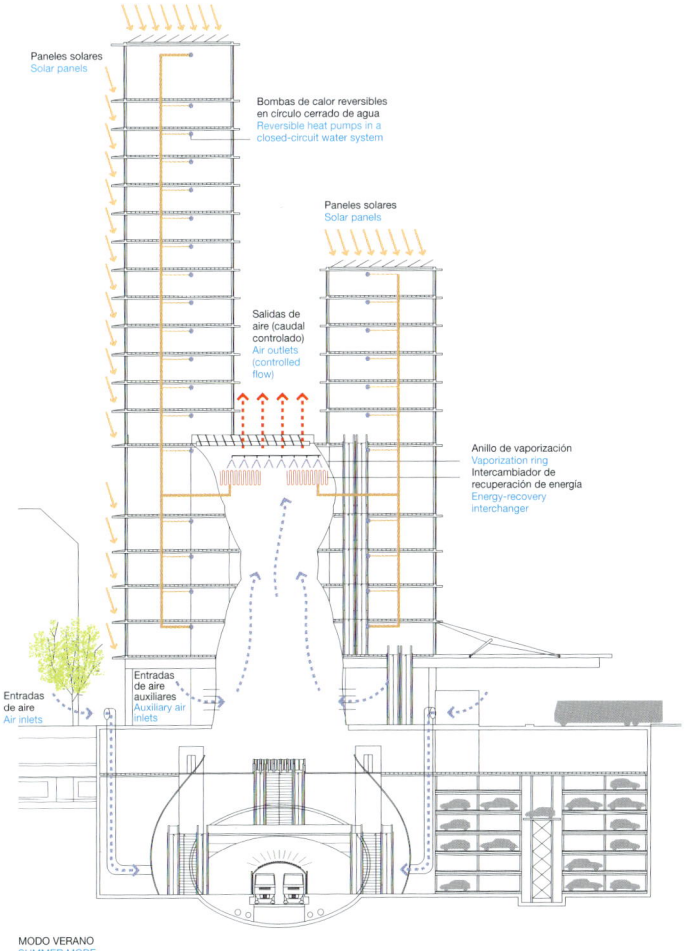

MODO INVIERNO / WINTER MODE

MODO VERANO / SUMMER MODE

Bloque viviendas en la calle Orfila, Madrid
Apartment block in Orfila Street, Madrid
2006-2009

Emplazamiento Location c/Orfila, Madrid, España/*Spain*
Arquitectos Architects Ábalos+Sentkiewicz arquitectos
Colaboradores Collaborators Víctor Garzón (coordinador/*coordinator*), Elena Cuerda, Juan José González, Ismael Martín, Luis Matanzo, Alfredo Muñoz **Proyecto y construcción** Design and construction years 2006-2009 **Cliente** Client Olabe SL
Estructura Structural engineering NB35 **Instalaciones** Mechanical engineering Pedro Blanco **Arquitecto técnico** Quantity surveyor Ramón Paradinas **Constructora** Contractor CYR proyectos y obras **Fotografías** Photography José Hevia, Alberto Nevado

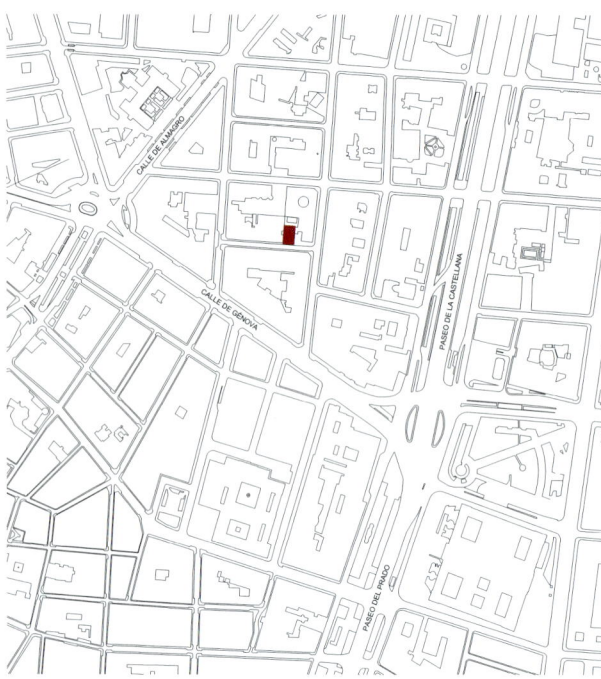

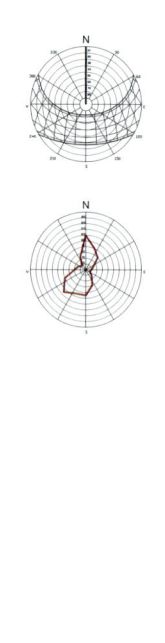

Un solar sobre los terrenos de las antiguas caballerizas del palacio Coca, en el centro de Madrid, da pie a experimentar con los puntos de coincidencia entre la tradición de los miradores madrileños y un muro cortina permeable y protegido del sol, permitiendo conjugar al interior el confort tradicional de las habitaciones encadenadas y con gran volumen, con la limpieza de los espacios contemporáneos y su fluidez entre interior y exterior. Al mismo tiempo, el contexto, condicionado tanto por el palacio como por el arbolado de gran porte existente, ha llevado a imaginar el edificio de viviendas como un pabellón, respondiendo a la vez a todos los estímulos del contexto y a ninguno. Aparentemente ensimismado en sus propias leyes de organización espacial y material, pero atento a resolver un problema más genérico y difícil, el de la "elegancia", un atributo pegajoso del que no siempre es fácil de obtener en arquitectura. El esquema distributivo responde a las condiciones de asoleo y ventilación de Madrid (cuyo régimen de vientos, más intenso que el de Chicago, hace de éste el principal regulador climático pasivo). Edificación compacta y profunda, ventilación cruzada, orientación norte-sur y patio central, así como grandes aberturas con protecciones solares, forman un esquema termodinámico que está presente en la arquitectura tradicional, y que lleva a orientar los salones al sur y los dormitorios al norte, con los servicios formando un anillo alrededor del patio. A este esquema se le superpone un conjunto de terrazas que van excavando la sección y que generan grandes salones al exterior, en relación directa con el entorno arbolado.

A plot on the site of the former stables of the Coca palace, in the centre of Madrid, leads to an experiment with the common ground between the tradition of Madrid's windowed balconies and a permeable, sun-protected curtain wall. The result allows the traditional comfort of large, interconnecting rooms to be combined with clean contemporary spaces, as well as a fluidity between interior and exterior. At the same time, the context, determined by both the palace and the existing tree cover, has led us to imagine the apartment building as a pavilion, responding to all of the stimuli of the site and yet also to none of them —absorbed in its own laws of spatial and material organization, yet attentive to resolving a more generic and difficult problem, that of "elegance" (a slippery quality that is not always within architecture's grasp).
The layout responds to the specific weather conditions of Madrid, where wind is the main passive climatic regulator —even more so than in Chicago. The building is compact and deep, with cross-ventilation, north-south orientation and a central patio, and has large windows with sun protection. Together, these elements form a thermodynamic scheme implanted into traditional architecture, and results in living rooms being oriented towards the south, the bedrooms towards the north, and the services to form a ring around the patio. Superimposed on this scheme is a set of terraces that gradually hollow out the section and generate large living rooms on the outside, in the process forming a direct relationship with the tree-lined surroundings.

Planta 3.
Floor 3.

Planta 4.
Floor 4.

Planta baja.
Ground floor.

Planta 1.
Floor 1.

22 BLOQUE DE VIVIENDAS EN LA CALLE ORFILA, MADRID APARTMENT BLOCK IN ORFILA STREET, MADRID

Alzado sur.
South elevation.

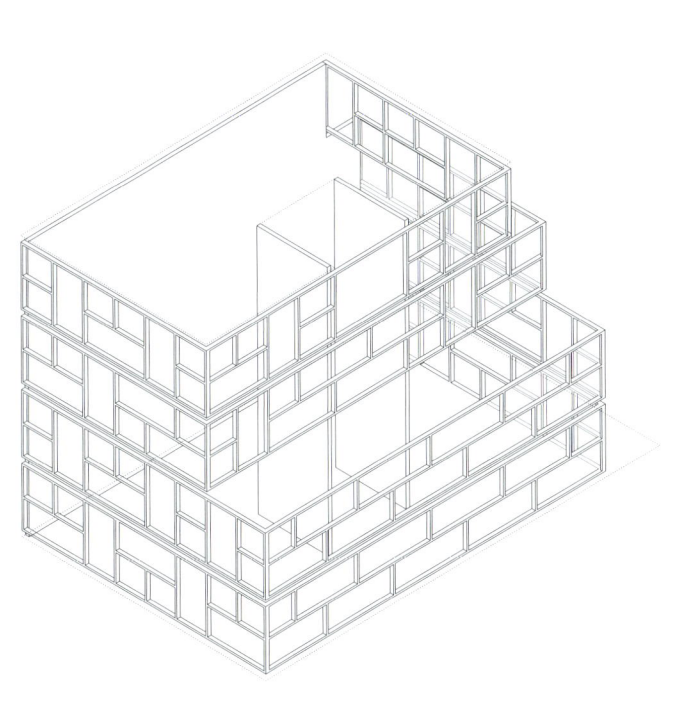

Sistema estructural.
Structure system.

Alzado norte.
North elevation.

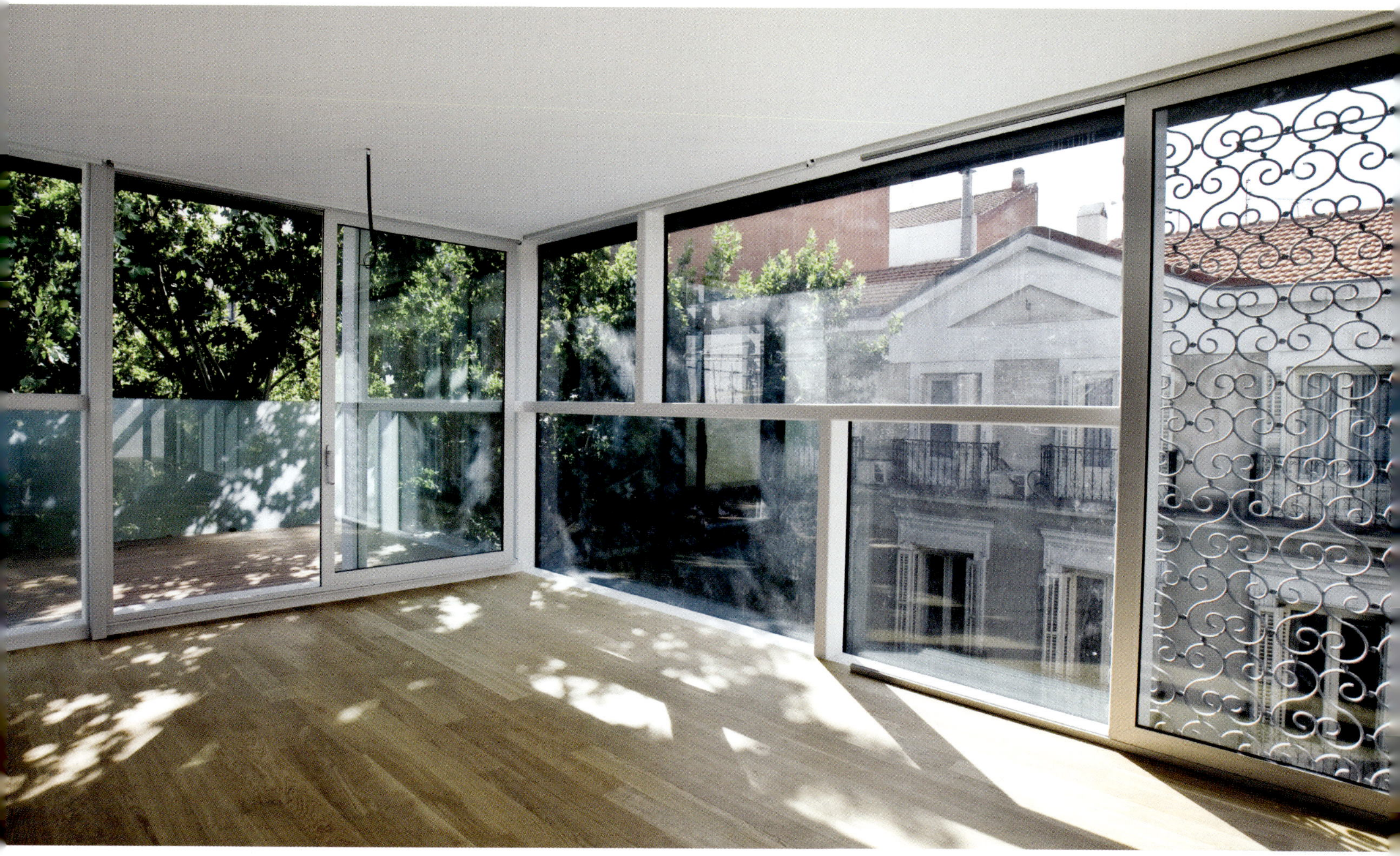

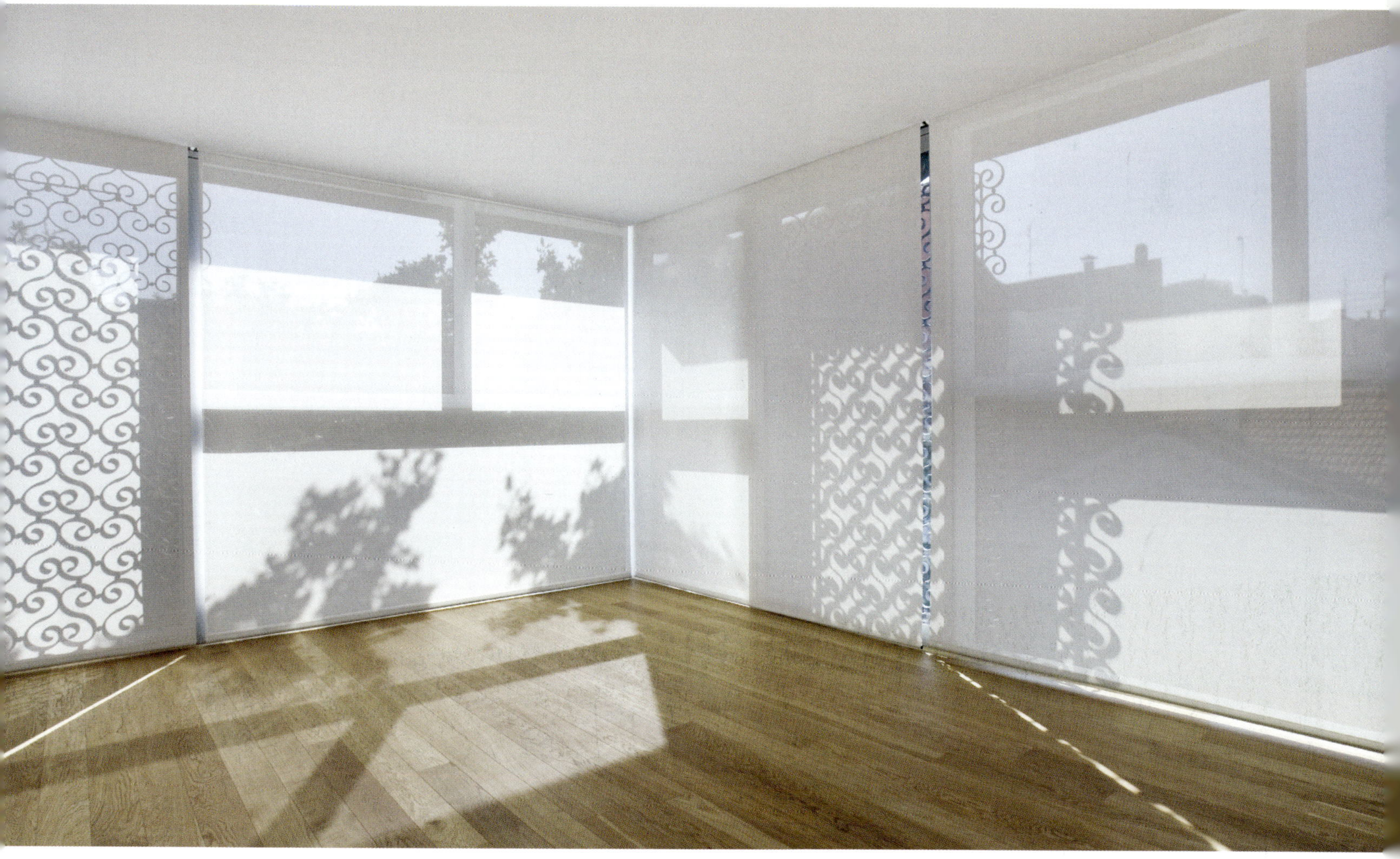

30 BLOQUE DE VIVIENDAS EN LA CALLE ORFILA, MADRID APARTMENT BLOCK IN ORFILA STREET, MADRID

Portal de las viviendas.
Hallway of the apartments.

1. Granito negro 90 x 110 cm.
2. Espejo 180 x 180 cm.
3. Caja de policarbonato con fluorescentes.
4. Buzones.

1. Black granite 90 x 110 cm.
2. Mirror 180 x 180 cm.
3. Polycarbonate box with fluorescent lights.
4. Letterboxes.

Aparcamiento, Princeton
Carpark, Princeton
2007

Emplazamiento Location Princeton, Nueva Jersey, Estados Unidos/*New Jersey, United States* **Arquitectos Architects** Ábalos+Sentkiewicz arquitectos **Director del proyecto Project leader** Iñaki Ábalos **Colaboradores Collaborators** Alfonso Miguel (coordinador/*coordinator*), Jorge Álvarez-Builla, Aaron Forrest, Ismael Martín **Proyecto Design year** 2007 **Cliente Client** Princeton University **Planeamiento y dirección del encargo Planning and direction** Beyer Blinder Belle, Architects & Planners LLP **Paisajismo y medio ambiente Landscaping and environmental studies** Michael Van Valkenburgh Associates **Consultor del aparcamiento Parking consulting** Walker Parking Consultants **Infografías Infography** Aaron Forrest, Ismael Martín

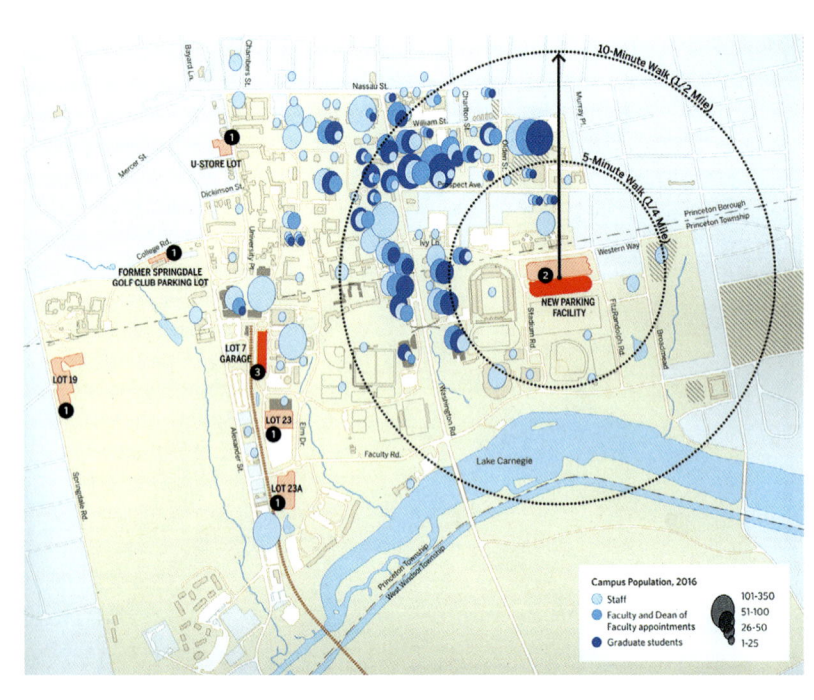

El proyecto forma parte de un vasto plan de modificación del sistema de accesos rodados al campus de Princeton University y del paisajismo de toda la zona, así como de la planificación de equipamientos medioambientales, deportivos y laboratorios para la universidad. La demanda de un gran aparcamiento (que, después del estadio, constituye el volumen más grande en todo el recinto) en el plan y el interés en dotar a esta infraestructura de un carácter específico, se encuentran presentes en las tres decisiones que definen el proyecto:
· Su conformación con esquinas redondeadas, un tema funcional que se adapta a los movimientos de los vehículos, pero, sobre todo, un recurso que permite caracterizar el volumen y aislarlo compositivamente, dando orientación y forma a lo que normalmente carece por completo de ambos atributos.
· La inclusión de pequeños programas alternativos (oficinas, estación de autobuses, gimnasio), por una parte necesarios para dar vida y protección al lugar y, por otra, estratégicos para establecer un diálogo entre la escala gigante del estadio y la minúscula del observatorio astronómico y los pabellones deportivos cercanos a él.
· La envolvente ornamental prefabricada, que introduce en el conjunto una escala de intermediación entre las personas y las cosas, y señala de forma abstracta y genérica, pero también indudable, la proximidad del bello recinto histórico de Princeton University.

This project forms part of a vast plan to modify vehicle access to the Princeton University campus, landscape the entire area, and re-plan the university's environmental, sports and laboratory facilities. The demand for a huge carpark (which after the stadium is the largest volume in the entire area) in the plan and the desire to give this infrastructure a specific character are reflected in the three decisions defining the project:
· The shape with rounded corners —a functional solution that reflects vehicle movement but also a resource that enables one to define the volume and to isolate it compositionally, giving the building direction and form.
· The inclusion of small alternative programmes (offices, a bus station, a gym) —on the one hand necessary to give life and protection to the project; and on the other, strategic when it comes to establishing a dialogue between the gigantic scale of the stadium and the comparatively small size of the astronomical observatory and the sports pavilions near it.
· The prefabricated ornamental wrapper —which introduces an intermediate scale between people and things, and indicates in an abstract and generic way the proximity of the beautiful historic core of Princeton University.

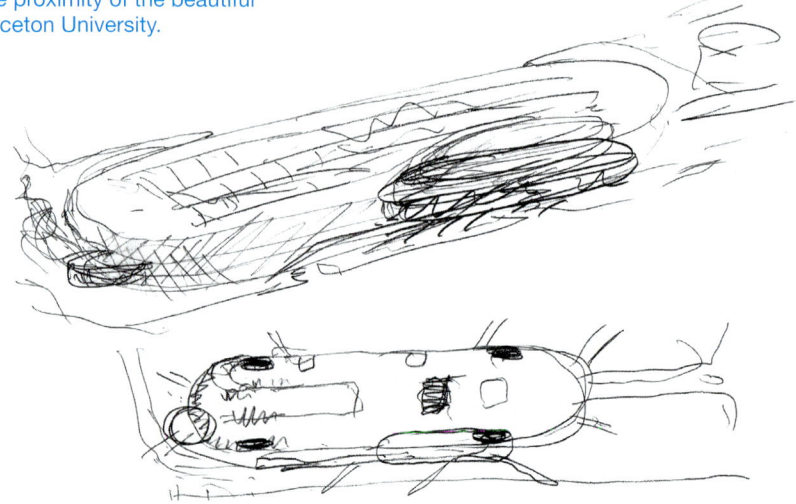

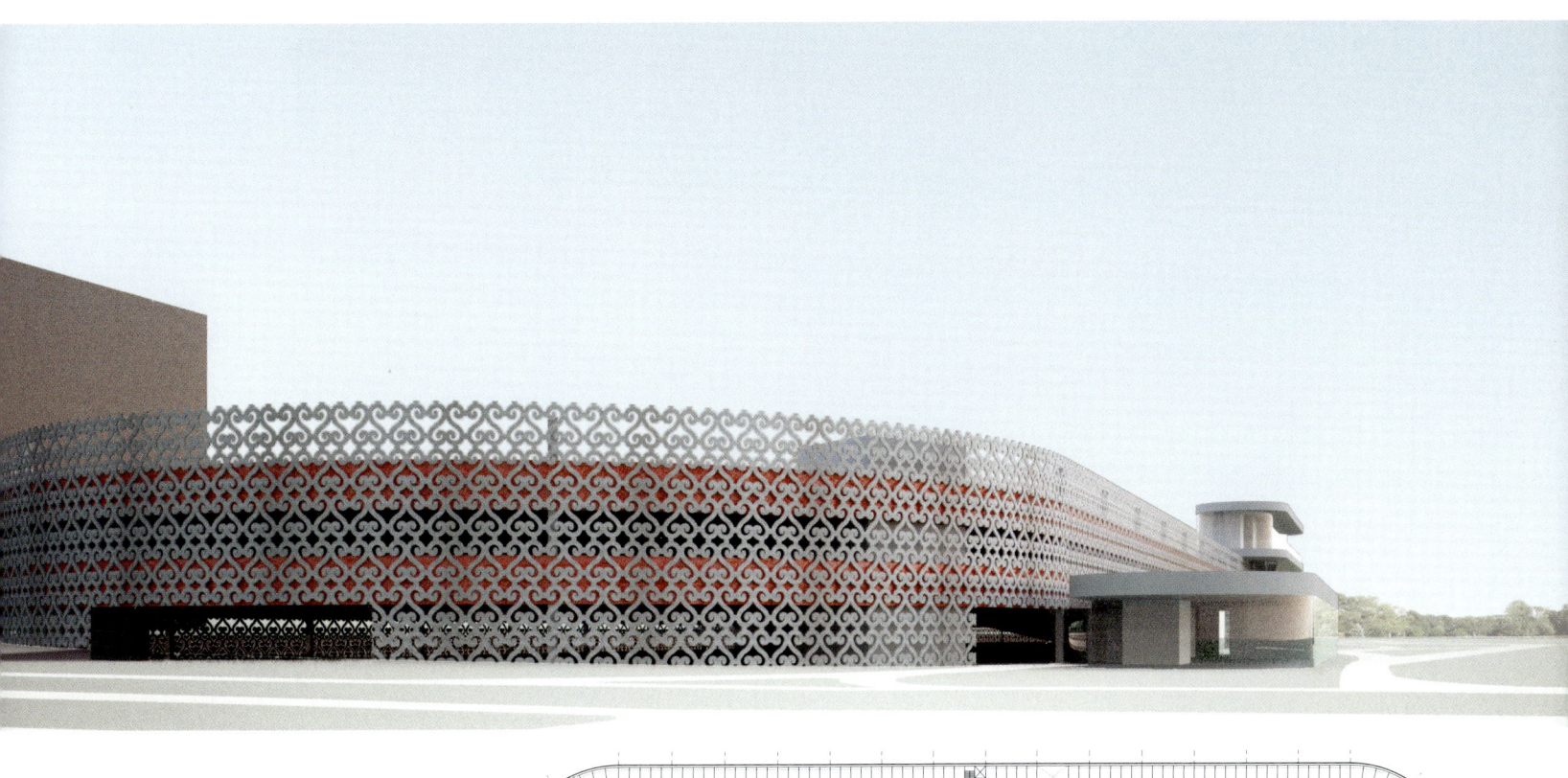

Planta tipo.
Standard floor plan.

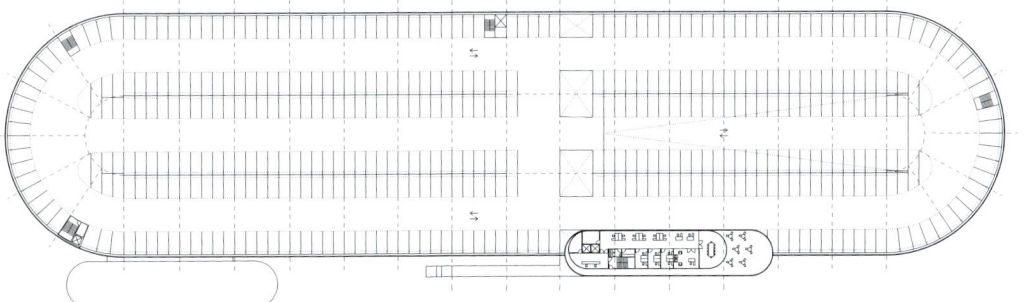

Planta baja.
Ground floor.

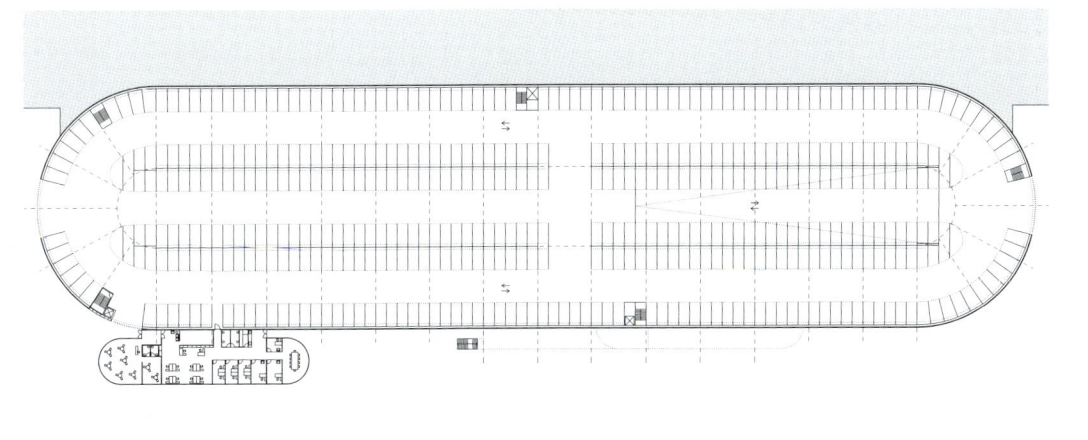

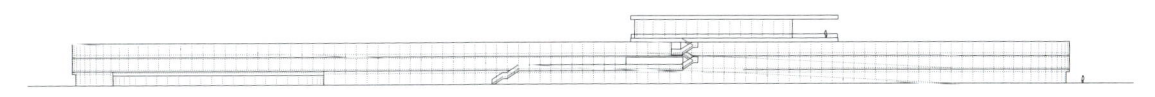

0 10 20 30 m

Alzado sur.
South elevation.

Detalle de fachada.
Façade detail.

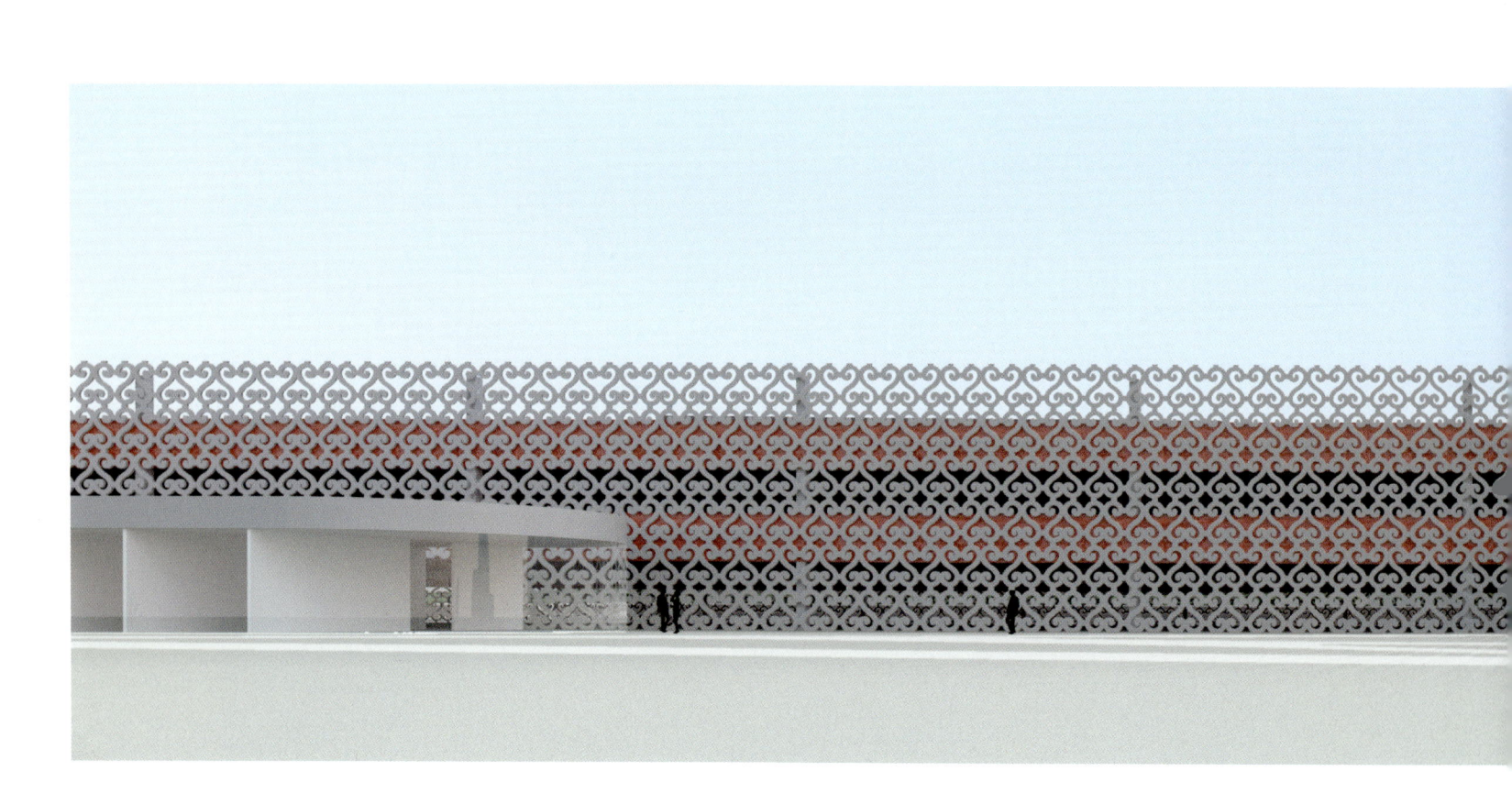

34 APARCAMIENTO, PRINCETON CARPARK, PRINCETON

35

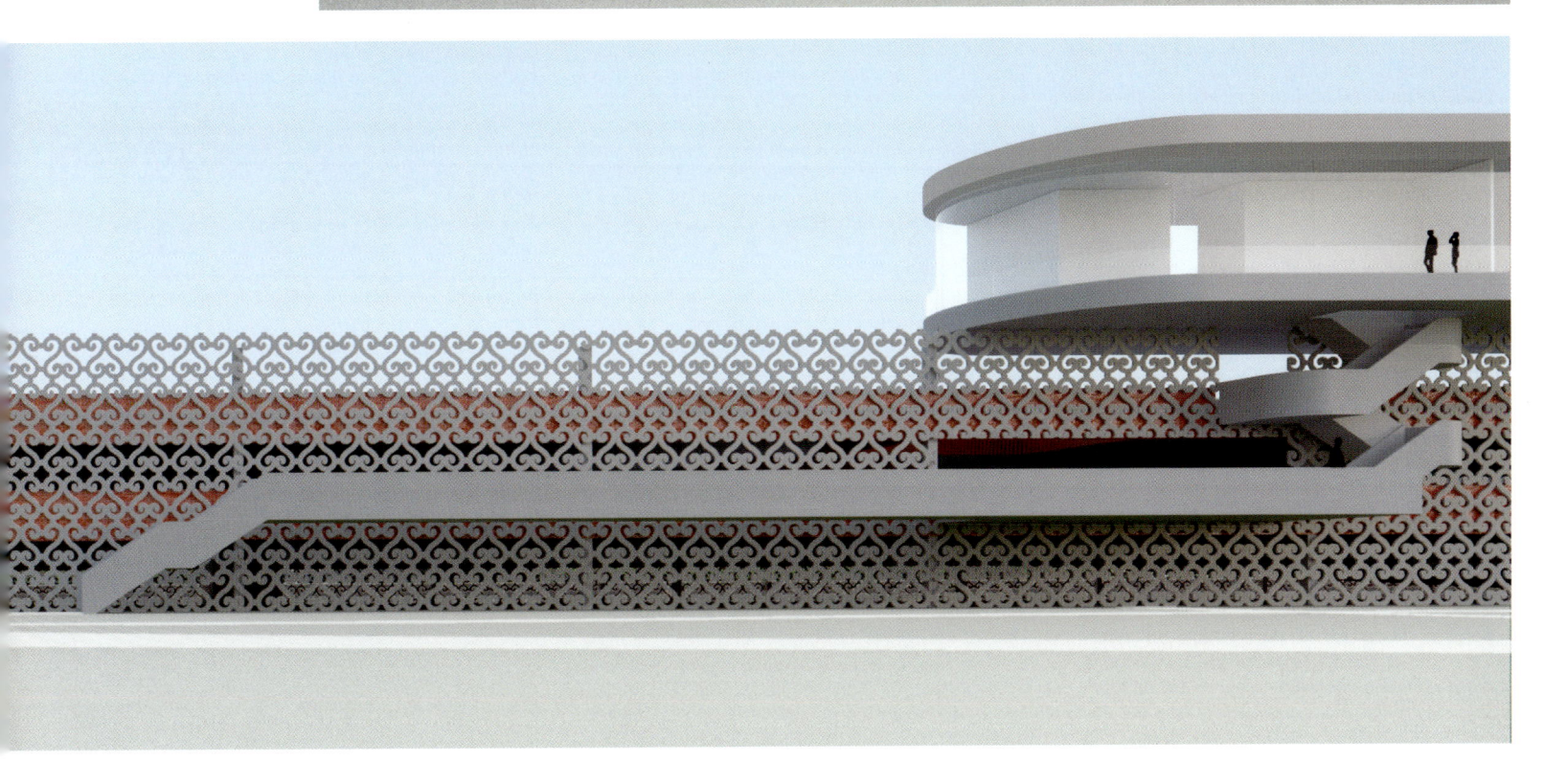

Estación Osmose, proyecto Grand Paris, París
Osmose station, Grand Paris project, Paris
2010

Emplazamiento Location París, Francia/*Paris, France* **Arquitectos Architects** Ábalos+Sentkiewicz arquitectos, Jasper Morrison Office for Design **Colaboradores Collaborators** Margaux Eyssette, Nissim Haguenauer (coordinador/*coordinator*), Jun Yasumoto **Proyecto Design year** 2010 **Cliente Client** RATP France **Energía y sostenibilidad Energy and sustainability studies** Etamine **Instalaciones térmicas y acústicas Thermal and acoustic installations** Joël Latouche **Estudio técnico Technical survey** Quadriplus Groupe **Iluminación Lighting** Pierre Jaubert de Beaujen **Grafismo Graphic design** Tom & Léo (Tom Uferas) **Señalética Signaletics** Locomotion (Laurence Guichard) **Infografías y animación Infography and animations** Neograma (Luis Cabrejas)

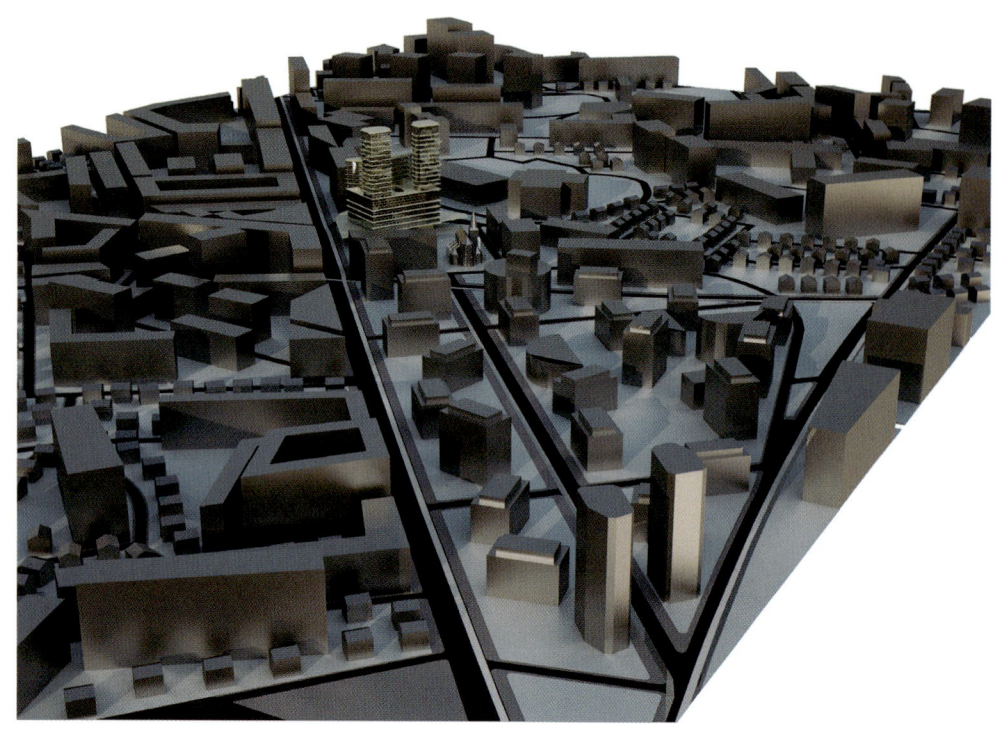

Verticalscape MS

La estación Osmose pretende avanzar una generación (30 años) en la definición del futuro metro de París y su papel urbano. La estación de metro será un nuevo lugar de encuentro y de intercambio, un nuevo paisaje saludable, generoso y conectado con la ciudad, una estación que no quedará encerrada en el carácter soterrado de la infraestructura lineal. Encapsulado el espacio de circulación del metro, la estación tendrá una atmósfera limpia, segura y luminosa, y su bóveda se extenderá verticalmente hacia la ciudad, dejándose abrazar por ella y generando nuevos espacios públicos y nuevos equipamientos colectivos. La extensión vertical de la estación Osmose genera en torno a sí misma una plaza cubierta que alberga pequeño comercio, aparcamientos de bicicletas y automóviles eléctricos de alquiler, paradas de autobuses y mercados espontáneos, creciendo en vertical para albergar equipamientos culturales, deportivos y de ocio, hoteles industriales para los nuevos negocios, apartamentos y *showrooms*… La vida de la comunidad queda catalizada por su densidad programática y su presencia física, que deberá tener un protagonismo visual en el contexto suburbial.

La estación Osmose será una nueva entidad medioambiental, paisajística y arquitectónica. La energía geotérmica de la red enterrada del metro (y la de motores y frenos en invierno) será acumulada en el volumen de aire vertical que abraza la construcción, al que irán conectados los distintos usos a través de baterías de agua y bombas de calor. Los excedentes del calor acumulado en las áreas públicas diurnas serán transferidos a las residenciales, mientras los *brise-soleil* fotovoltaicos de la fachada sur suministrarán la energía eléctrica consumida por la iluminación de las áreas públicas y la estación. El concepto termodinámico esencial del proyecto puede resumirse en la fórmula: metro + usos mixtos + densidad + sol = 0 emisiones.
Además de hacer visible esta nueva concepción del significado urbano de la estación de metro, el proyecto se concentra en la definición ambiental de la estación. El uso de terracota blanca en la bóveda y la hélice, de zócalos de gres coloreado con mobiliario integrado y de pavimentos de baldosas de asfalto, genera a la vez un paisaje familiar y una nueva atmósfera, en el que los protagonistas del espacio son los usuarios, en un ambiente nuevo, silencioso y envolvente. La estación Osmose tendrá éxito si es capaz de provocar una nueva experiencia, si se entiende como un paisaje urbano generador de nuevas dimensiones de lo público.

Verticalscape MS

Osmose station seeks to leap forward a generation to define the Paris metro and its urban role thirty years from now. The metro station will be a new place of meeting and interchange, a new landscape, welcoming, generous and connected with the city —not shut away in the underground linear infrastructure. With the subway's circulation space encapsulated, the station will have a clean, safe and light-filled atmosphere, and its vault will extend vertically towards the city, letting itself be embraced by it, in the process generating new public spaces and new communal facilities. The vertical extension of Osmose station generates around it a covered plaza that houses small shops, bike parking areas, electric cars for hire, bus stops and spontaneous markets, growing upwards to accommodate cultural, sports and leisure amenities, *hôtels industrielles* for new businesses, apartments and showrooms. The life of the community is catalysed by the station's programmatic density and physical presence, which ought to have visual pre-eminence in the suburban context.

Osmose station will be a new environmental, landscaping and architectural entity. The geothermic energy of the metro's network (and that of motors and brakes in winter) will be accumulated in the vertical volume of air that embraces the building, to which the different uses will be connected through water batteries and heat pumps. The surplus heat accumulated in the daytime public areas will be transferred to the residential areas while the photovoltaic *brises-soleils* on the south façade will supply the electrical energy for the lighting of the public areas and station.
The essential thermodynamic concept of the project may be summed up in the formula: metro + mixed uses + density + sun = 0 emissions.
As well as offering a new conception of the urban meaning of the metro station, the project concentrates on the environmental definition of the station. The use of white terracotta on the vault and spiral, coloured stoneware and integrated furniture for the podia, and asphalt floor tiles simultaneously generates a familiar landscape and a new atmosphere that turns the users into the main protagonists of the space. Osmose station will be successful if it is capable of bringing about a new experience, if it is understood as an urban landscape generating a new sort of public realm.

Viviendas
+35,00/71,00 m
Apartments
+35.00/71.00 m

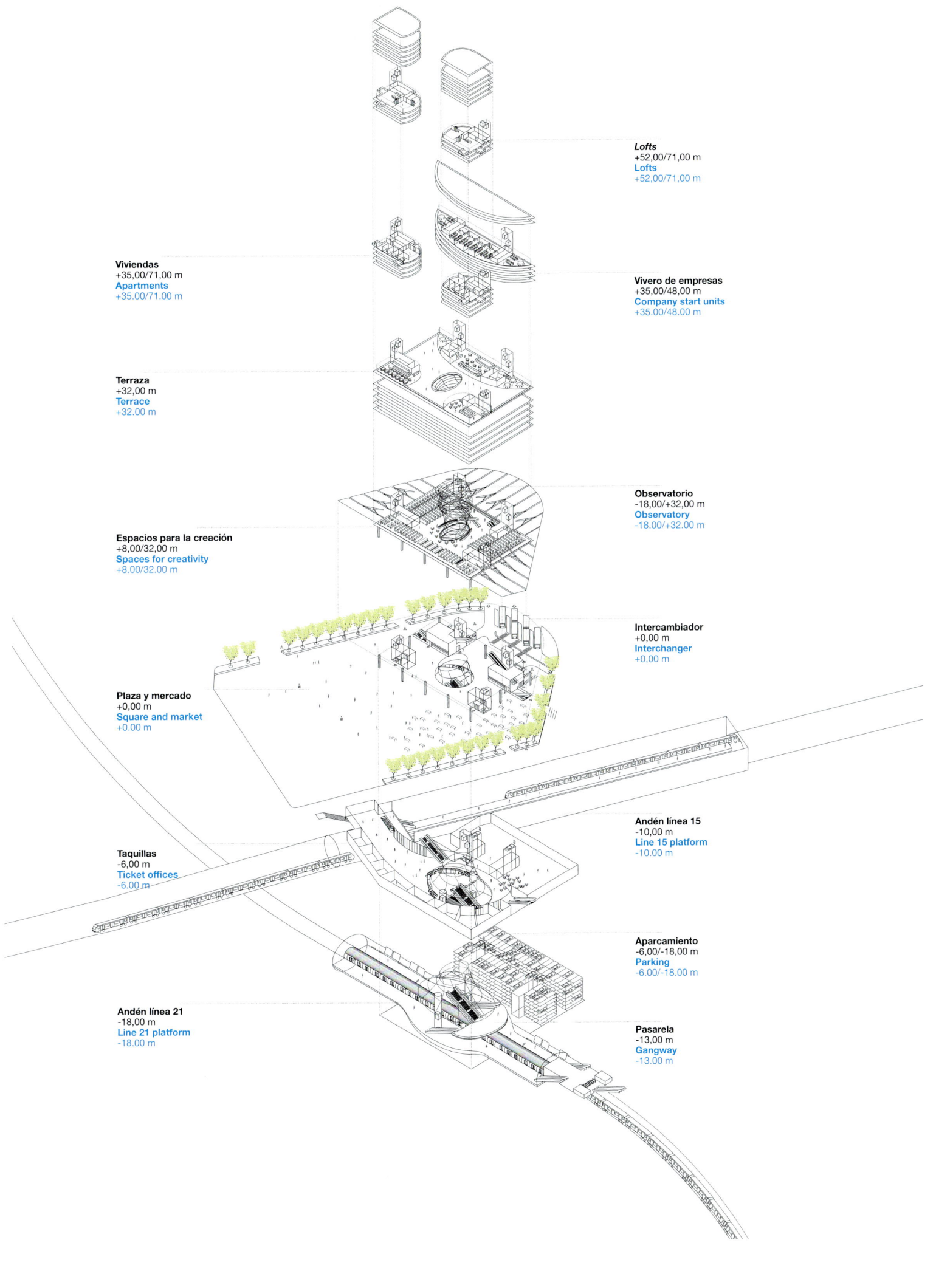

Terraza
+32,00 m
Terrace
+32.00 m

Espacios para la creación
+8,00/32,00 m
Spaces for creativity
+8.00/32.00 m

Plaza y mercado
+0,00 m
Square and market
+0.00 m

Taquillas
-6,00 m
Ticket offices
-6.00 m

Andén línea 21
-18,00 m
Line 21 platform
-18.00 m

Lofts
+52,00/71,00 m
Lofts
+52.00/71.00 m

Vivero de empresas
+35,00/48,00 m
Company start units
+35.00/48.00 m

Observatorio
-18,00/+32,00 m
Observatory
-18.00/+32.00 m

Intercambiador
+0,00 m
Interchanger
+0,00 m

Andén línea 15
-10,00 m
Line 15 platform
-10.00 m

Aparcamiento
-6,00/-18,00 m
Parking
-6.00/-18.00 m

Pasarela
-13,00 m
Gangway
-13.00 m

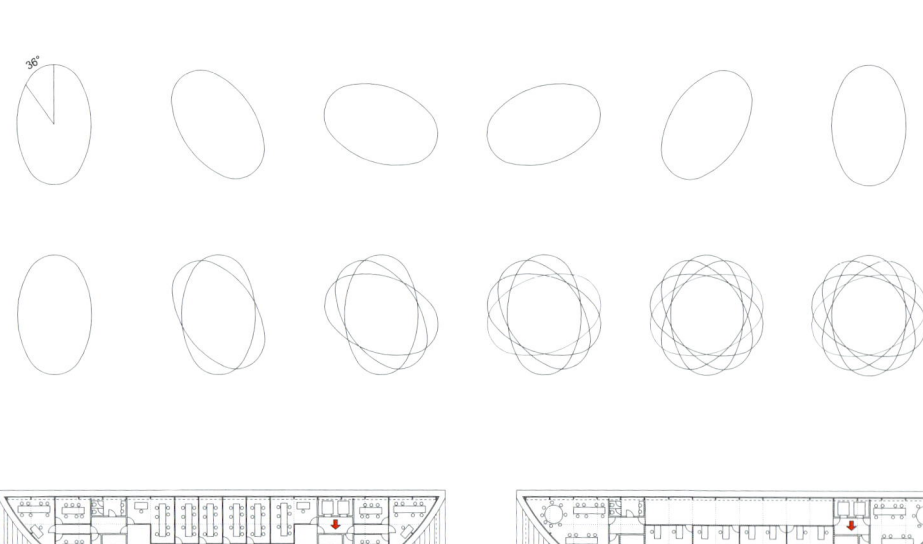

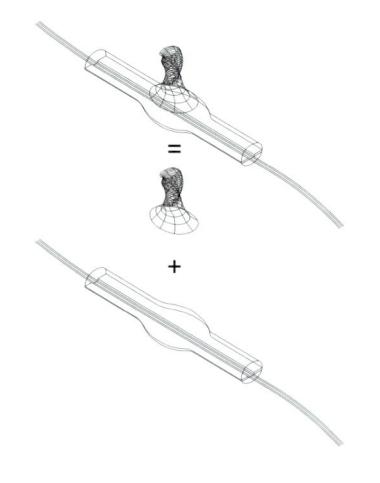

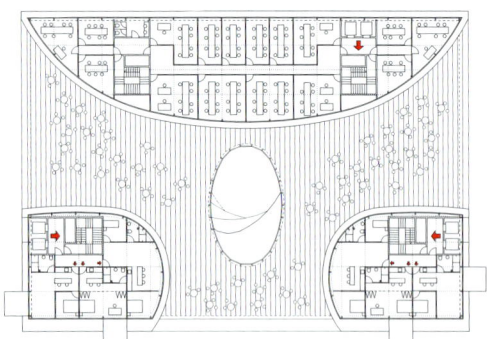

Plantas 7-11, +35,00-48,00 m.
Vivero de empresas.
Floors 7-11, + 35.00-48.00 m.
Company start-up units.

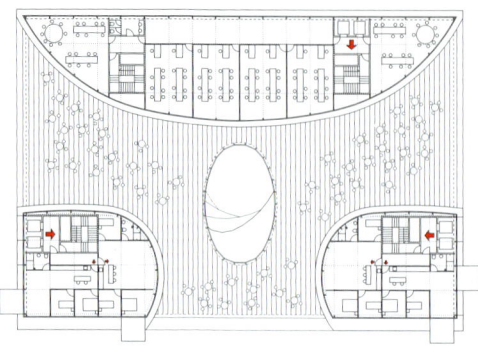

Plantas 7-11, +35,00-48,00 m.
Vivero de empresas.
Floors 7-11, + 35.00-48.00 m.
Company start-up units.

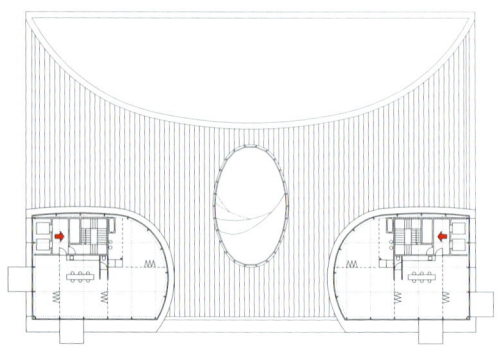

Plantas 12-18, +52,00-71,00 m.
Lofts.
Floors 12-18, + 52.00-71.00 m.
Lofts.

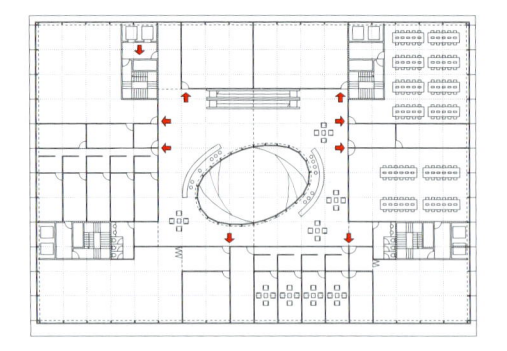

Planta 4, +20,00 m.
Espacio multimedia.
Floor 4, + 20.00 m.
Multimedia space.

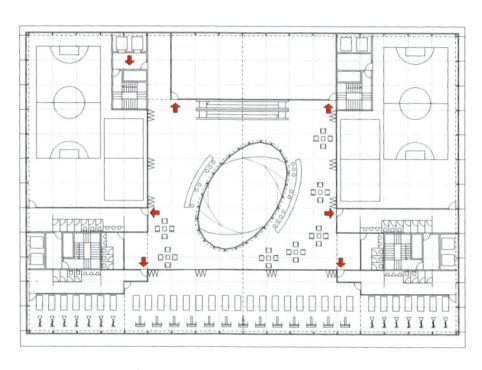

Planta 5, +24,00 m.
Espacio deportivo.
Floor 5, + 24.00 m.
Sports space.

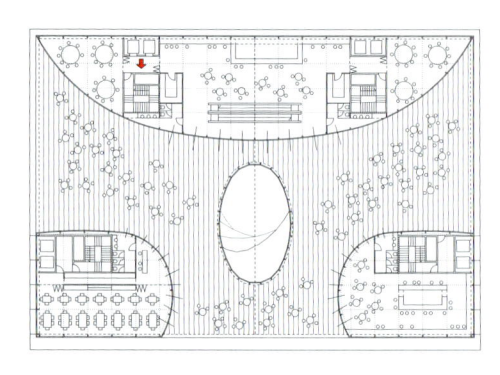

Planta 6, +32,00 m.
Espacio de comidas.
Floor 6, + 32.00 m.
Eating space.

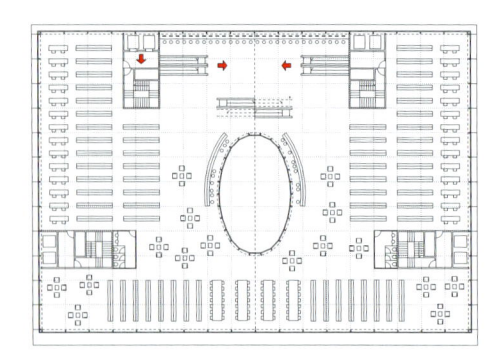

Planta 1, +8,00 m.
Biblioteca.
Floor 1, + 8.00 m.
Library.

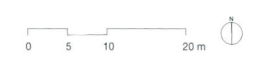

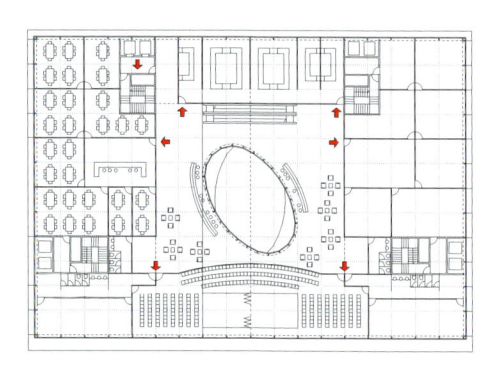

Planta 2, +12,00 m.
Espacio pedagógico.
Floor 2, + 12.00 m.
Teaching space.

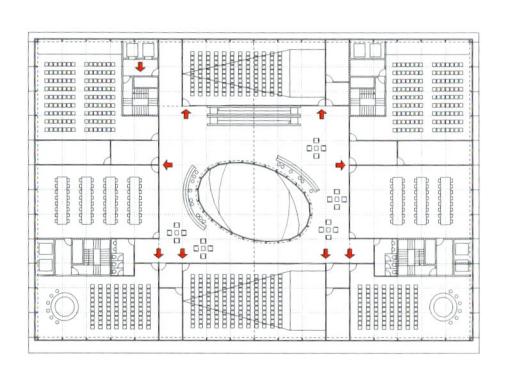

Planta 3, +16,00 m.
Espacio audiovisual y cultural.
Floor 3, + 16.00 m.
Audiovisual and cultural space.

39

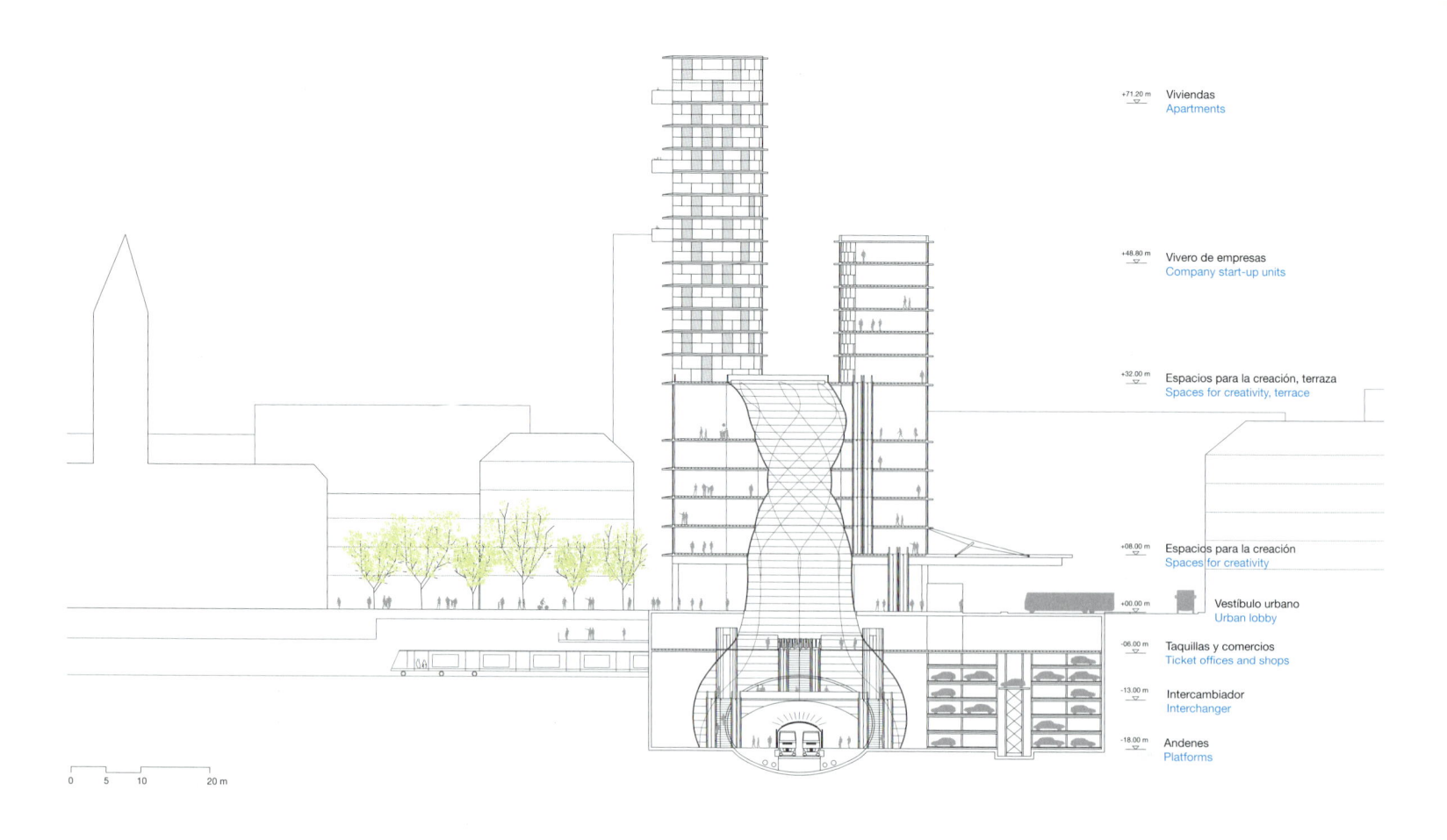

+71.20 m	Viviendas / Apartments
+48.80 m	Vivero de empresas / Company start-up units
+32.00 m	Espacios para la creación, terraza / Spaces for creativity, terrace
+08.00 m	Espacios para la creación / Spaces for creativity
+00.00 m	Vestíbulo urbano / Urban lobby
-06.00 m	Taquillas y comercios / Ticket offices and shops
-13.00 m	Intercambiador / Interchanger
-18.00 m	Andenes / Platforms

40 ESTACIÓN OSMOSE, PROYECTO GRAND PARIS, PARÍS OSMOSE STATION, GRAND PARIS PROJECT, PARIS

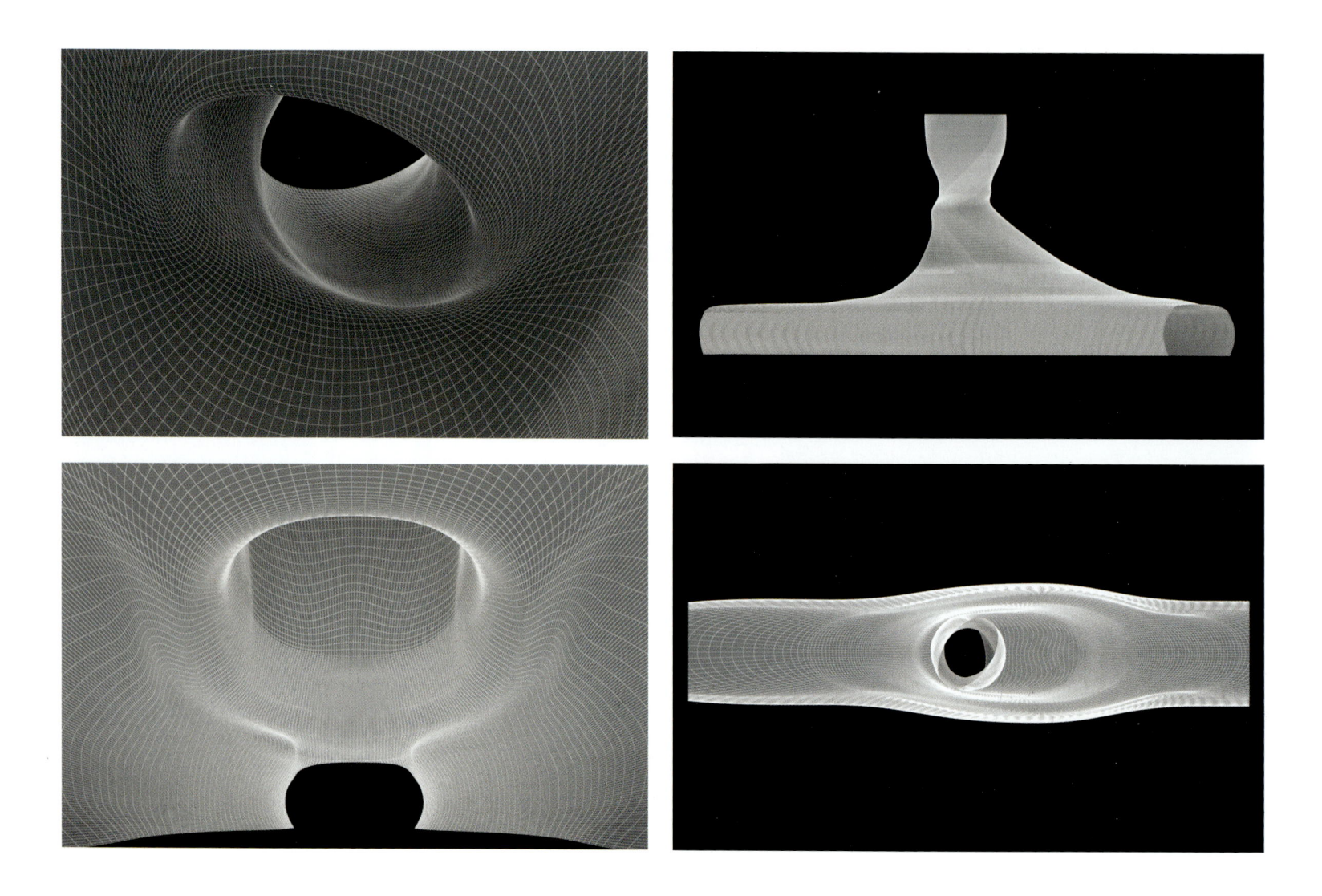

41

CaixaForum, Zaragoza
CaixaForum, Saragossa
2008

Emplazamiento Location c/José Anselmo Clavé, Zaragoza, España/*Saragossa, Spain* **Arquitectos** Architects Ábalos+Sentkiewicz arquitectos **Colaboradores** Collaborators Víctor Garzón (coordinador/*coordinator*), Andrés Besomi, Alexandra Blanch, Pablo de la Hoz, Alfonso Miguel, Laura Torres **Proyecto** Design year 2008 **Cliente** Client Obra Social La Caixa **Estructura** Structural engineering Eduardo Barrón **Energía y sostenibilidad** Energy and sustainability studies CENER **Instalaciones** Mechanical engineering Manproject (Rogelio Moya) **Arquitecto técnico** Quantity surveyor CASOBI (Eduard Casanovas) **Infografías** Infography Aaron Forrest, Pablo de la Hoz, Ismael Martín
Maqueta Model Andrés Besomi

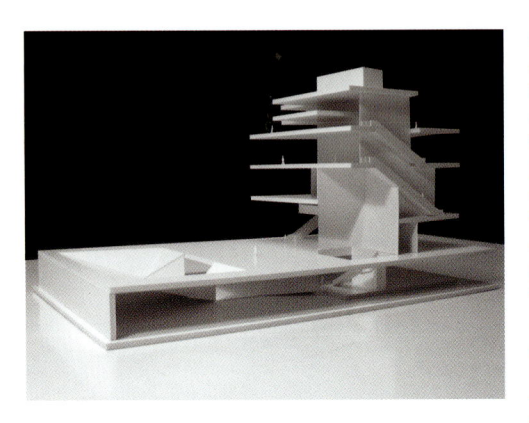

Verticalscape 0E
Se hace necesario un espacio museístico, un laboratorio de una nueva forma de pensar la arquitectura, una forma termodinámica, y no sólo tectónica, que integre el conocimiento científico ya obtenido, y lo catalice en un espacio arquitectónico con valores funcionales, espaciales y emblemáticos.

Se hace necesario un espacio museístico que oponga al formalismo circundante, ya no sólo contención, proponiendo una construcción elemental y proporcionada, sino también una presencia desmaterializada, reducida a sombras y reflejos de la luz, un volumen compacto envuelto en un halo de sombra protectora, la manifestación más ajustada, técnica y simbólicamente, a esta concepción termodinámica basada en el factor de forma, las técnicas pasivas y las activas o atmosféricas.

Desde la penetración en el jardín, que funde el auditorio y el paisaje circundante, hasta las terrazas de coronación, que extienden la cafetería y el restaurante sobre la ciudad, el museo actúa hacia el exterior como un interfaz entre la ciudad y los ciudadanos, como un catalizador urbano. En el interior, la ocupación del espacio y el movimiento de las personas se desarrollan como una hélice ascendente que coincide con el movimiento del aire, desde la captación geotérmica en el subsuelo hasta el banco de frío ubicado en la cubierta, identificando los valores espaciales y el funcionamiento termodinámico en un esquema único.

Verticalscape 0E
A museum space is needed, a laboratory for a new form of architectural thinking —not just a tectonic but also a thermodynamic form that integrates the scientific knowledge already obtained and catalyses it in an architectural space with functional, spatial and emblematic values. A museum space is needed that, in opposition to the surrounding formalism, offers not only containment through an elemental, well-proportioned building, but also a dematerialized presence, reduced to shadows and reflections, a compact volume wrapped in a halo of protective shade —an expression that is technically and symbolically suited to such a thermodynamic conception based on the form factor, passive techniques and active or atmospheric ones. From its penetration into the garden, amalgamating the auditorium and the surrounding landscape, to the crowning terraces that extend the cafeteria and restaurant out over the city, the museum sees its relation to the outside as an interface between city and citizen —it is an urban catalyst. On the inside, the occupation of the space and the movement of people evolve into an ascending spiral that coincides with the movement of air, from its geothermic harnessing in the subsoil to the bank of cold sited on the roof, thus combining the spatial values and the thermodynamic function in a single scheme.

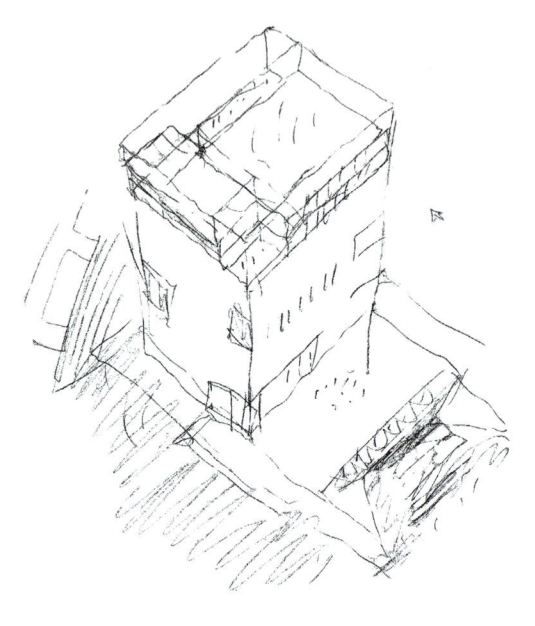

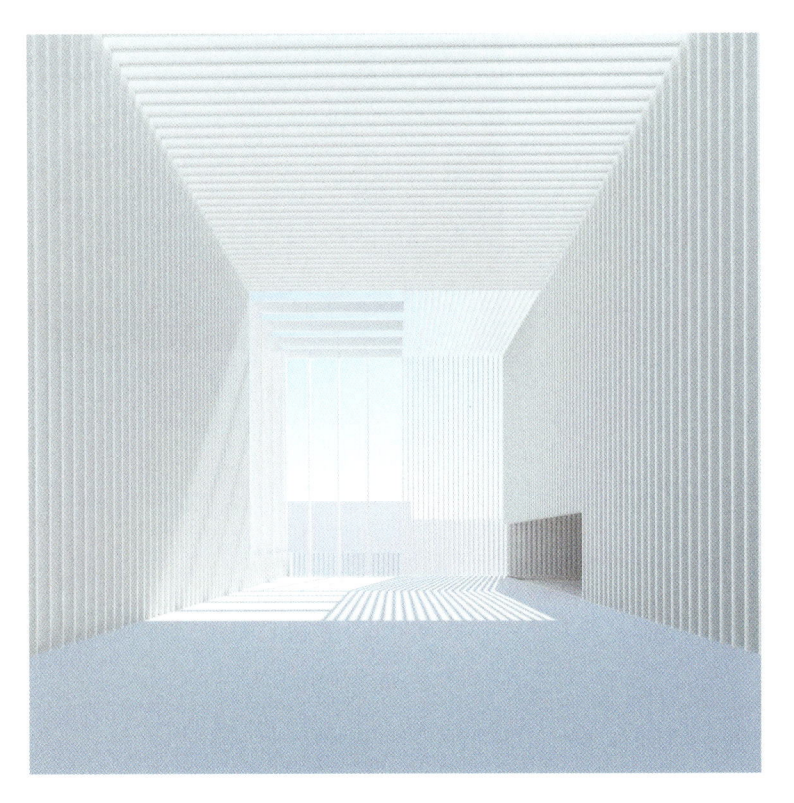

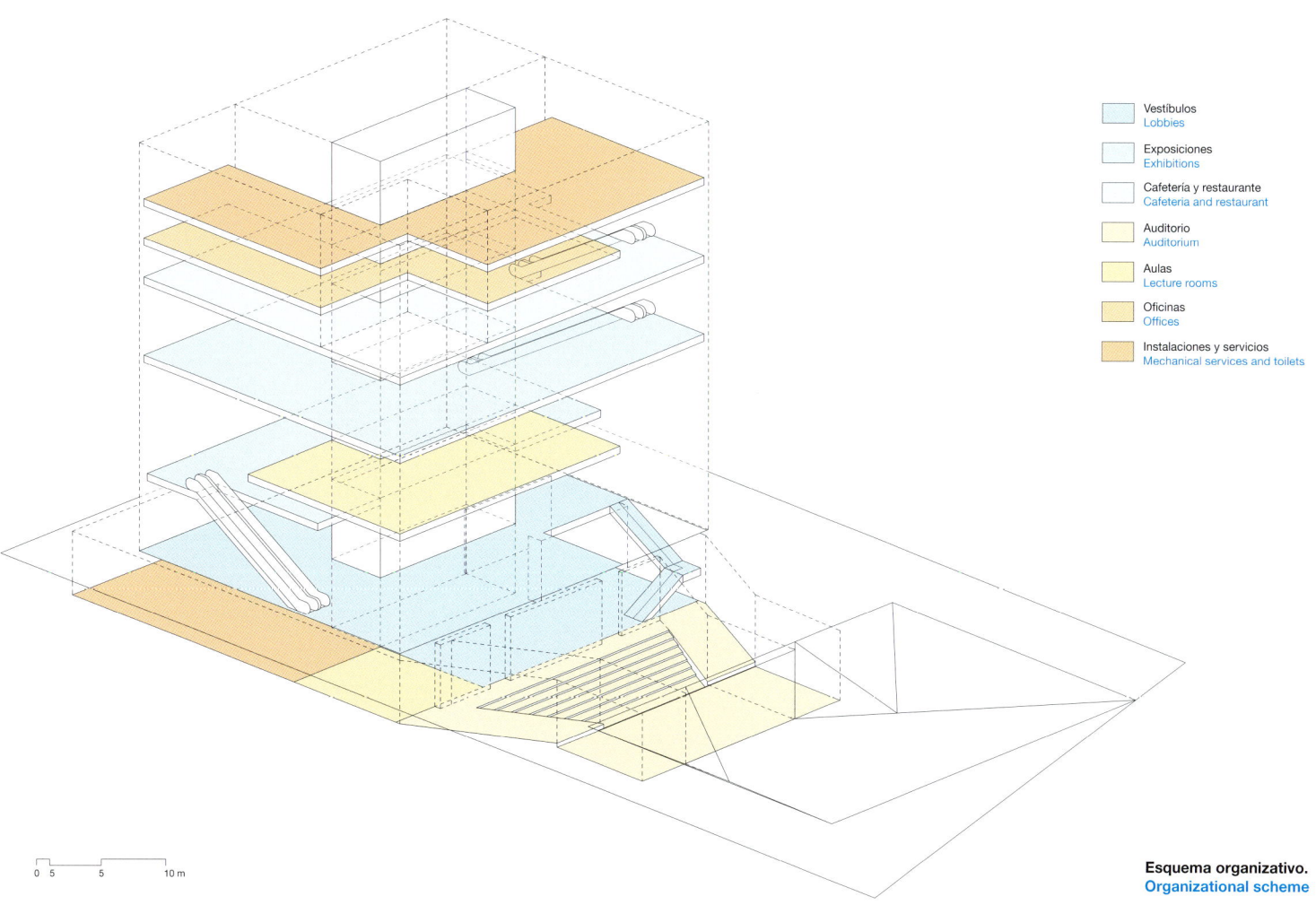

■	Vestíbulos / Lobbies
■	Exposiciones / Exhibitions
□	Cafetería y restaurante / Cafeteria and restaurant
■	Auditorio / Auditorium
■	Aulas / Lecture rooms
■	Oficinas / Offices
■	Instalaciones y servicios / Mechanical services and toilets

Esquema organizativo.
Organizational scheme

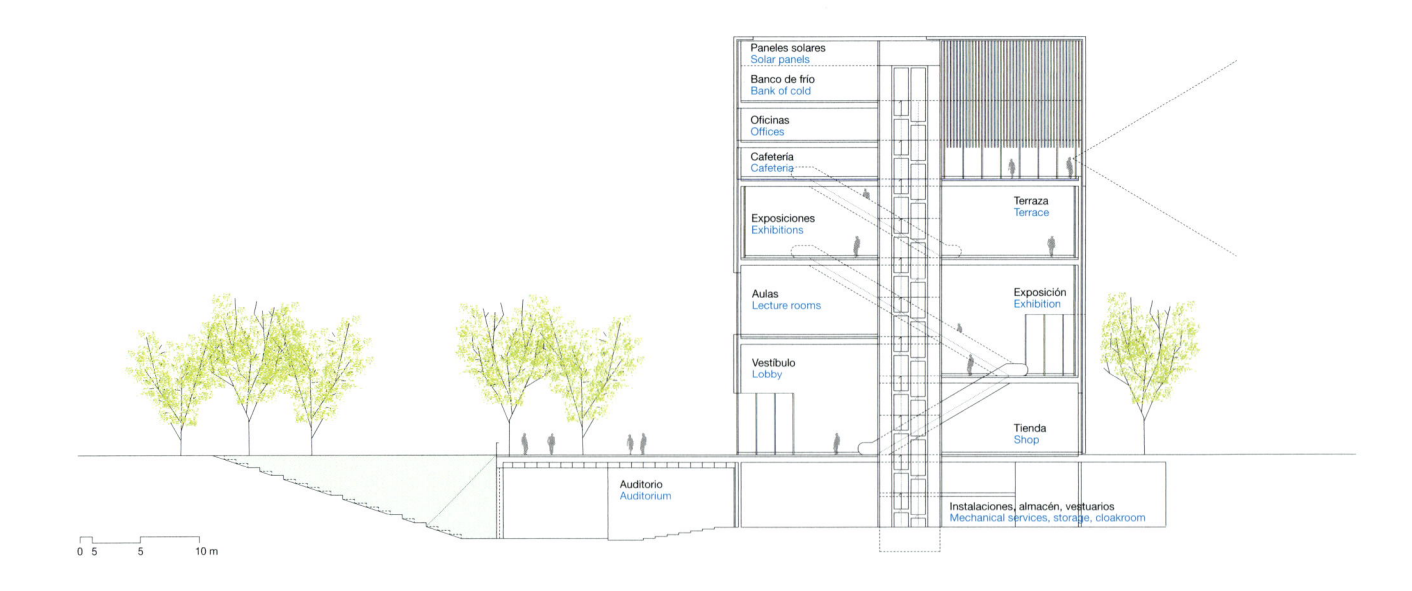

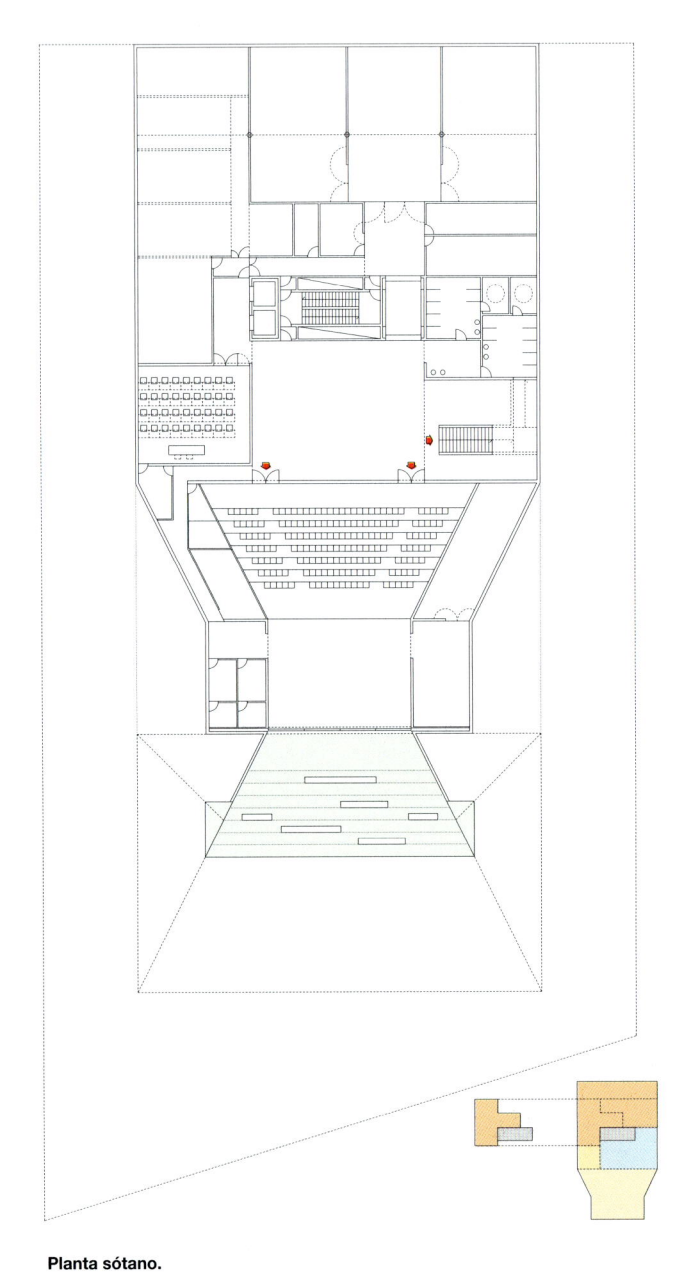

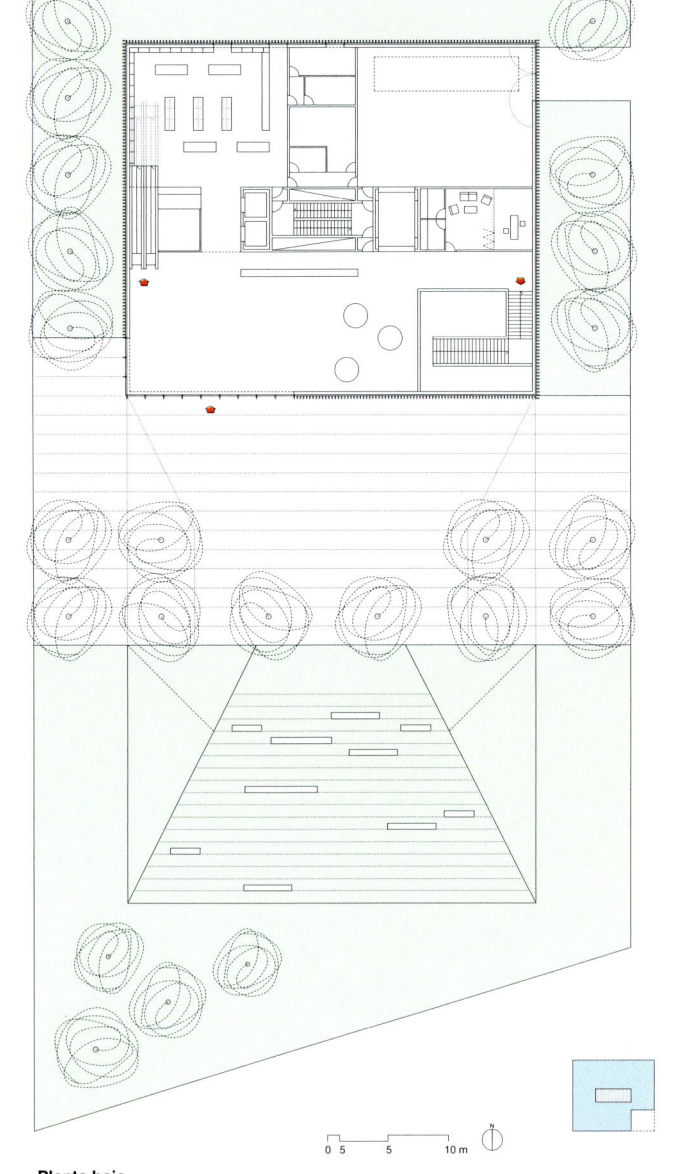

| Paneles solares / Solar panels |
| Banco de frío / Bank of cold |
| Oficinas / Offices |
| Cafetería / Cafeteria |
| Exposiciones / Exhibitions — Terraza / Terrace |
| Aulas / Lecture rooms — Exposición / Exhibition |
| Vestíbulo / Lobby — Tienda / Shop |
| Auditorio / Auditorium — Instalaciones, almacén, vestuarios / Mechanical services, storage, cloakroom |

0 5   5   10 m

Planta sótano.
Basement floor.

Planta baja.
Ground floor.

0 5   5   10 m

44 CAIXAFORUM, ZARAGOZA CAIXAFORUM, SARAGOSSA

Planta 3.
Floor 3.

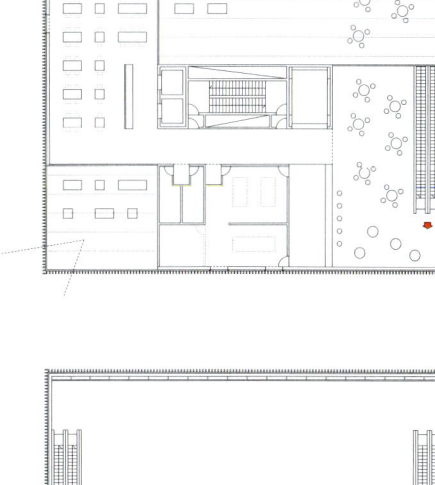

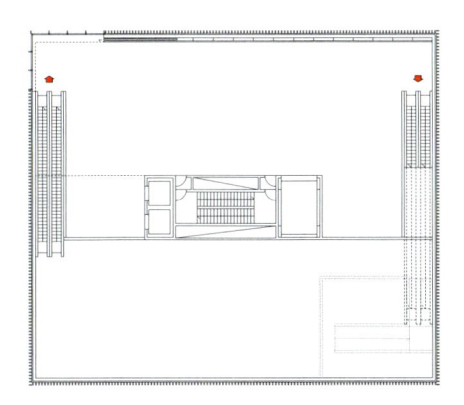

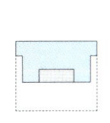

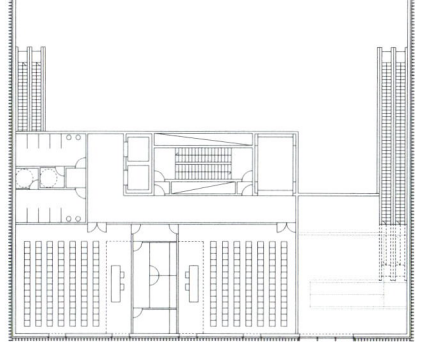

Planta 4.
Floor 4.

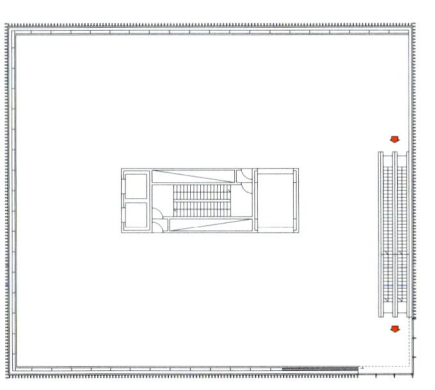

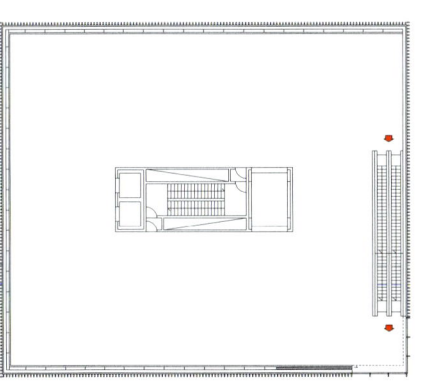

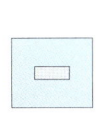

Planta 1.
Floor 1.

Planta 2.
Floor 2.

Centro de ocio para mayores, Azuqueca de Henares, Guadalajara
Senior citizens' leisure centre, Azuqueca de Henares, Guadalajara
2007-2010

Emplazamiento Location Azuqueca de Henares, Guadalajara, España/*Spain* **Arquitectos Architects** Ábalos+Sentkiewicz arquitectos **Colaboradores Collaborators** Luis Alfaro, Andrés Besomi, Margaux Eyssette, Pablo de la Hoz, Margarita Martínez, Alejandro Valdivieso **Proyecto Design year** 2007 **Construcción Construction years** 2009-2010 **Cliente Client** Ayuntamiento de Azuqueca de Henares/Comunidad Autónoma de Castilla-La Mancha **Estructura Structural engineering** Eduardo Barrón **Energía y sostenibilidad Energy and sustainability studies** CENER (Florencio Manteca) **Instalaciones Mechanical engineering** Manproject (Rogelio Moya) **Arquitecto técnico Quantity surveyor** Ramón Paradinas **Constructora Contractor** BM3 **Intervención artística Artist intevention** Tim Berresheim **Maqueta Model** Margaux Eyssette, Alejandro Valdivieso **Fotografías Photographs** José Hevia

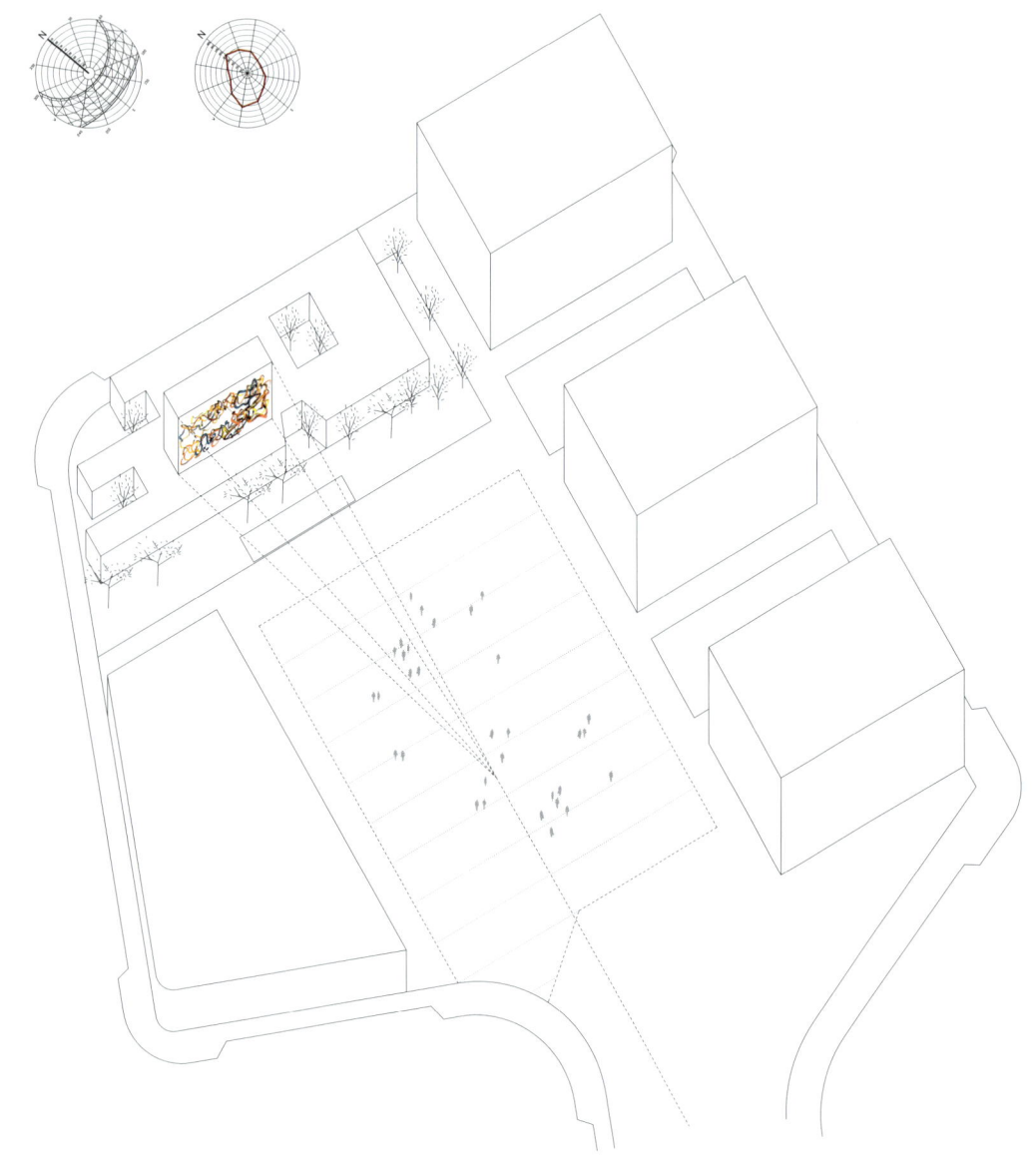

El centro de ocio para mayores de Azuqueca de Henares, en la provincia de Guadalajara, constituye una suma de habitaciones interconectadas que pretende ser una variante contemporánea del casino tradicional, cuyas salas y salones se acumulaban con un cierto desorden bajo el protagonismo del ocio, la lectura, el juego, la conversación y el baile. Se compone de un pabellón bajo, orientado a sur, que sirve de fondo escenográfico a la parcela destinada a equipamientos y parque frente al edificio del ayuntamiento de la ciudad, y de un volumen vertical, que aloja las oficinas del centro, almacenes y otras dependencias, que sirve de contrapunto para crear un foco visual del conjunto urbano.
El esquema espacial, los sistemas constructivos, las instalaciones, la ventilación, las protecciones exteriores y el paisajismo del proyecto han sido estudiados para crear un determinado efecto atmosférico y materializar el primer edificio sin emisiones de gases nocivos construido en España. Se basa en una tipología de espacios concatenados y patios alternados, bien conocida en la tradición constructiva de la meseta castellana, así como en el uso de las cubiertas ajardinadas y de la geotermia como fuente principal de energía.

The senior citizens' leisure centre in Azuqueca de Henares, in the province of Guadalajara, is made up of a set of interconnected rooms. Its fluid distribution aims to offer a contemporary version of the traditional social club, whose games rooms and lounges were amassed in a disorderedly fashion and were ideal for reading, playing games, chatting and dancing. The centre consists of a low south-facing pavilion (which serves as a scenic backdrop to a plot meant for amenities and a park opposite the town hall building), and a vertical volume that accommodates the centre's offices, storage facilities and other annexes. This element serves as a counterpoint and creates a visual focus in the urban ensemble.
The spatial scheme, construction systems and building services, ventilation, external protection and landscaping of the project have been carefully planned in order to create certain atmospheric effect but also to create the first building in Spain to be constructed with zero emissions of noxious gases. The centre is based on a typology of concatenated spaces and alternating patios, a typology well known in the building traditions of the Castilian plateau, as well as on the use of planted roofs and the harnessing of geothermal energy.

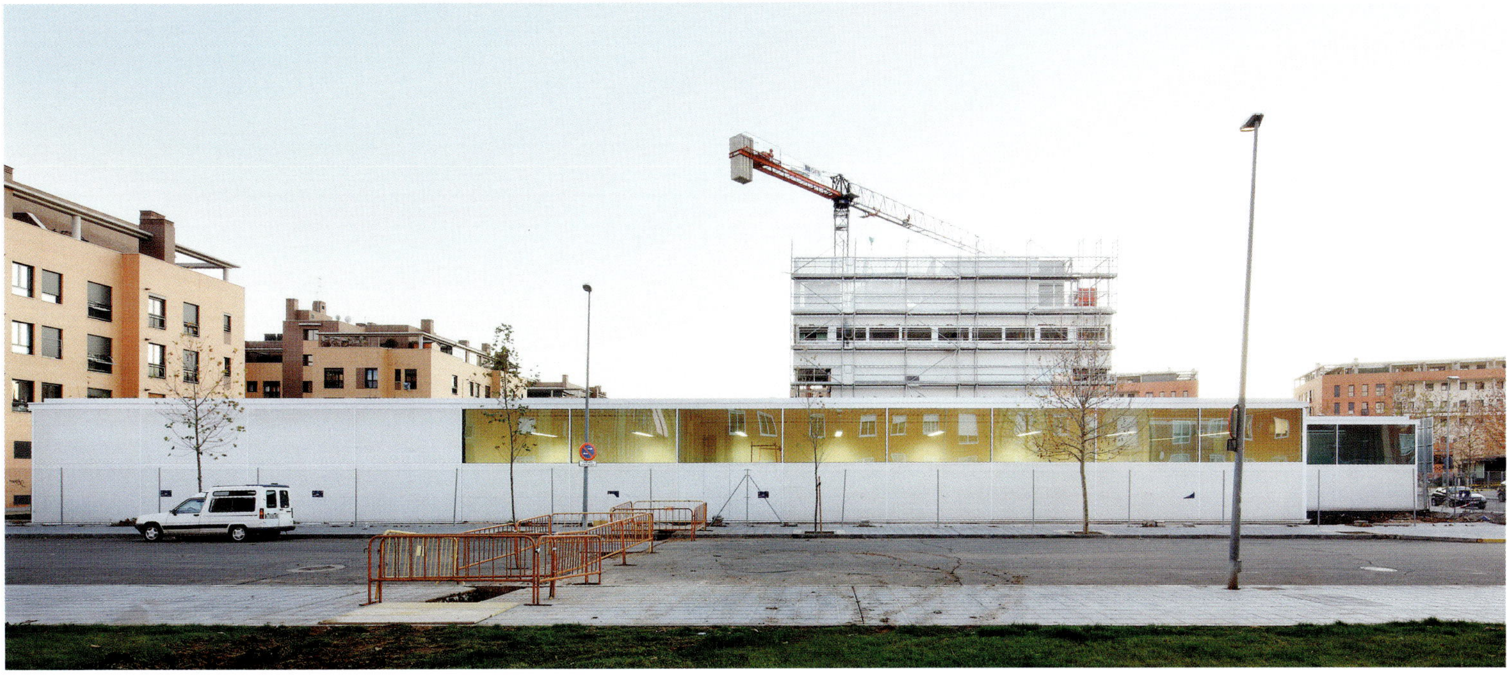

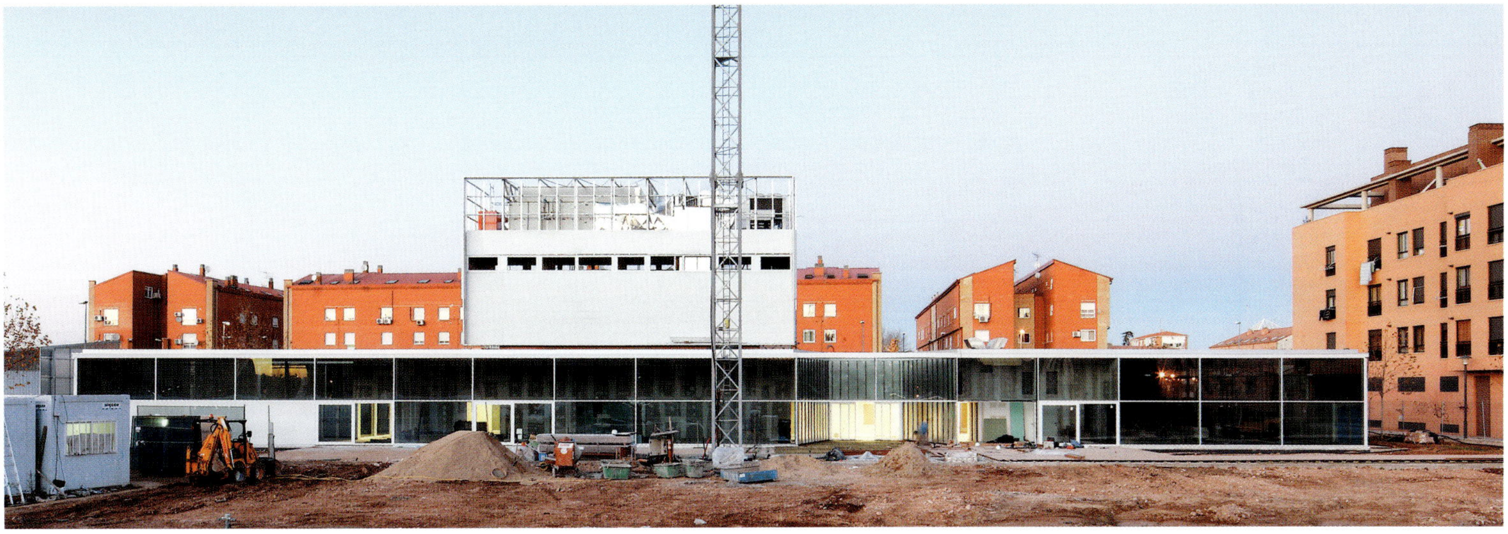

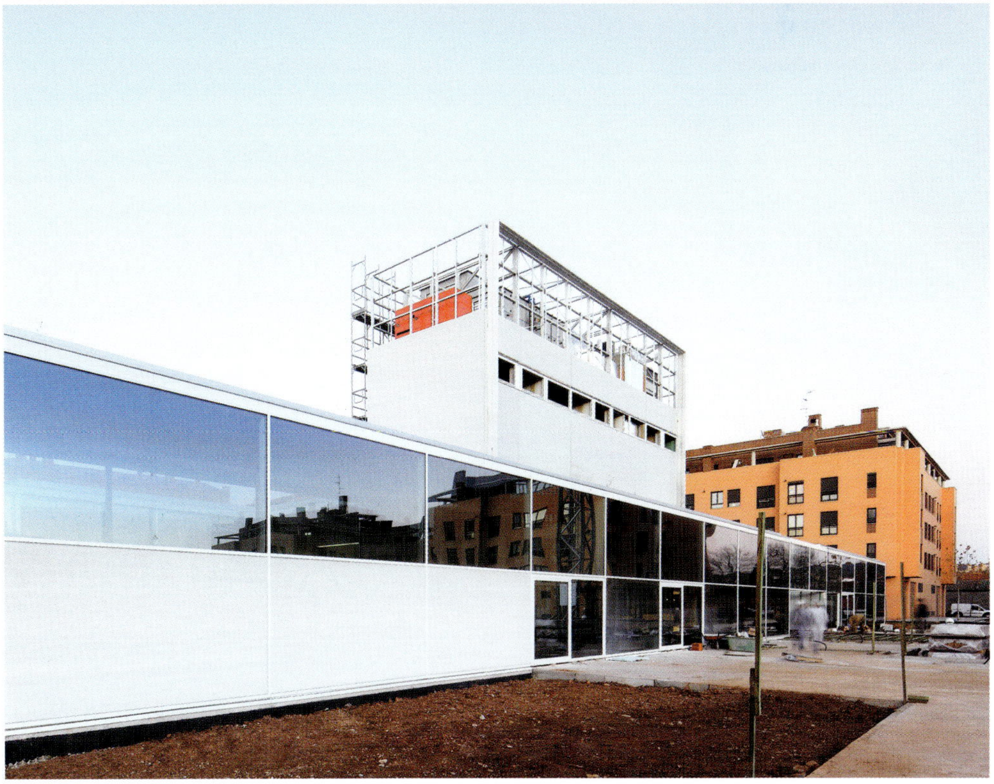

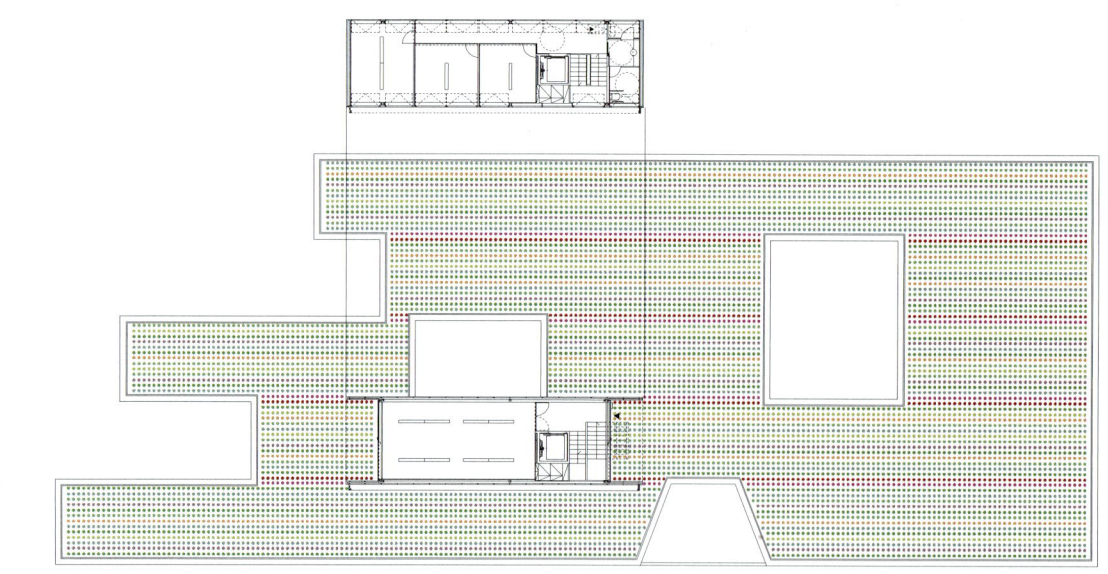

Planta cubiertas.
Roof floor.

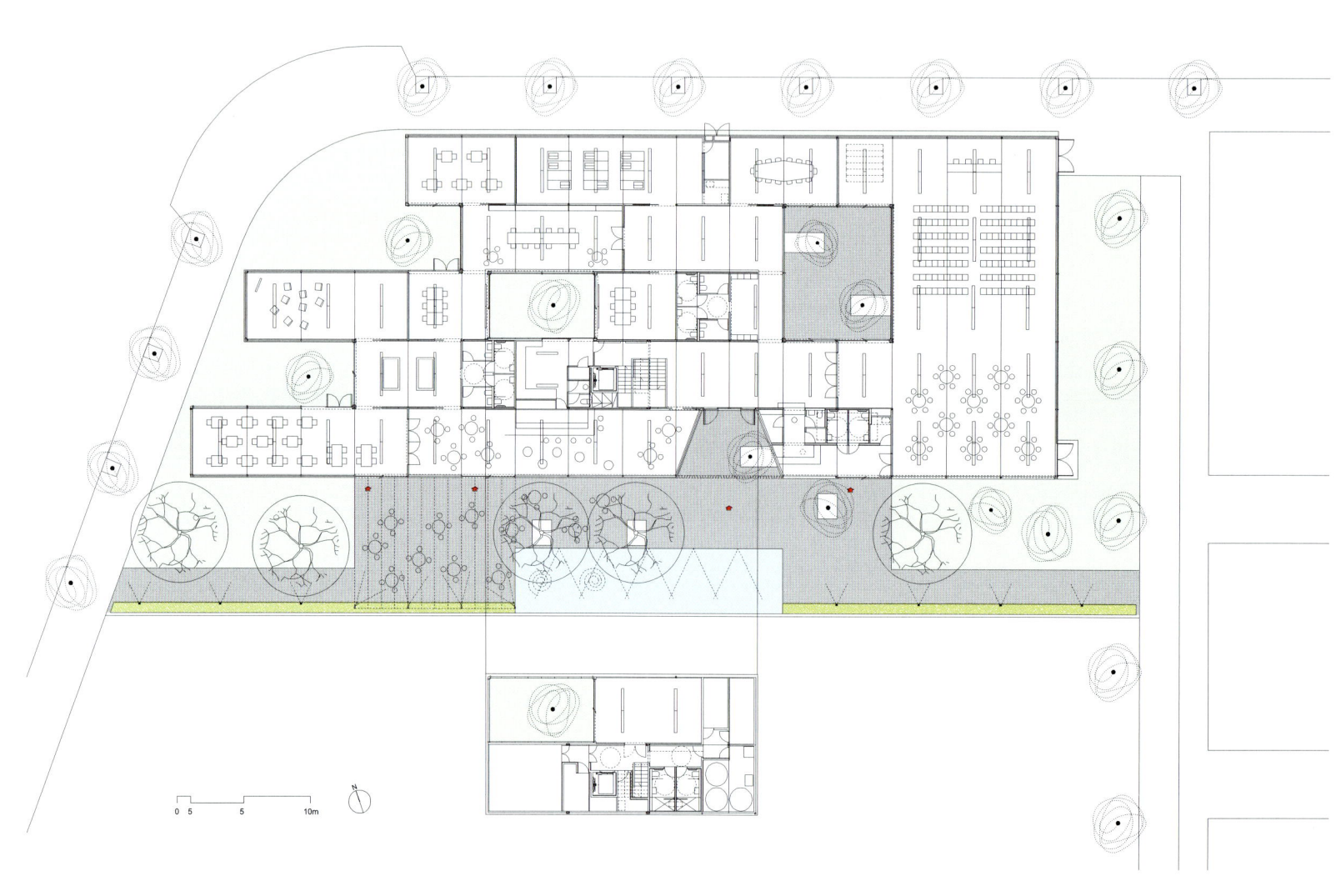

Planta baja.
Ground floor.

48 CENTRO DE OCIO PARA MAYORES, AZUQUECA DE HENARES, GUADALAJARA SENIOR CITIZENS' LEISURE CENTRE, AZUQUECA DE HENARES, GUADALAJARA

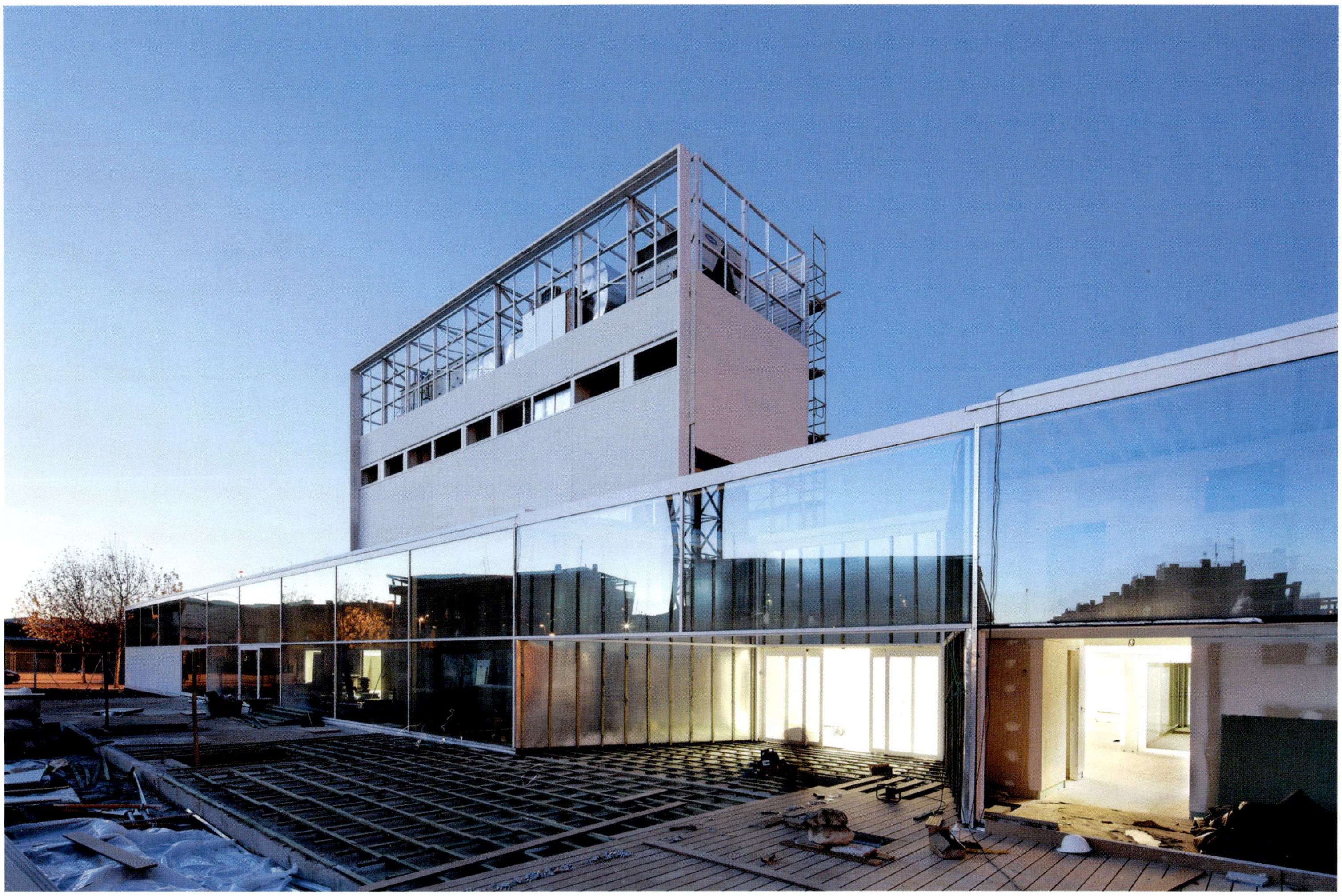

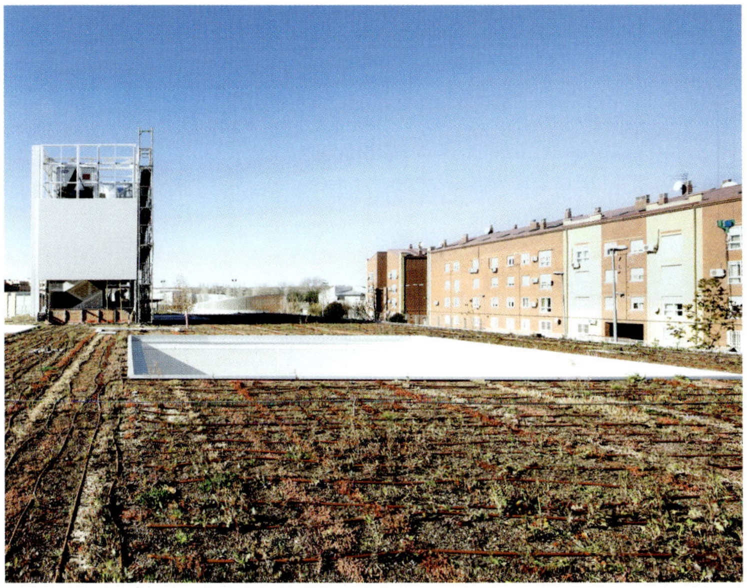

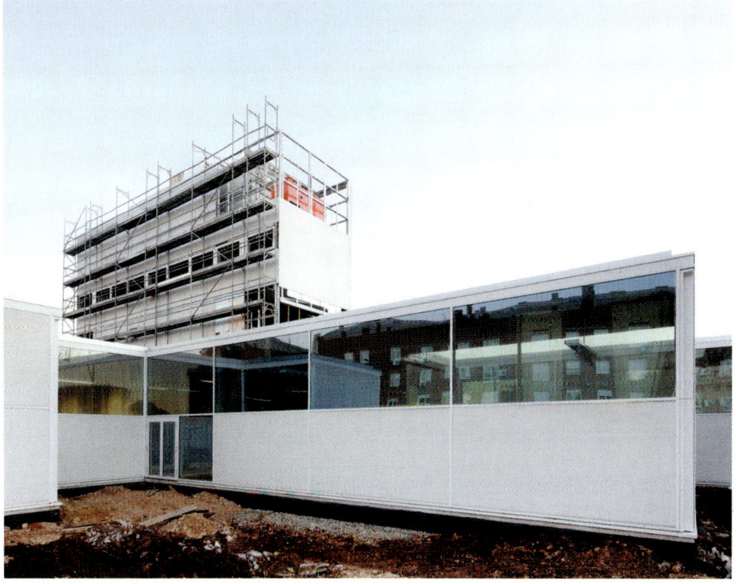

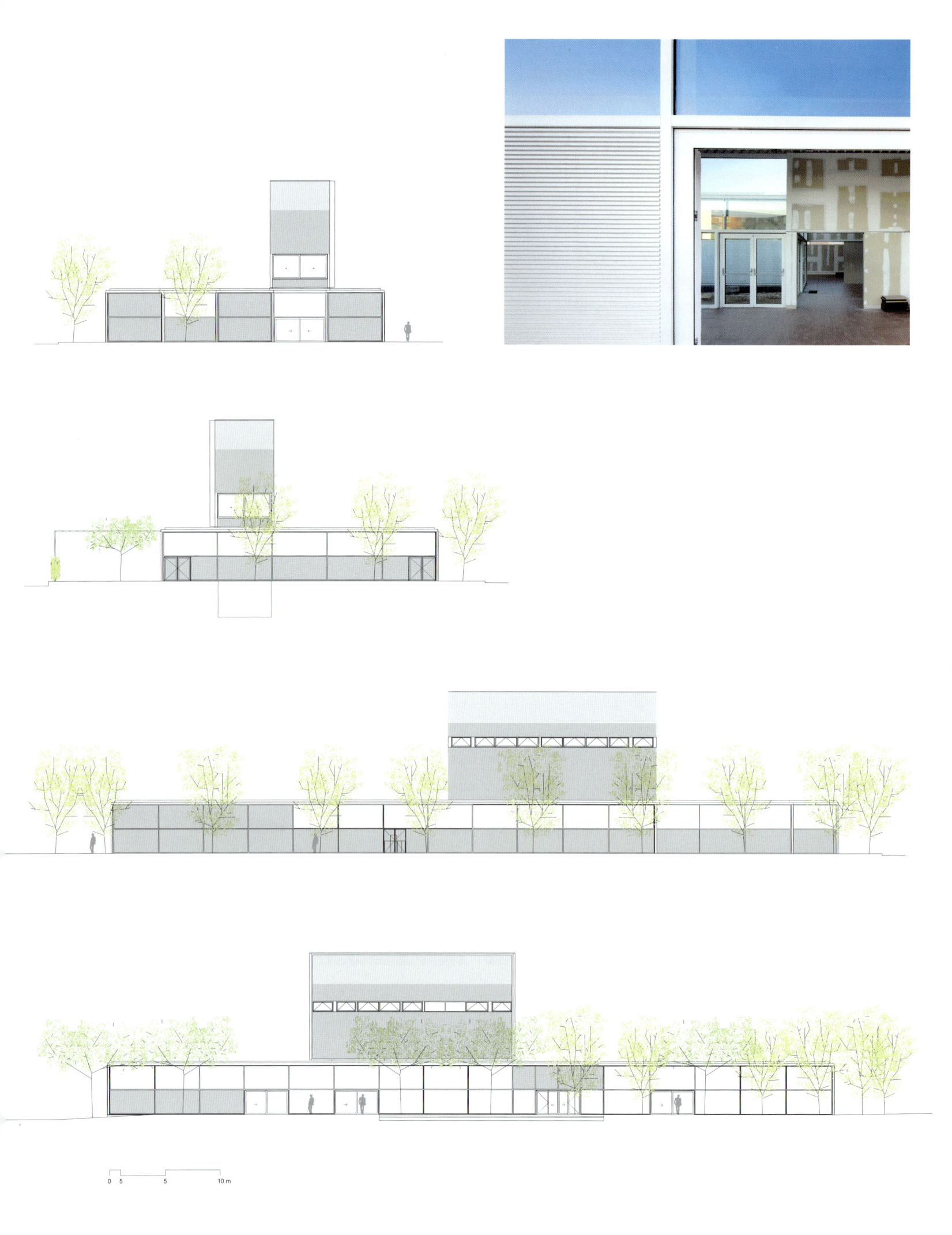

50 CENTRO DE OCIO PARA MAYORES, AZUQUECA DE HENARES, GUADALAJARA SENIOR CITIZENS' LEISURE CENTRE, AZUQUECA DE HENARES, GUADALAJARA

0 1 2 3m

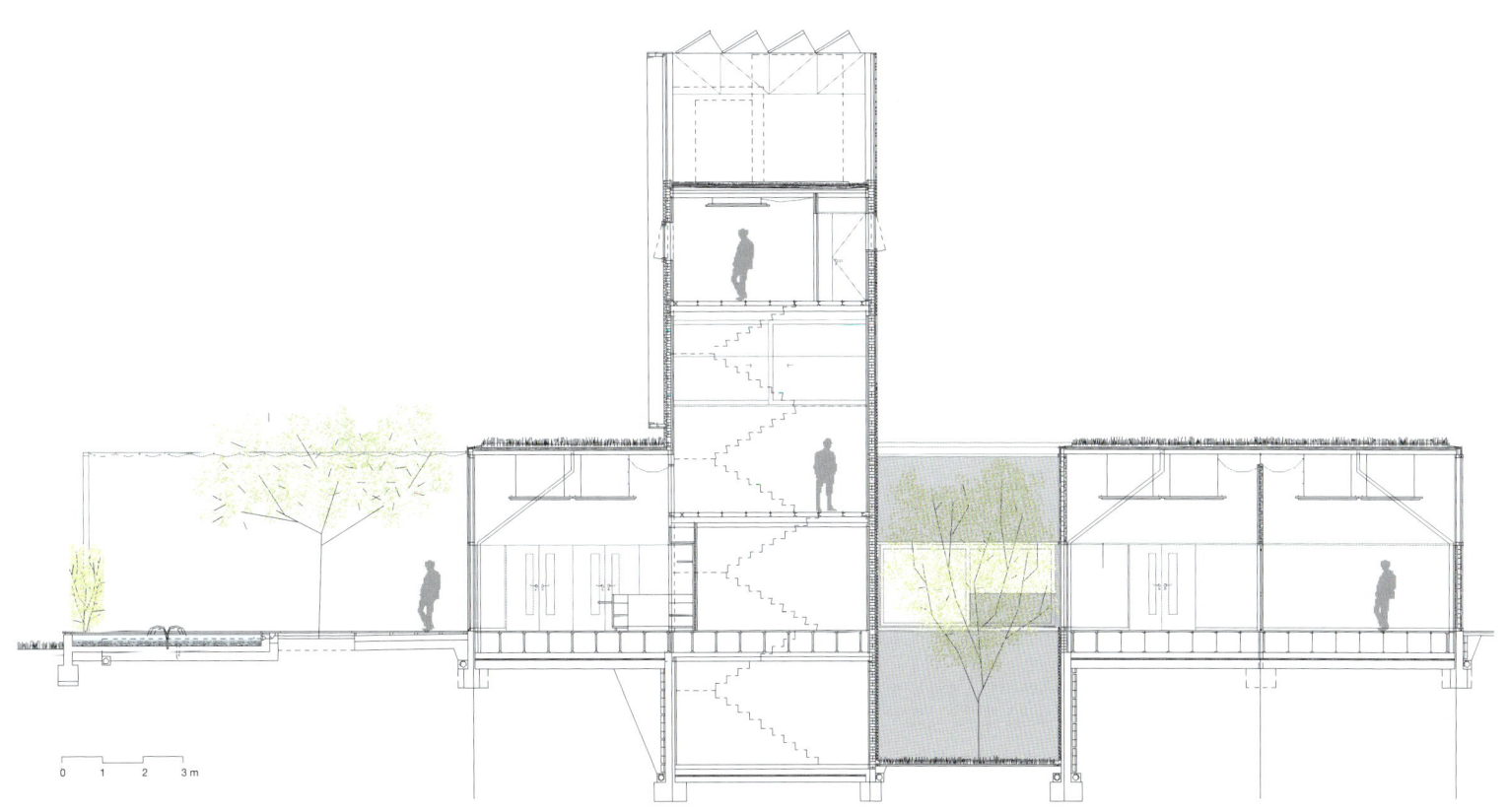

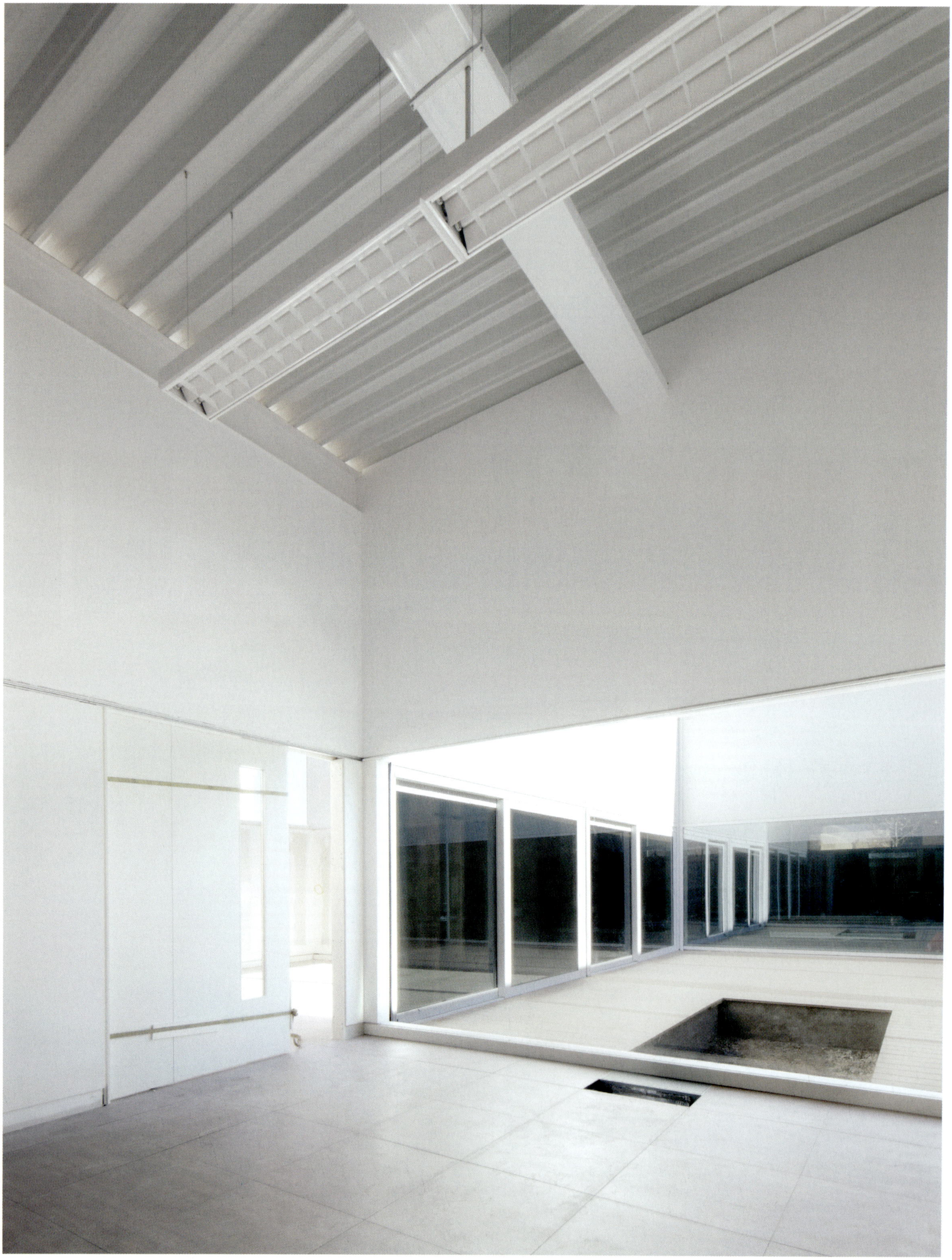

53

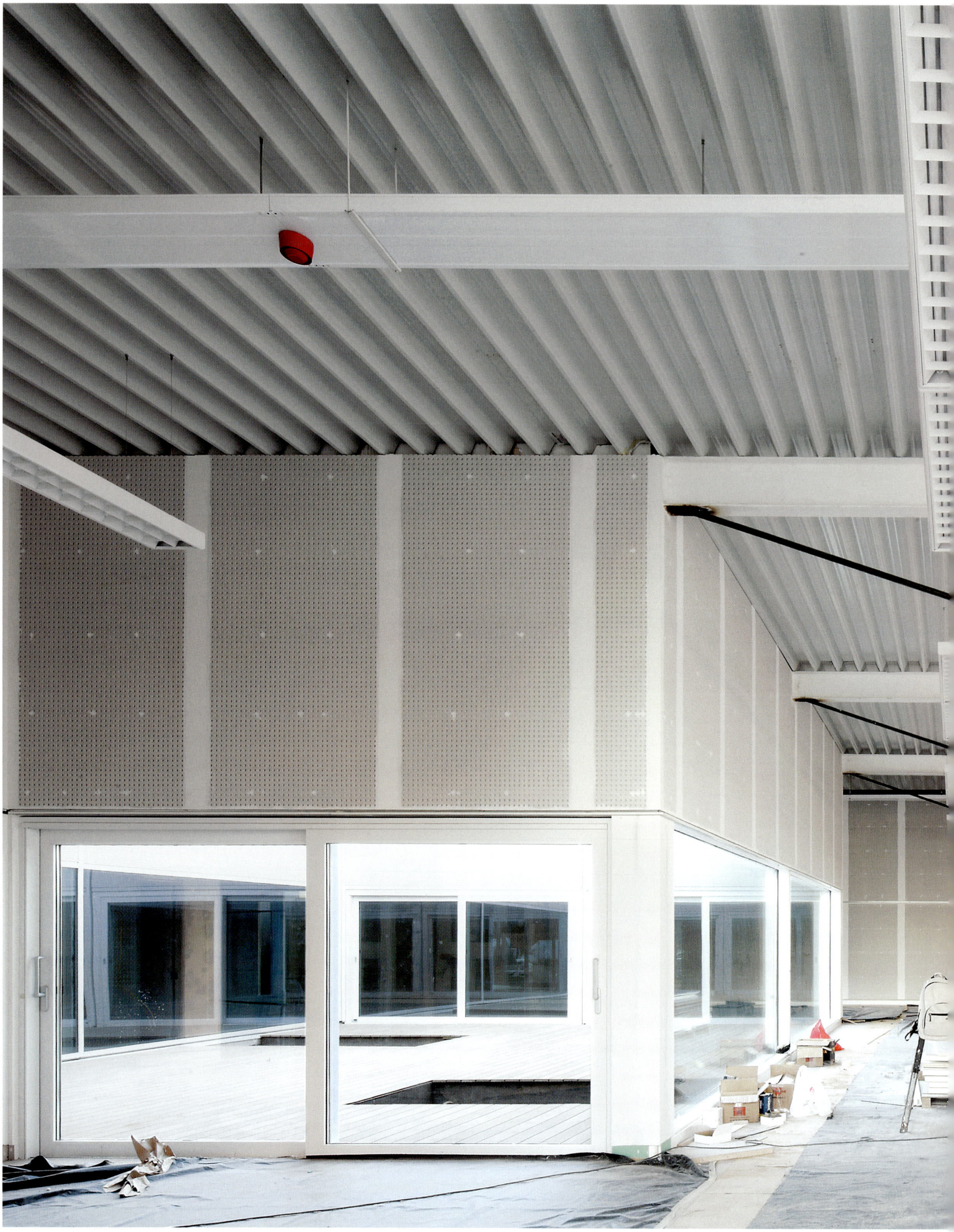

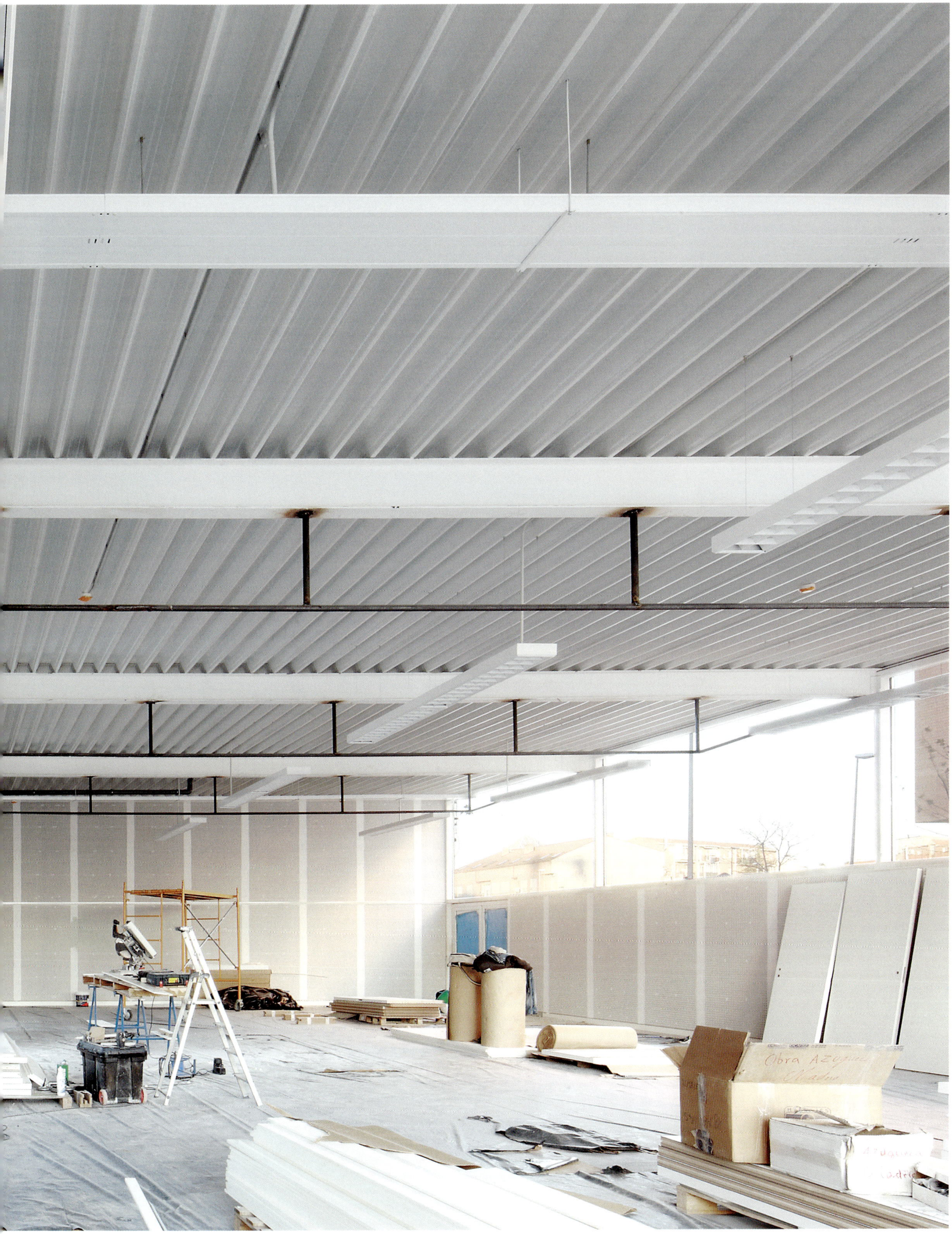

Orange County Museum of Art, Orange County
Orange County Museum of Art, Orange County
2006

Emplazamiento Location Orange County, California, Estados Unidos/*United States* **Arquitectos** Architects Ábalos+Sentkiewicz arquitectos **Colaboradores** Collaborators Jens Richter (coordinador/*coordinator*), Eva Gil, Alfonso Miguel, Bárbara Silva, Aldo Trim **Proyecto** Design year 2006 **Cliente** Client Orange County Museum of Art (OCMA) **Estructura** Structural engineering Arup L.A./Arup Madrid **Energía y sostenibilidad** Energy and sustainability studies CENER **Instalaciones** Mechanical engineering Arup L.A./Arup Madrid **Fachada** Façade Front NY **Diseño interior** Interior design Jasper Morrison **Infografías y animación** Infography and animations Neograma (Luis Cabrejas) **Maqueta** Model Queipo Maquetas (Jorge Queipo)

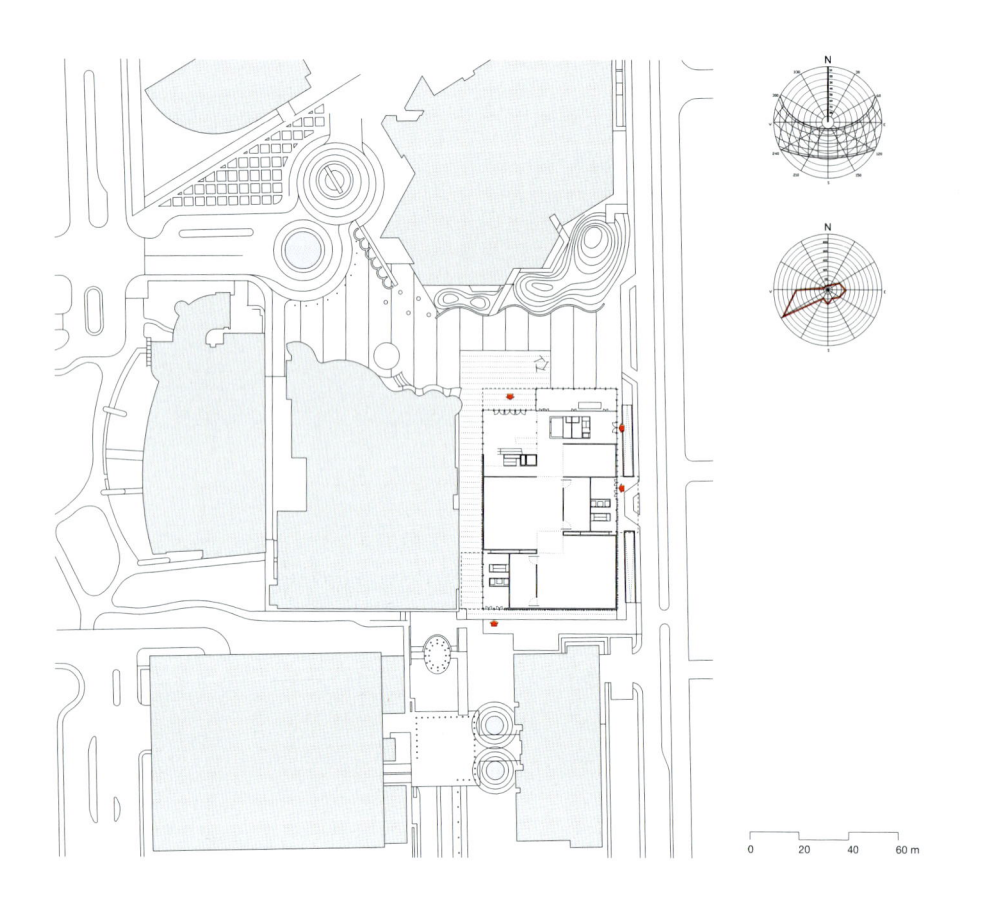

Verticalscape 3M

El proyecto plantea dos temas principales: por un lado, cómo hacer compatible el volumen residencial requerido en la parcela para que amortice la inversión, con el carácter institucional que necesariamente debe tener el conjunto, y, por otro, qué tipología museística puede ser propia del siglo XXI.

El trabajo se ha centrado en responder a estas dos cuestiones de una sola vez, entendiendo que el condominio no es el problema, sino la solución. Dicho de otra forma: si el Orange County Museum of Art quiere dar su imagen a la parcela, sólo puede lograrlo haciéndose él mismo vertical, integrando los distintos elementos residenciales y museísticos en una composición unitaria de impronta vertical, a la que el museo aporta su cabecera, su torre más pública. Se obtiene así un museo vertical que emerge en la ciudad como un "observatorio", como un lugar donde cultura, técnica y naturaleza interactúan, transformando la experiencia de la realidad en conocimiento. Se trata de una nueva idea de museo, atractiva y adaptada a la ciudad contemporánea, que da a la arquitectura todo su valor como interfaz entre estos tres aspectos de la realidad: cultura, técnica y naturaleza.

Verticalscape 3M

This project addresses two main issues. First, how to reconcile the need to create sufficient residential volume to make the project financially viable with the institutional character the complex must necessarily have. And second, what does a typical 21st-century museum typology look like?

Our efforts have focussed on responding to these two questions in one go by understanding that the residential component of the project is not the problem but the solution. Or, to put it another way: if the Orange County Museum of Art wishes to impose itself on the plot, it can only do so by making itself vertical, integrating the different residential and museum elements in a single, vertical composition to which the museum contributes its front, its most public tower. In this way we obtain a vertical museum that emerges from the city as an "observatory," a location in which culture, technology and nature interact, thus transforming the experience of reality into knowledge. This idea of a museum is new, attractive and suitable for the contemporary city; it gives value to the architecture as an interface between these three aspects of reality: culture, technology and nature.

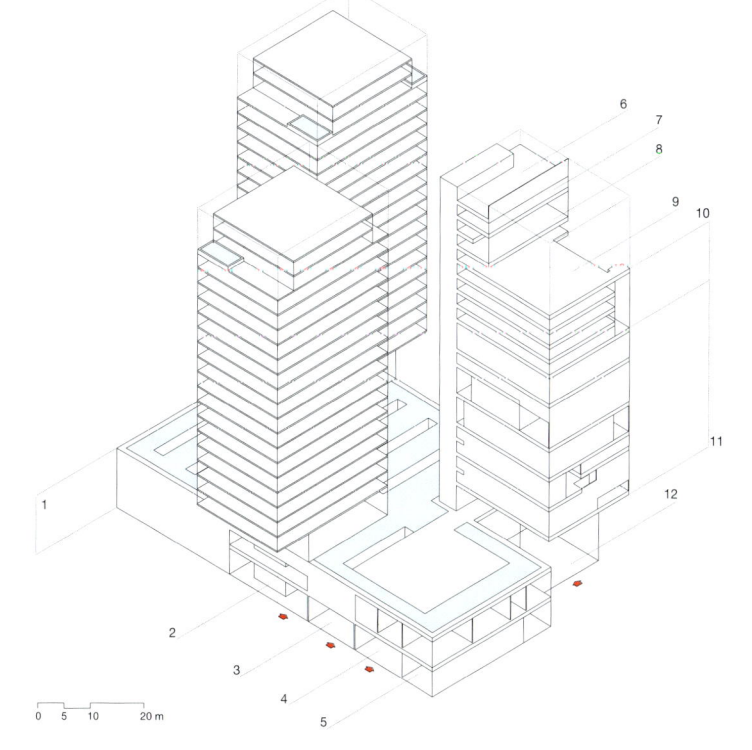

Esquema organizativo.
Organizational scheme.

1. Sala de exposiciones temporales.
   Temporary exhibition gallery.
2. Entrada a las viviendas.
   Condominium entrance.
3. Sala de exposiciones ocasionales al aire abierto.
   Occasional open-air gallery.
4. Entrada para grupos.
   Group entrance.
5. Tienda y cafetería.
   Shop and café.
6. Instalaciones.
   Mechanical services.
7. Sala de juntas.
   Board room.
8. Restaurante.
   Restaurant.
9. Terraza.
   Terrace.
10. Oficinas de administración.
    Administrative offices.
11. Salas de la colección permanente.
    Permanent exhibition galleries.
12. Entrada principal.
    Main entrance.

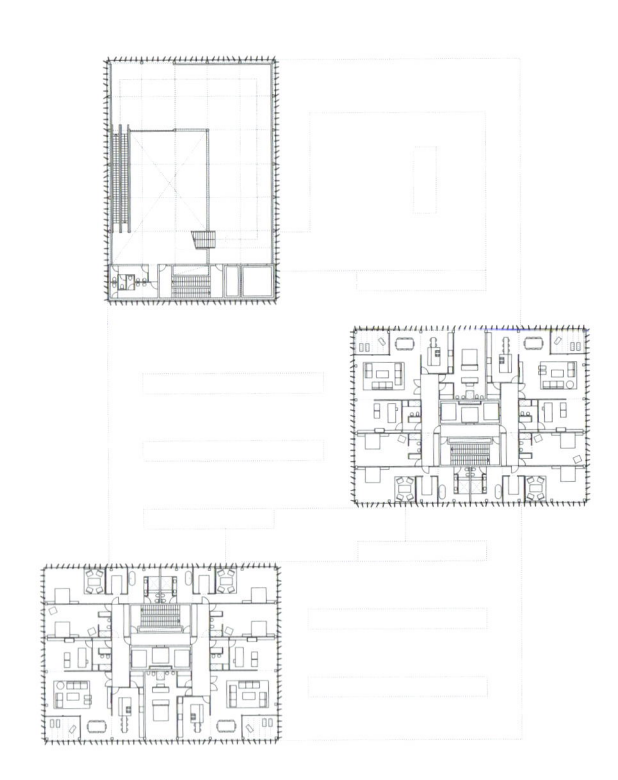

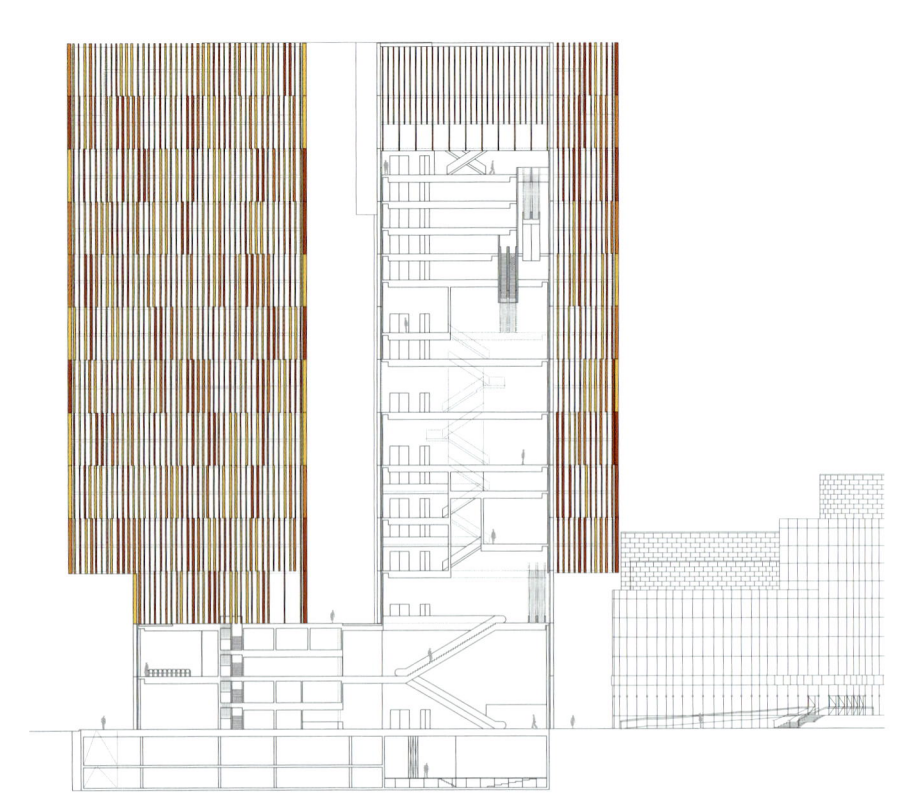

Planta 4.
Floor 4.

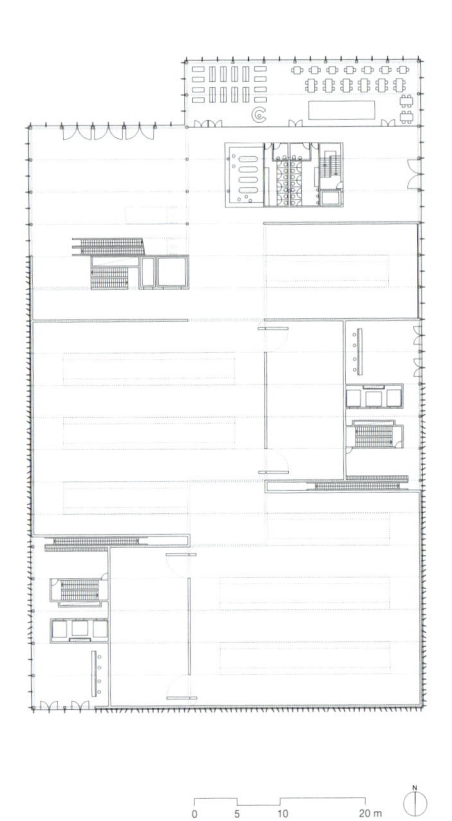

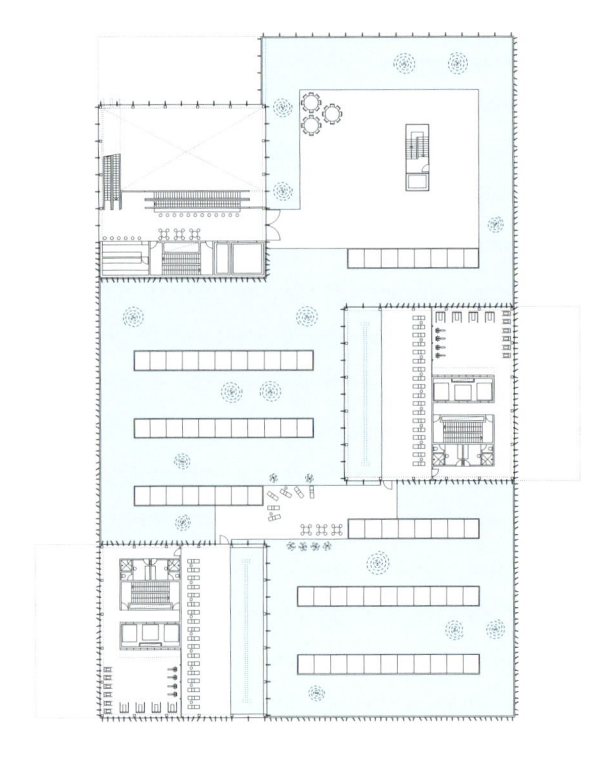

Planta 1.
Floor 1.

Planta 3.
Floor 3.

58 MUSEO DE ARTE ORANGE COUNTY, ORANGE COUNTY ORANGE COUNTY MUSEUM OF ART, ORANGE COUNTY

Planta 19.	**Planta 20.**	**Planta 21.**	**Planta 22.**
Floor 19.	Floor 20.	Floor 21.	Floor 22.

Planta 12.	**Planta 13.**	**Planta 15.**	**Planta 16.**	**Planta 17.**	**Planta 18.**
Floor 12.	Floor 13.	Floor 15.	Floor 16.	Floor 17.	Floor 18.
Planta 4.	**Planta 5.**	**Planta 6.**	**Planta 7.**	**Planta 8.**	**Planta 10.**
Floor 4.	Floor 5.	Floor 6.	Floor 7.	Floor 8.	Floor 10.

Torre Porte de la Chapelle, París
Porte de la Chapelle Tower, Paris
2007

Emplazamiento Location Porte de la Chapelle, París, Francia/*Paris, France* **Arquitectos** Architects Ábalos+Sentkiewicz arquitectos **Colaboradores** Collaborators Serero Architectes (David Serero) **Proyecto** Design year 2007 **Cliente** Client Ayuntamiento de París **Energía y sostenibilidad** Energy and sustainability studies CENER **Programación socioeconómica** Socioeconomic programming José Miguel Iribas **Infografías** Infography Neograma (Luis Cabrejas) **Maqueta** Model Margaux Eyssette

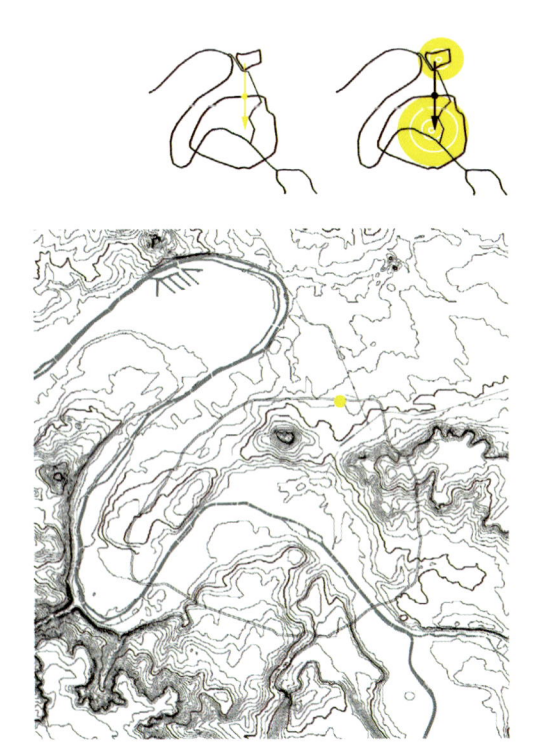

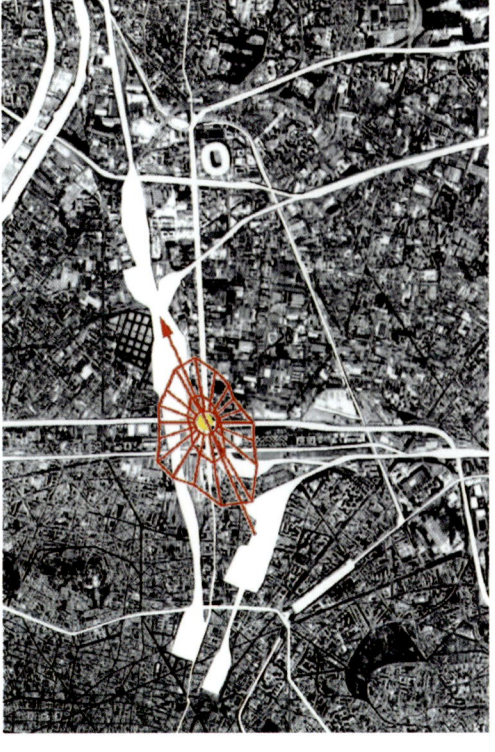

Verticalscape FK
Para crear verdaderas piezas de ciudad contemporánea vertical, capaces de servir de motor de cambio, es necesario replantear la homogeneidad funcional del edificio en altura, crear entidades vivas, elegir estratégicamente los lugares con máxima accesibilidad de transporte público, hacer un énfasis programático en las necesidades de los jóvenes, experimentar hipótesis medioambientales de máxima eficacia basadas en la optimización formal y en los sistemas constructivos, y proponer una iconografía capaz de transformar el paisaje urbano, otorgando visibilidad al lugar y a los elementos que éste pone en juego. De este modo, vivir en altura es cumplir la fantasía de vivir otra vida, llena de luz y paisajes memorables, con la mejor accesibilidad, junto a los mejores equipamientos, en las mejores condiciones medioambientales y contribuyendo a una distribución más equitativa de la centralidad en el mapa del gran París.

Ordenados como un gradiente vertical de privacidad, el proyecto incluye programas culturales (un campus universitario), comerciales, oficinas, residencia de estudiantes y vivienda o *lofts*. Se consigue así un foco de actividad urbana y las mejores condiciones de vida para los residentes: lo que desde el punto de vista de la ciudad tradicional es un territorio determinado por las infraestructuras, polucionado desde el punto de vista acústico y ambiental, se transforma con la altura en un paisaje sublime.

Las diferentes superficies demandadas por los distintos usos se utilizan para explorar unas transiciones fluidas que emulan, a través de bandejas voladas y ajardinadas, un accidente topográfico equivalente a las colinas próximas de Buttes-Chaumont o de Montmartre, dando forma a una entidad híbrida, a caballo entre un rascacielos y una montaña: un paisaje artificial y vertical. Las formas redondeadas y la sección decreciente minimizan la acción del viento sobre la estructura, al tiempo que favorecen la ventilación natural; voladizos y ajardinamiento sirven como recursos pasivos, mientras que la diversidad de usos permite gestionar la energía generada y recibida en función de los diferentes programas y horarios, formando un anillo de intercambio de energía que optimiza drásticamente las demandas y las emisiones.

Verticalscape FK
In order to create genuine examples for the contemporary vertical city capable of serving as catalysts for change it is necessary to rethink the functional homogeneity of the high-rise building, to create living entities, to choose locations with maximum accessibility by public transport, to place programmatic emphasis on the needs of the young, to experiment with environmental hypotheses of maximum efficacy based on formal optimization and building systems, and to propose an iconography capable of transforming the urban landscape by giving visibility to the location. In this sense, living in a high-rise means fulfilling the fantasy of another kind of life, full of light and memorable landscapes, with maximum accessibility and the best amenities, in the best environmental conditions, while contributing to a more equitable distribution of centrality greater Paris.

Arranged as a vertical gradient of privacy, the project includes cultural programmes (a university campus), commercial outlets, offices, a students' hall of residence, apartments and lofts. In this way we arrive at a focus of urban activity and the best living conditions for the residents: that which (from the viewpoint of the traditional city) is a territory defined by acoustically and environmentally polluting infrastructures, is transformed through height into a sublime landscape. The distinct surfaces reflecting different uses are used to explore a number of fluid transitions that emulate, through jutting, landscaped decks, a topographical outcrop equivalent to the nearby hills of Buttes-Chaumont or Montmartre, giving rise to a hybrid entity halfway between a

skyscraper and a mountain: an artificial, vertical landscape. The rounded forms and decreasing section minimize the action of the wind on the structure, at the same time as they facilitate natural ventilation. Cantilevers and landscaping become passive resources, while the diversity of uses permits both generated and received energy to be administered relative to the different programmes and schedules, thus forming a ring of energy-exchange that optimizes demands and emissions.

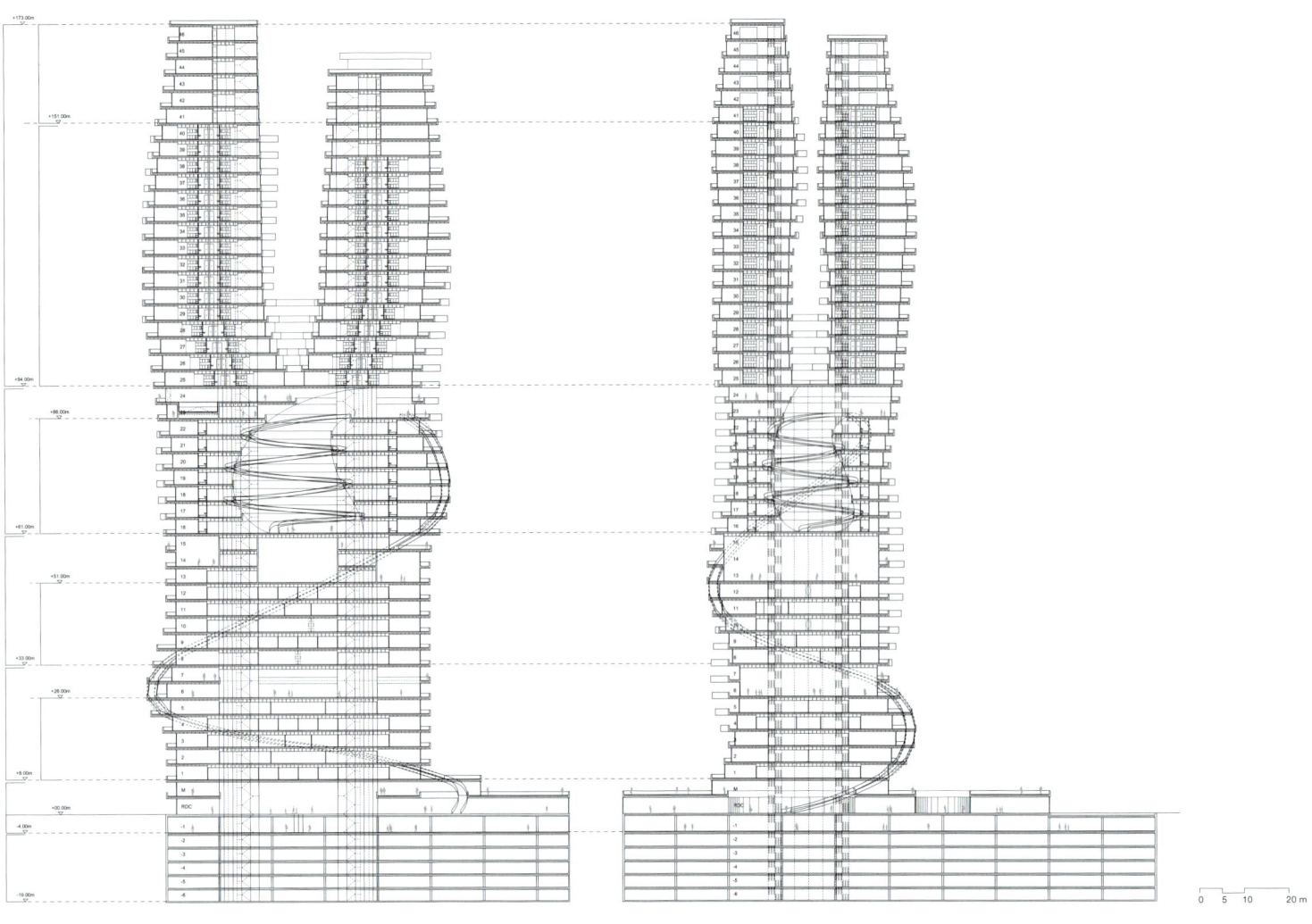

62 TORRE PORTE DE LA CHAPELLE, PARÍS PORTE DE LA CHAPELLE TOWER, PARIS

Esquema organizativo.
Organizational scheme.

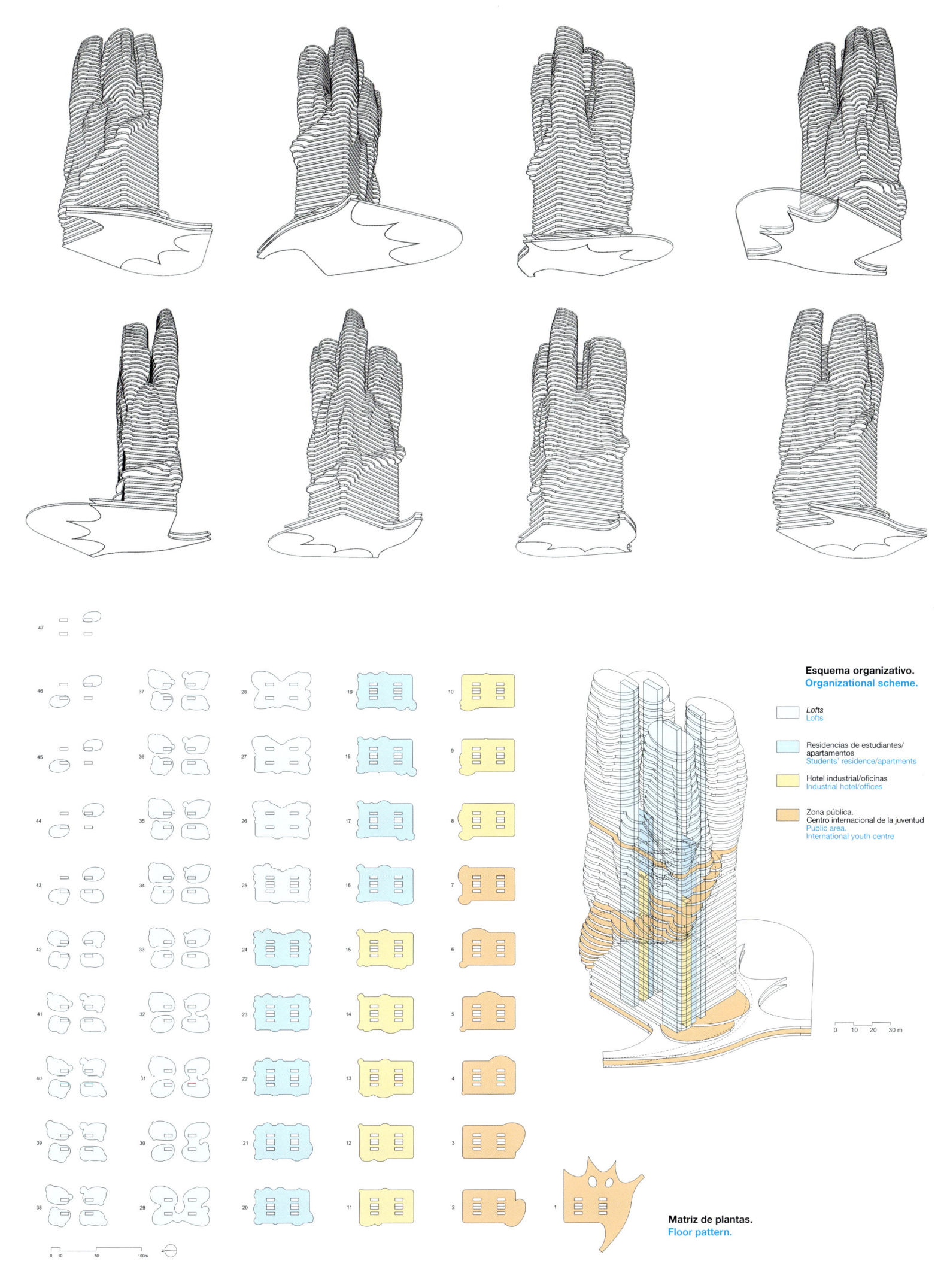

- Lofts
  Lofts
- Residencias de estudiantes/apartamentos
  Students' residence/apartments
- Hotel industrial/oficinas
  Industrial hotel/offices
- Zona pública. Centro internacional de la juventud
  Public area. International youth centre

Matriz de plantas.
Floor pattern.

Edificio de oficinas Lolita, Madrid
Lolita office building, Madrid
2006-2009

Emplazamiento Location c/ Rafael Botí, 24-26-28, Valdemarín Este, Madrid, España/*Spain* **Arquitectos** Architects Ábalos+Sentkiewicz arquitectos **Directores del proyecto** Project directors Iñaki Ábalos, Renata Sentkiewicz, Alfonso Miguel **Colaboradores** Collaborators Jorge Álvarez-Builla, Eva Gil, David Huang **Proyecto y construcción** Design and construction years 2006-2009 **Cliente** Client Singlehome, SA **Estructura** Structural engineering Eduardo Barrón **Energía y sostenibilidad** Energy and sustainability studies AIGUASOL **Instalaciones** Mechanical engineering Ineco 98 (Raquel Laplana) **Arquitecto técnico** Quantity surveyor Ignacio Blázquez **Constructora** Contractor Singlehome, SA **Paisajismo** Landscaping Juan von Knobloch **Interiorismo** Interior design B&V Interiores (Ángel Verdú) **Infografías** Infography David Huang **Fotografías** Photography José Hevia

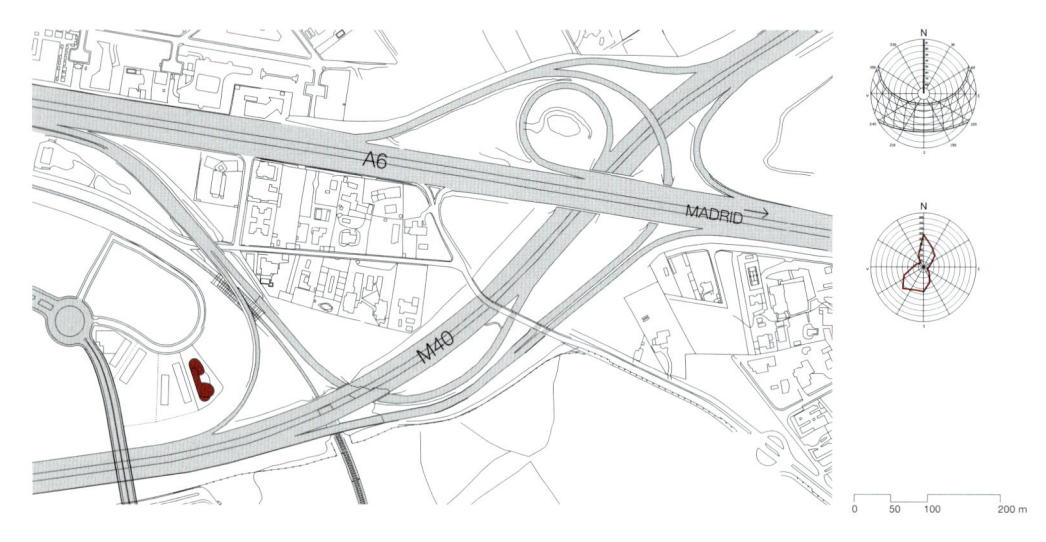

Este edificio comercial se sitúa frente al nudo de las autovías M40 y A6, y tiene un pequeño parque a los pies, vistas sobre la ciudad al sur y sobre la sierra al norte. El concepto rector es crear un ambiente de trabajo estimulante por medio de anular los vestigios modulares y los materiales típicos del edificio de oficinas, en favor de un paisaje interior en interrelación con las distintas escalas del paisaje exterior: la de las autovías, cuya traza cinética replica y acompaña; la de las vistas lejanas, hacia las que orienta sus volúmenes; la del parque público y el jardín propio, con los que interactúa a través de las sombras del arbolado y los reflejos del agua. El edificio consigue imponer su presencia precisamente al confiar en los recursos de la geometría, la escala y la proporción, con una reducción al límite de los elementos constructivos empleados. La polución acústica y atmosférica del lugar determinan el cerramiento hermético de triple vidrio, con renovación nocturna de aire por medios mecánicos, una solución que, por otra parte, permite los grandes paños vidriados —por su alto valor aislante— que hacen posible una relación panorámica con el entorno natural y artificial de Madrid.

This commercial building is situated opposite the intersection of the M40 and A6 main highways, and has a small park at its foot. The building has views over the city of Madrid to the south and the mountains to the north. The main idea is to create a stimulating work atmosphere by doing away with the typical modularity and material of the office building to create instead an interior landscape that responds to the different scales of the exterior landscape: that of the roads, whose kinetic layout it replicates and accompanies; that of the distant views, towards which it orientates its volumes; that of the public park and its own garden, with which it interacts through the shadows of the trees and the reflections on the water. Indeed, the building manages to impose itself through geometry, scale and proportion while reducing to the maximum the building components used. The acoustic and atmospheric pollution of the location determine the airtight triple-glazed outer wall with nocturnal air renewal by mechanical means. This solution also permits the use of huge panes of glass (due to their high insulation value), thus allowing a panoramic relationship with the natural and artificial surroundings of Madrid.

65

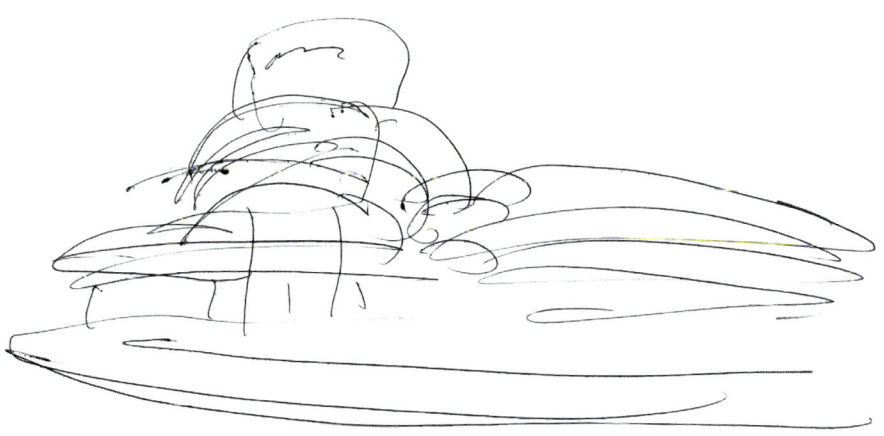

Planta segunda.
Second floor.

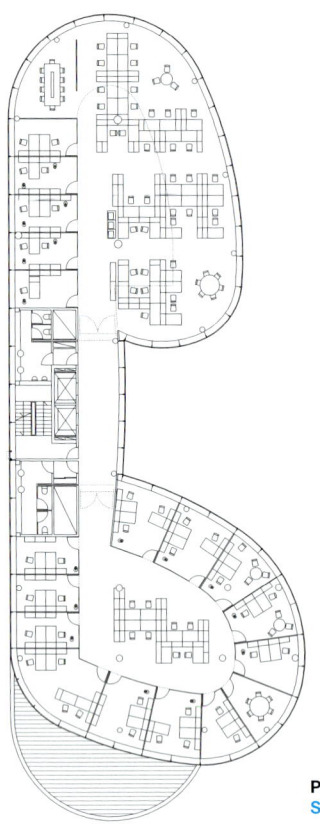

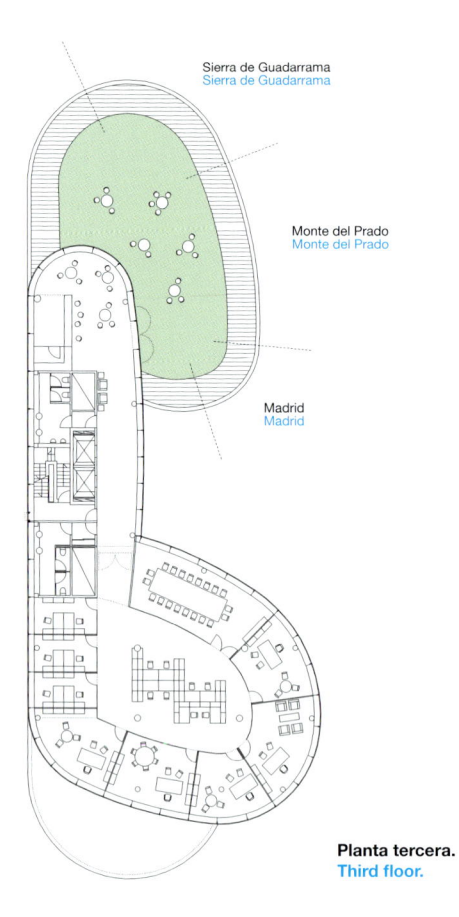

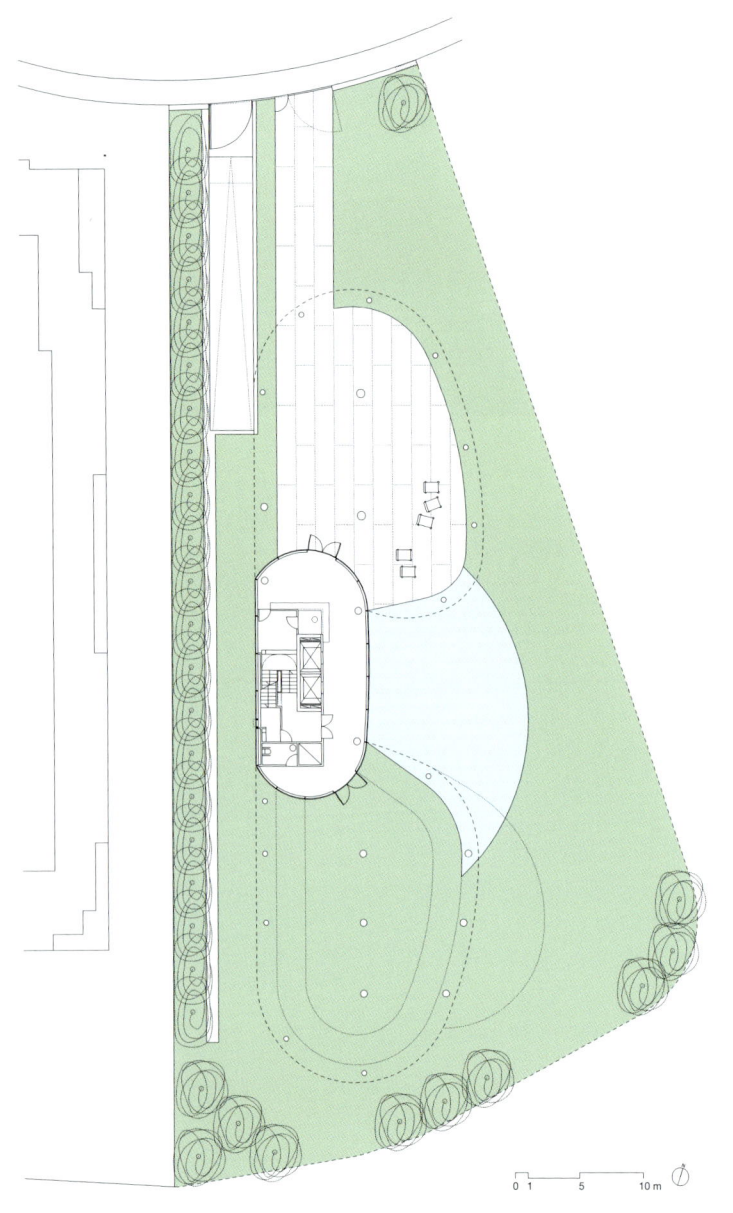

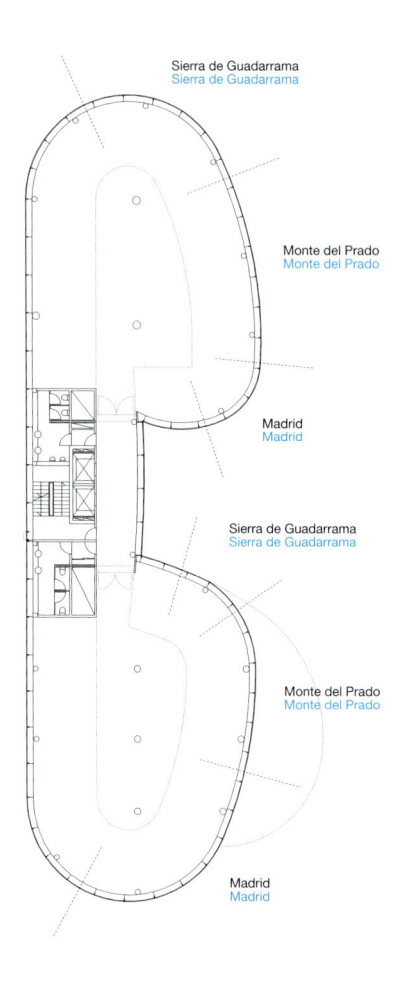

Planta tercera.
Third floor.

Planta baja.
Ground floor.

Planta primera.
First floor.

66 EDIFICIO DE OFICINAS LOLITA, MADRID LOLITA OFFICE BUILDING, MADRID

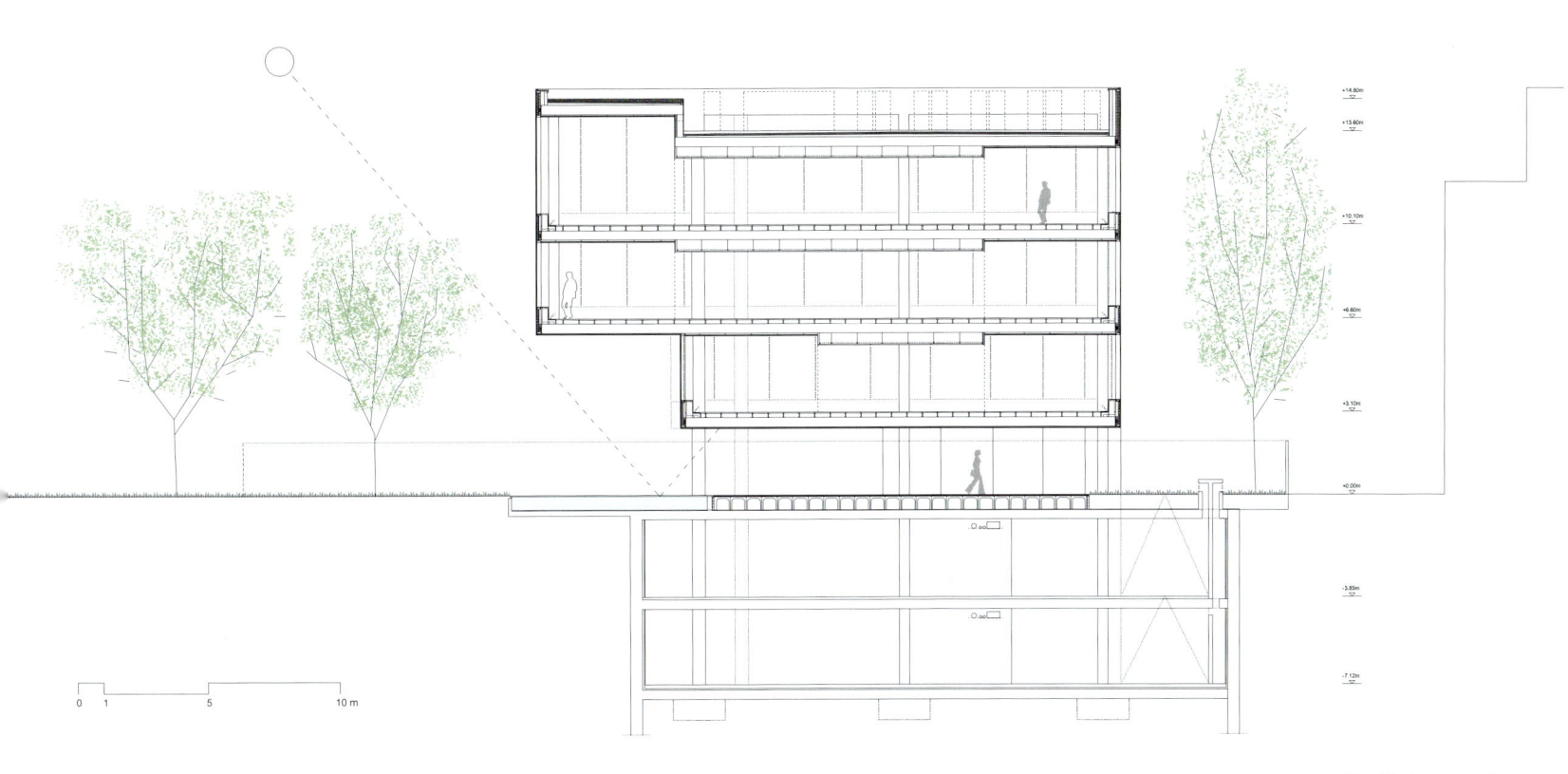

Sección transversal.
Cross-section.

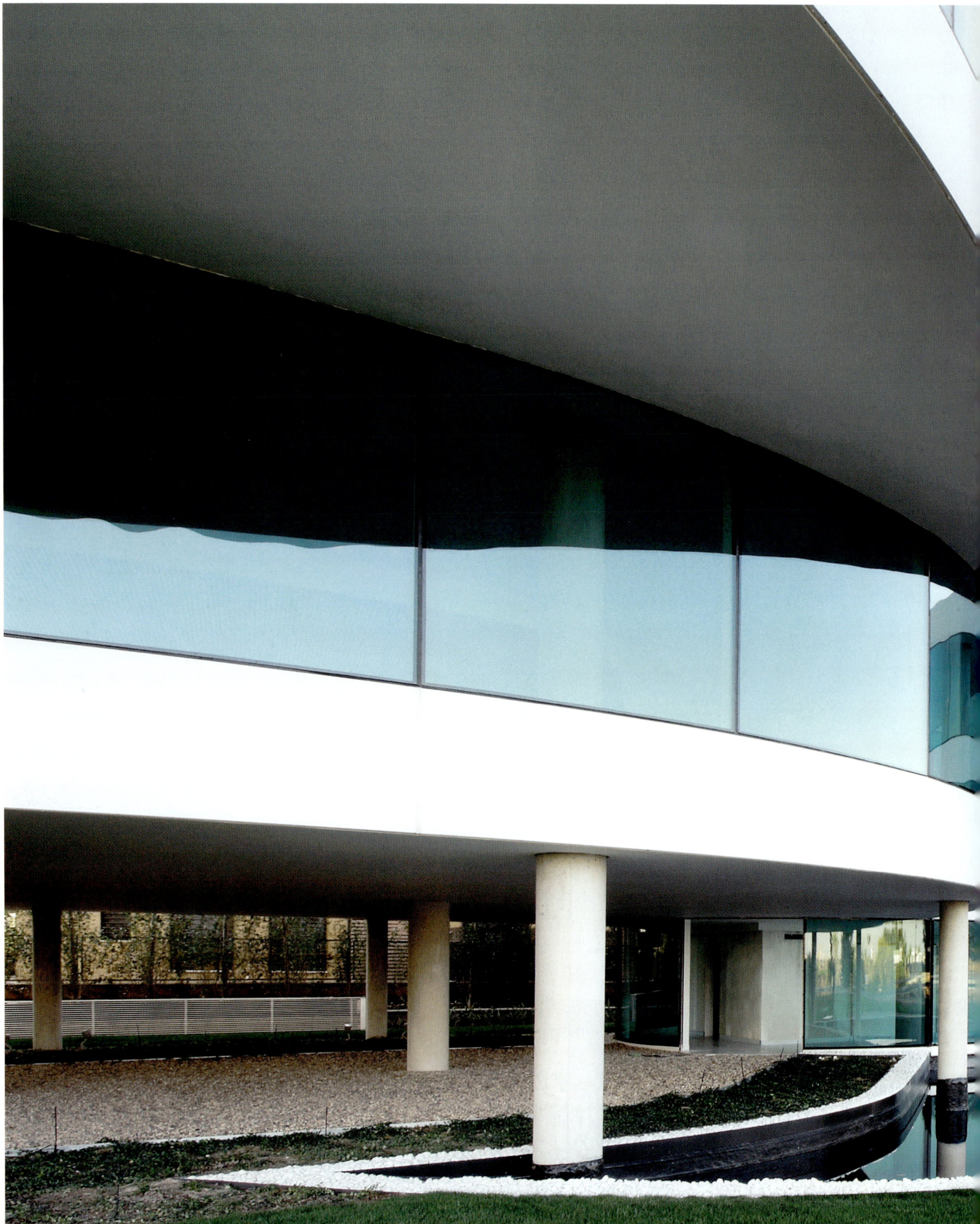

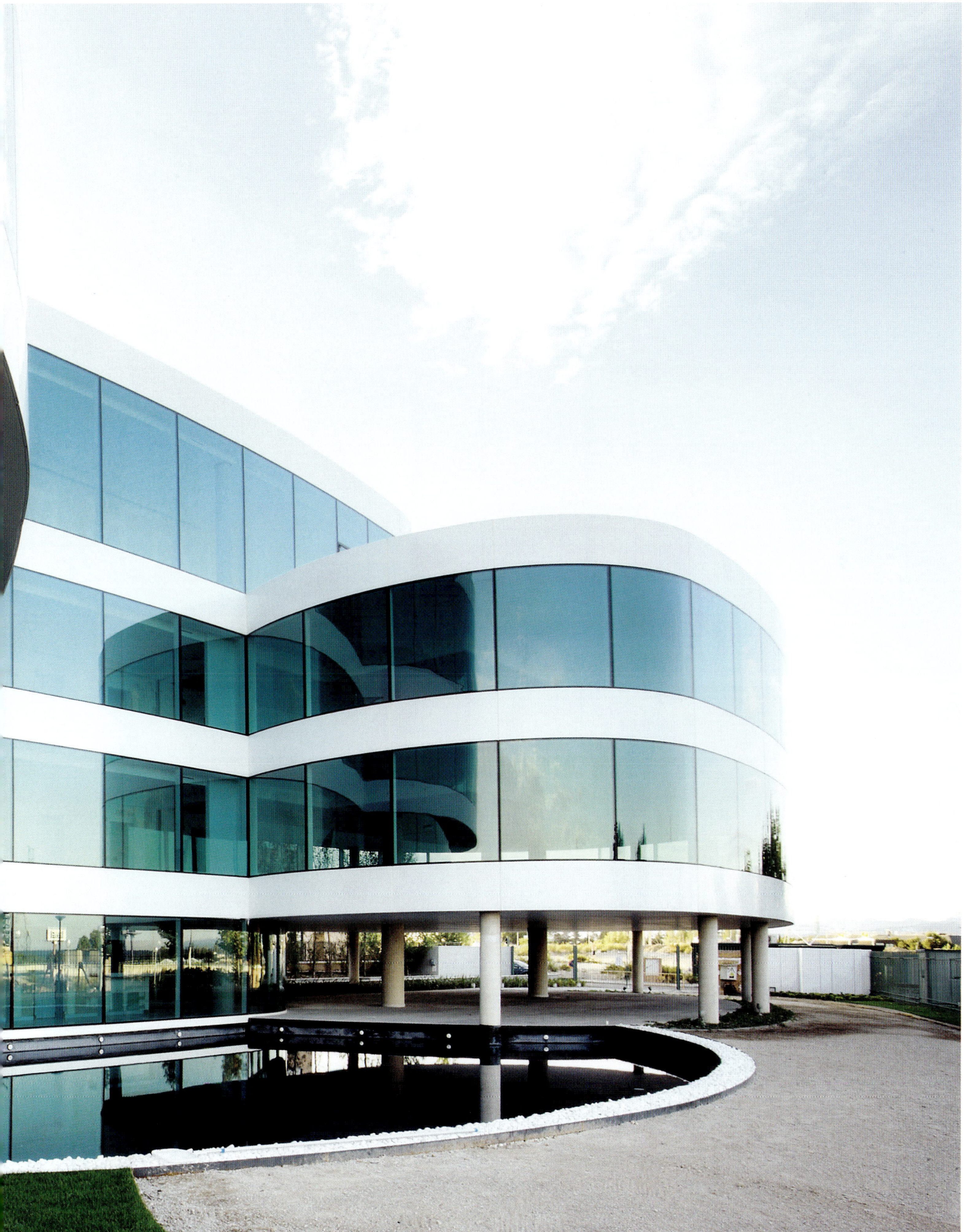

70 EDIFICIO DE OFICINAS LOLITA, MADRID LOLITA OFFICE BUILDING, MADRID

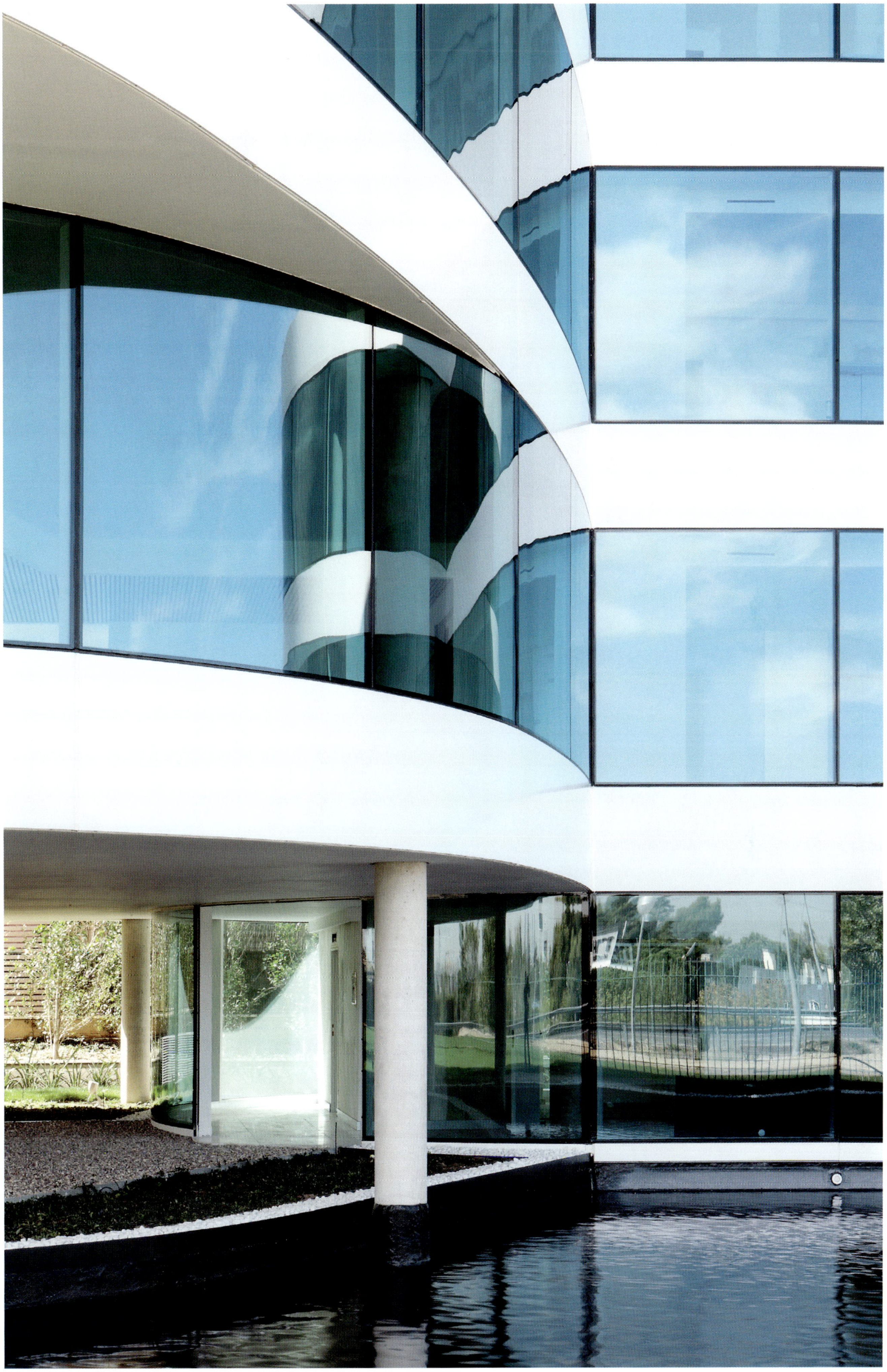

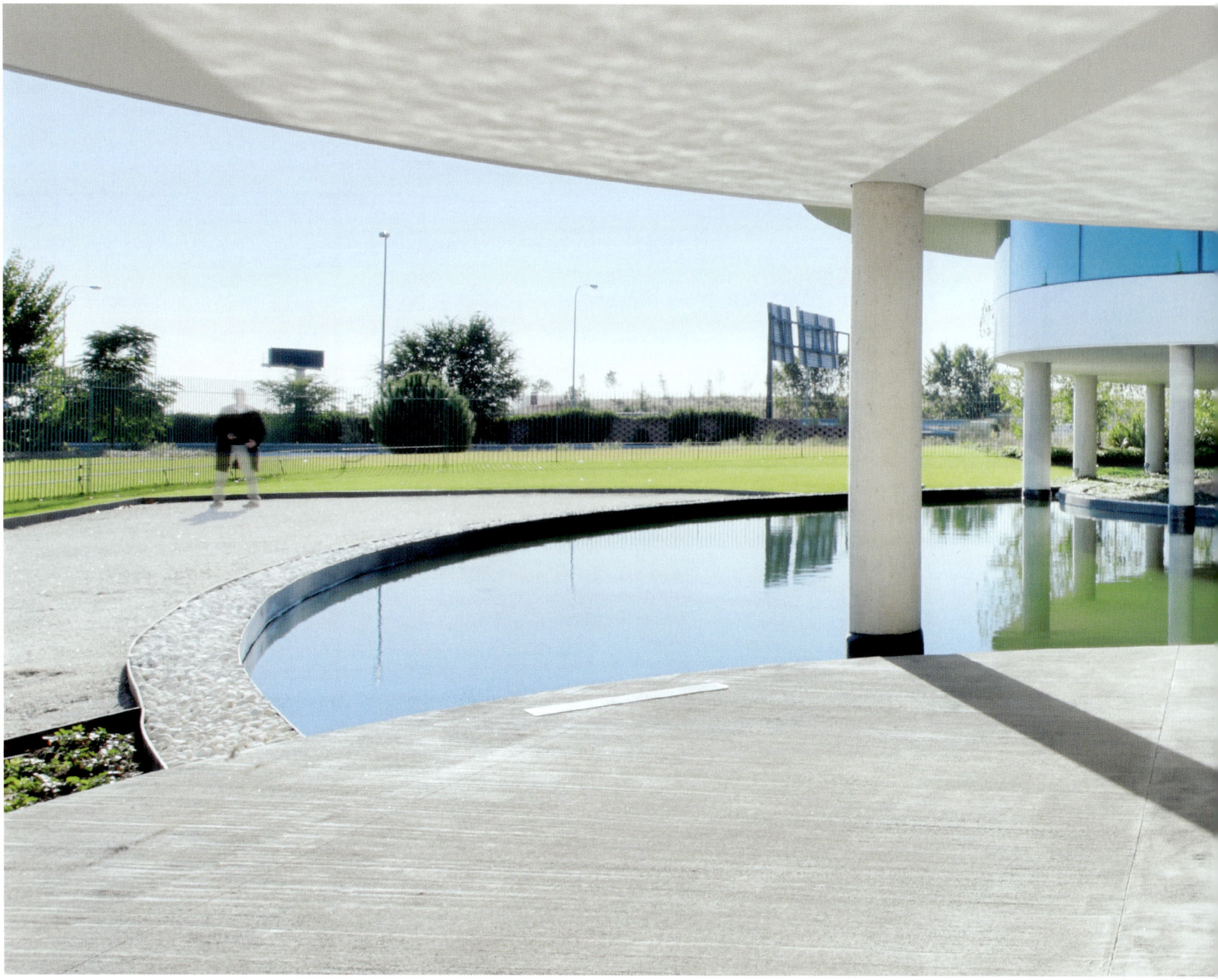

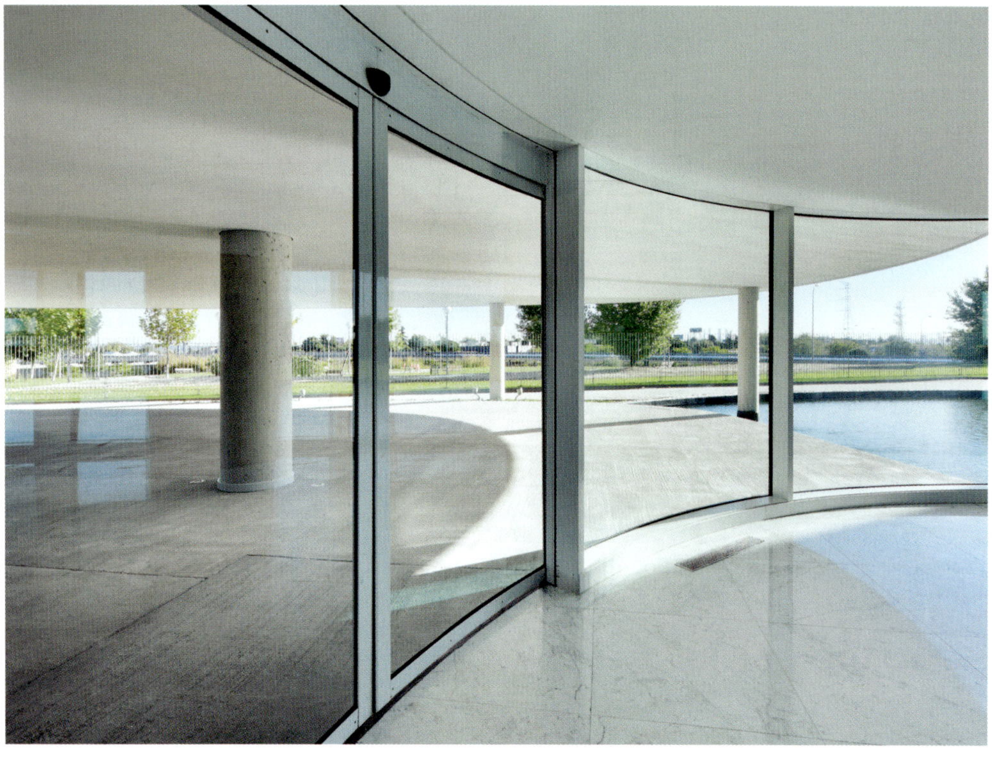

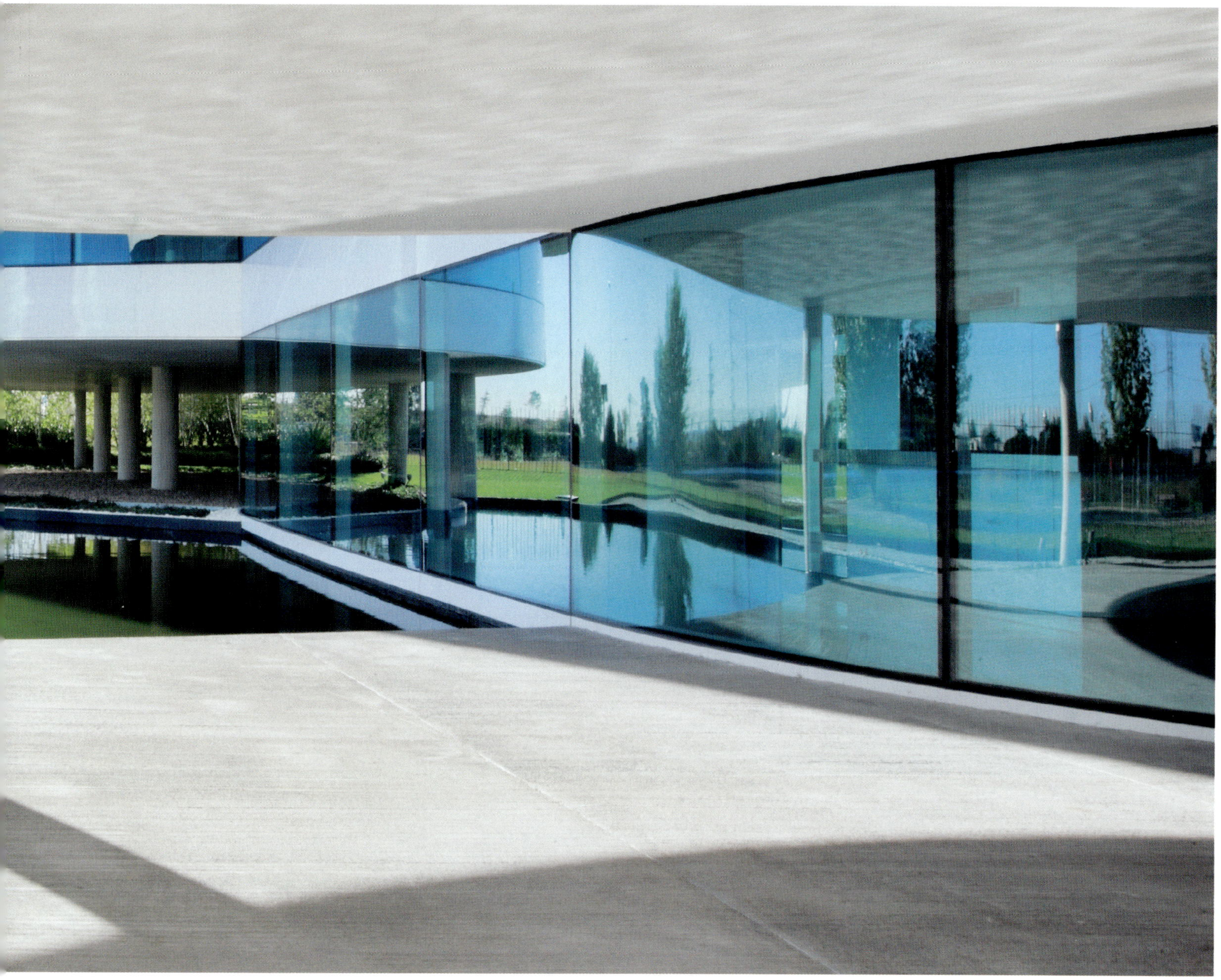

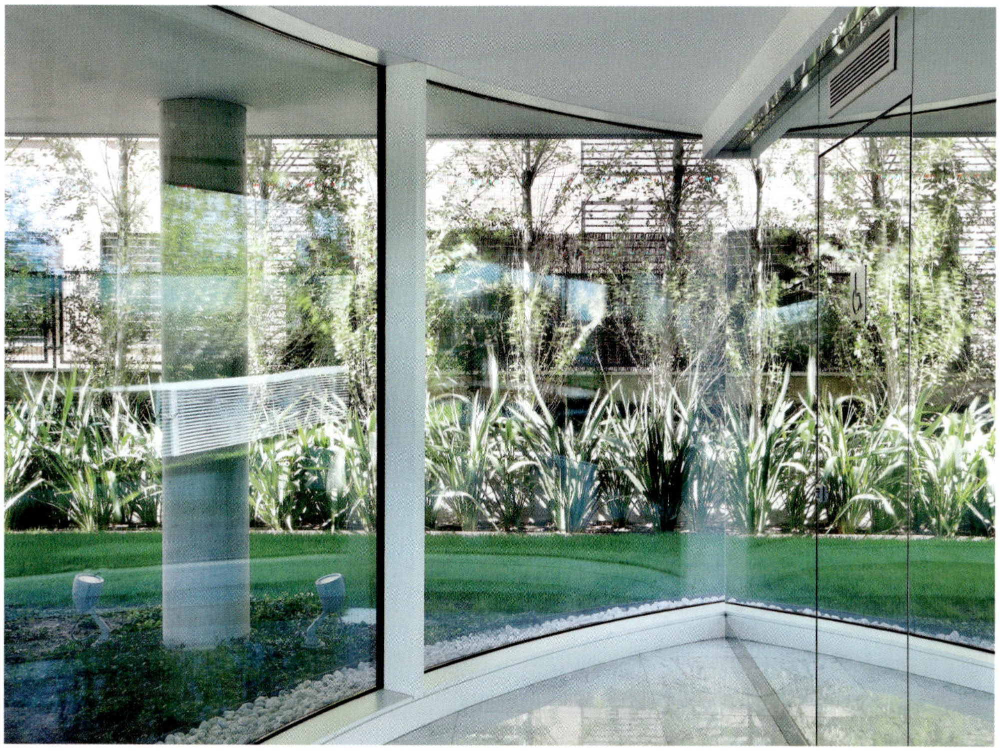

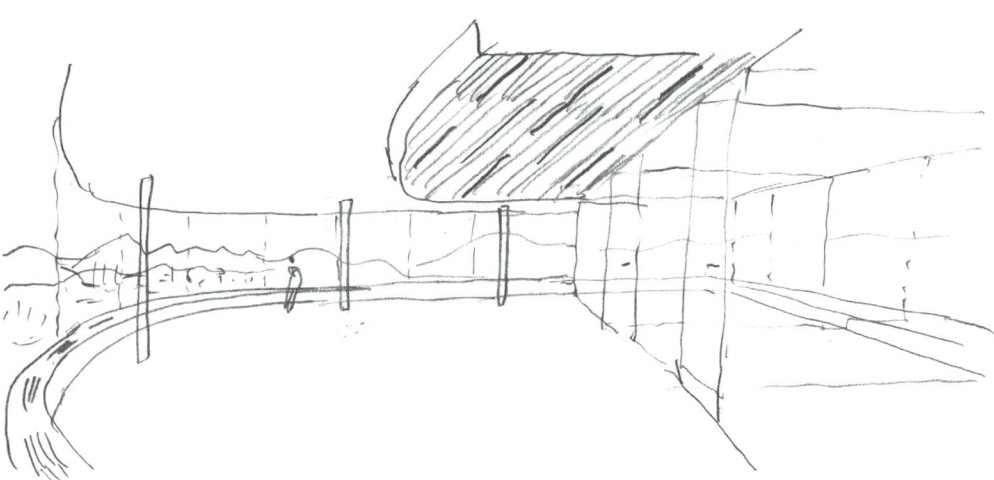

Sección tipo.

Estructura. Estructura reticular de hormigón armado
Cerramiento. Carpintería de aluminio tipo Schüco, serie FW60+SG, con rotura de puente térmico, color RAL 9003. Acristalamiento compuesto por vidrio incoloro exterior de 10 mm, cámara estanca de 15 mm y vidrio interior doble incoloro aislante de 6+8 mm, con llaga exterior de silicona. Peto ciego de 1 m con panel composite tipo Alucobond, con lámina exterior de aluminio termocalada PVDF en color RAL 9003 y fieltro de lana de vidrio hidrofugado, aglomerado entre estructura y panel. Antepecho continuo en fachada con sistema de aire acondicionado tipo fancoil oculto, formado por encimera de 35 cm de aluminio de 6 mm de grosor, con rejillas de impulsión de directriz curva mecanizadas con corte láser.
Acabados interiores. Suelo técnico elevado y registrable formado por baldosas de 60 x 60 cm. Falso techo de placa de cartón yeso hidrófugo con aislante térmico en techo de crujías exteriores. Techo en crujías interiores registrable de celosía de lamas de aluminio extruido, acabado metálico con luminarias lineales empotradas. Particiones interiores de vidrio y placa de cartón yeso.

Standard section.

Structure. Reinforced-concrete waffle slab.
Outer wall. Schüco series FW60+SG standard aluminium window frames with coloured RAL 9003 cold bridging break. Glazing consisting of 10 mm exterior clear glass, 15 mm airtight chamber, and 6+8 mm interior insulating clear double-glazing with exterior silicon pointing. 1 m blind facing with standard Alucobond composite panelling with exterior PVDF thermolacquered sheeting in RAL 9003 and damp-proofed glass wool felt agglomerate between structure and panel. Running façade sill with hidden fan coil air-conditioning system made up of a 35 cm-wide and 6 mm-thick aluminium surface with mechanized curved directional impulsion grilles with laser cutting.
Interior finishes. Raised, registrable technical floor made up of 60 x 60 cm tiles. False ceiling of damp-proof plasterboard with roof heat insulation in the exterior bay ceilings. Registrable ceiling in interior bays of shuttering with extruded aluminium slats, metal finish with built-in linear lighting. Interior partitions of glass and plasterboard sheeting.

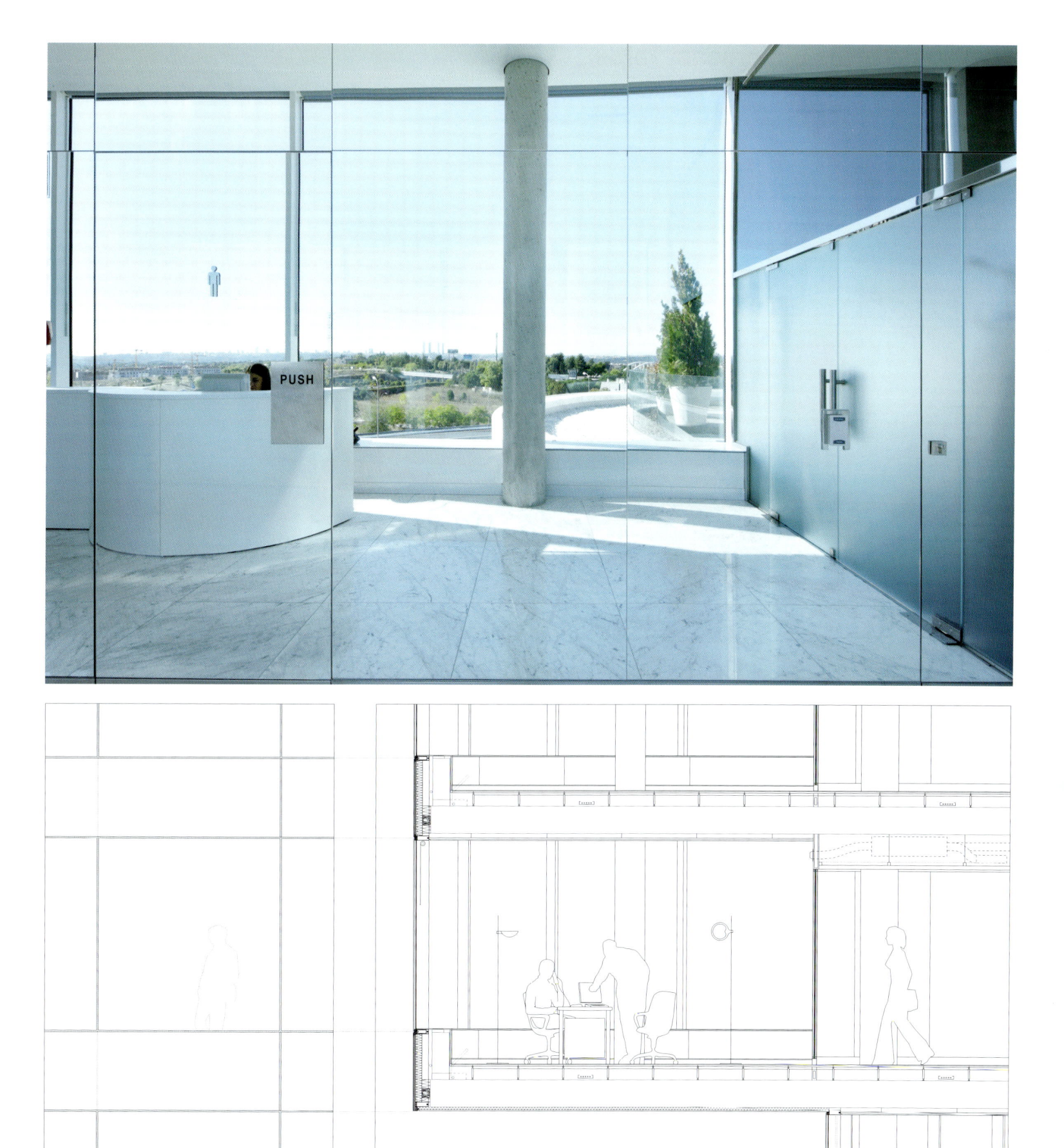

0 0.1   0.5   1 m

Centro de artes escénicas, Taipei
Performing Arts Centre, Taipei
2009

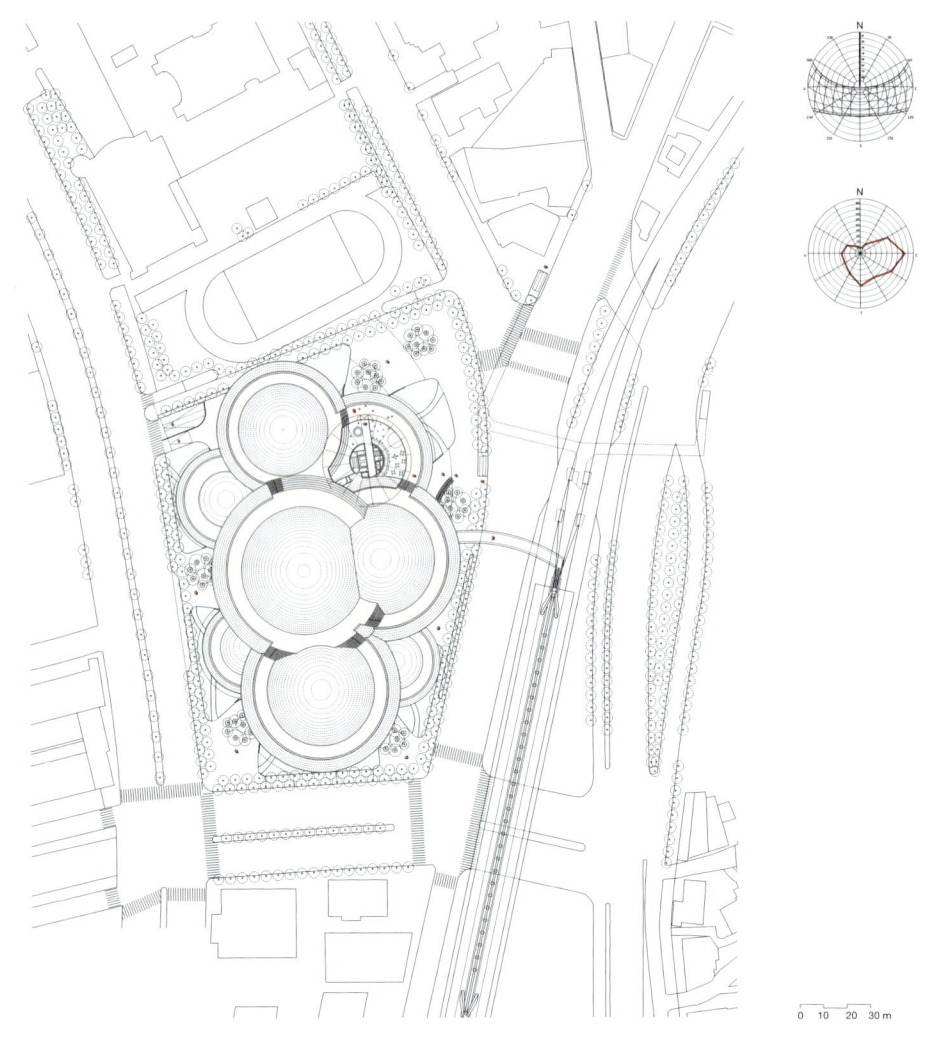

Emplazamiento Location Taipei, Taiwan **Arquitectos Architects** Ábalos+Sentkiewicz arquitectos **Arquitecto asociado Associate architect** Ricky Liu and Associates, Architects+Planners **Colaboradores Collaborators** Jorge Álvarez-Builla (coordinador/*coordinator*), Andrés Besomi, Margaux Eyssette, Víctor Garzón, Nissim Haguenauer, Pablo de la Hoz, Ismael Martín, Alfonso Miguel, Laura Torres **Proyecto Design year** 2009 **Cliente Client** Ayuntamiento de Taipei/*Taipei City Government* **Estructura Structural engineering** BOMA (Agustí Obiol)/KLC & Associates **Energía y sostenibilidad Energy and sustainability studies** CENER **Instalaciones Mechanical engineering** Frontier Engineering/C.C. LEE & Associates **Consultor teatral Theatre consulting** Theateradvises BV, PAT Taiwan **Maquinaria escénica Stage machinery** Thyssen Krupp España (Ángel Pérez Sellers) **Acústica Acoustic engineer** Arau Acústica (Higini Arau) **Evacuación Fire evacuation** Taiwan Fire Safety Consulting **Tráfico Traffic** THI Consultants Inc **Infografías Infography** Andrés Besomi, Pablo de la Hoz, Transference Cosmos Model **Maqueta Model** Transference Cosmos Model

Verticalscape MR

Desde los orígenes de la humanidad, grupos de personas agrupadas en círculo alrededor de otro que habla, canta, baila o discute —si es posible a la sombra de un árbol— ha sido la configuración característica de cualquier *performance*. Las salas del proyecto mantienen esa condición primigenia, y extienden su geometría a todo el conjunto, que puede entenderse como un bosque tropical que conforma una estructura estratificada, al tiempo que constituye un esquema funcional y una estrategia medioambiental:
· sobre los árboles se propone un nuevo paisaje de cubiertas visitables, con vistas sobre la ciudad;
· en los árboles, las tres salas se organizan en torno a un espacio escénico común, a partir de un vestíbulo principal y dos secundarios. Cada sala adopta una configuración particular, reforzada por su diferente coloración (oro, plata, bronce).
· el suelo se desdobla para componer un parque protegido del sol y la lluvia y, hacia abajo, un conjunto de galerías comerciales que extienden la actividad del mercado nocturno Shilin. Ambos espacios permiten atravesar el edificio, conectando la estación de metro con los distintos barrios limítrofes.
Frente a la típica configuración de fachada principal y trasera de estos programas, el proyecto consigue una isotropía urbana total, con cinco fachadas que establecen relación con el contexto.
Desde el punto de vista energético, esta configuración significa una menor exposición solar que el mismo volumen cúbico (un 20 % menor), gracias a las sombras propias y arrojadas, así como un refuerzo del confort gracias a la aceleración del viento en las zonas sombreadas de parque público. Todo el conjunto se construirá con técnicas idénticas a las de la pujante industria naviera taiwanesa.

Verticalscape MR

Ever since the dawn of humanity, "performance" has most often taken the form of groups of people gathering in a circle around another group which speaks, sings, dances or discusses —ideally in the shade of a tree. The halls in this project maintain that primal state and extend their geometry to the entire complex, which may be understood as both a tropical forest forming a stratified structure and as constituting a new functional scheme and an environmental strategy:
· Above the trees a new landscape is proposed of visitable roofs with views of the city.
· In the trees, the three halls are organized as a main lobby and two secondary ones around a common stage-like space. Each hall adopts a particular configuration, reinforced by its individual colouring (gold, silver, bronze).
· The ground surface is split into two to create a park protected from the sun and rain and, down below, a collection of shopping arcades that extend the activity of the Shilin night market. Both spaces allow the building to be crossed, thus connecting the metro station with the different adjoining neighbourhoods.
In contrast to the layout of a main and rear façade typically employed in such programmes, the design achieves complete urban isotropy, with five façades each relating to the context. From the point of view of energy consumption, this layout means around 20% less solar exposure than the same cubic volume (thanks to its own cast shadows), as well as an increase in comfort due to an acceleration of the wind in the shaded areas of the park. The entire complex will be built with techniques already employed in the Taiwanese shipping industry.

77

78 CENTRO DE ARTES ESCÉNICAS, TAIPEI PERFORMING ARTS CENTRE, TAIPEI

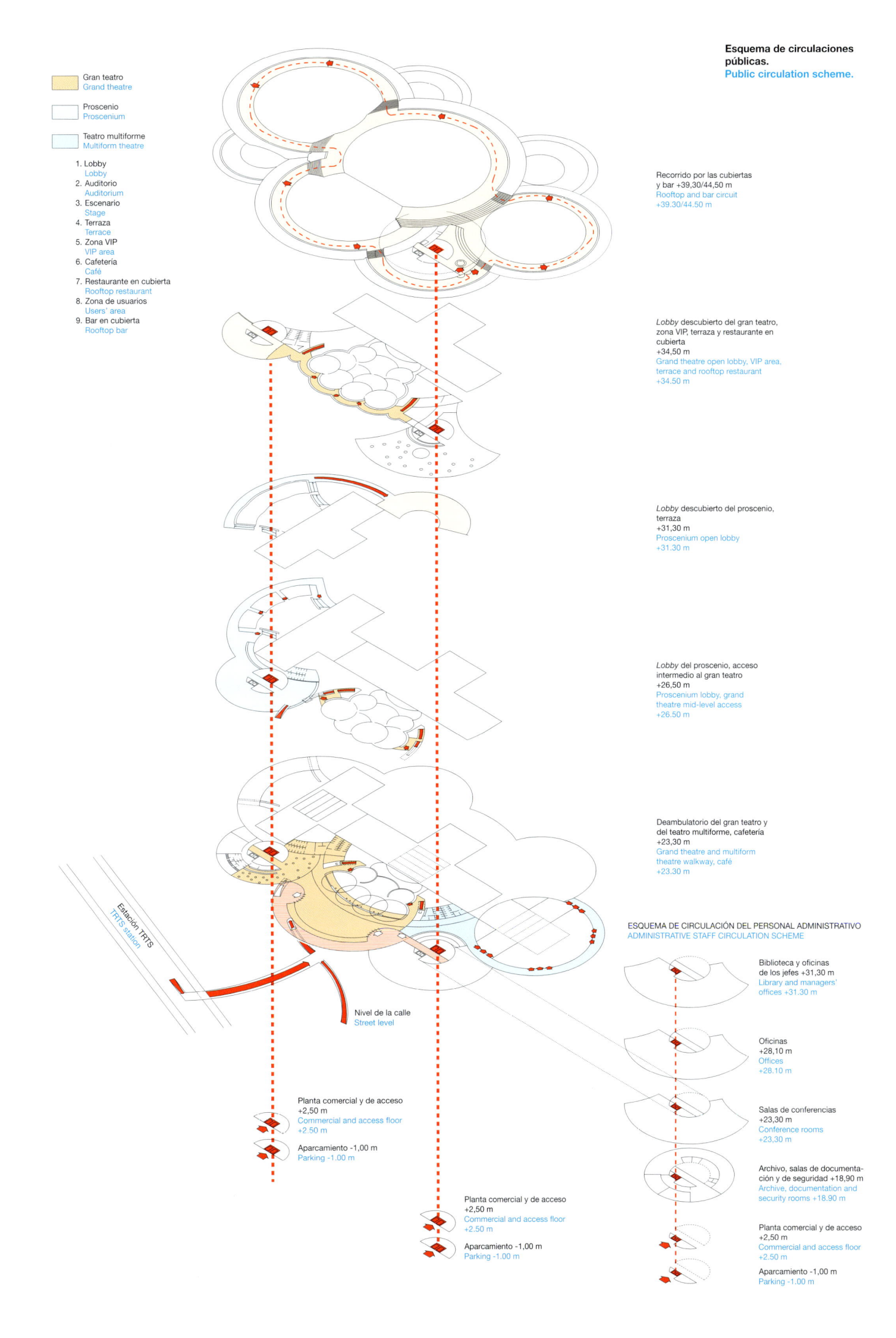

Esquema de circulaciones públicas.
Public circulation scheme.

Gran teatro
Grand theatre

Proscenio
Proscenium

Teatro multiforme
Multiform theatre

1. Lobby
   Lobby
2. Auditorio
   Auditorium
3. Escenario
   Stage
4. Terraza
   Terrace
5. Zona VIP
   VIP area
6. Cafetería
   Café
7. Restaurante en cubierta
   Rooftop restaurant
8. Zona de usuarios
   Users' area
9. Bar en cubierta
   Rooftop bar

Recorrido por las cubiertas y bar +39,30/44,50 m
Rooftop and bar circuit +39.30/44.50 m

Lobby descubierto del gran teatro, zona VIP, terraza y restaurante en cubierta +34,50 m
Grand theatre open lobby, VIP area, terrace and rooftop restaurant +34.50 m

Lobby descubierto del proscenio, terraza +31,30 m
Proscenium open lobby +31.30 m

Lobby del proscenio, acceso intermedio al gran teatro +26,50 m
Proscenium lobby, grand theatre mid-level access +26.50 m

Deambulatorio del gran teatro y del teatro multiforme, cafetería +23,30 m
Grand theatre and multiform theatre walkway, café +23.30 m

Estación TRTS
TRTS station

Nivel de la calle
Street level

ESQUEMA DE CIRCULACIÓN DEL PERSONAL ADMINISTRATIVO
ADMINISTRATIVE STAFF CIRCULATION SCHEME

Biblioteca y oficinas de los jefes +31,30 m
Library and managers' offices +31.30 m

Oficinas +28,10 m
Offices +28.10 m

Salas de conferencias +23,30 m
Conference rooms +23,30 m

Archivo, salas de documentación y de seguridad +18,90 m
Archive, documentation and security rooms +18.90 m

Planta comercial y de acceso +2,50 m
Commercial and access floor +2.50 m

Aparcamiento -1,00 m
Parking -1.00 m

Planta comercial y de acceso +2,50 m
Commercial and access floor +2.50 m

Aparcamiento -1,00 m
Parking -1.00 m

Planta comercial y de acceso +2,50 m
Commercial and access floor +2.50 m

Aparcamiento -1,00 m
Parking -1.00 m

Planta +23,30 m.
Floor +23.30 m.

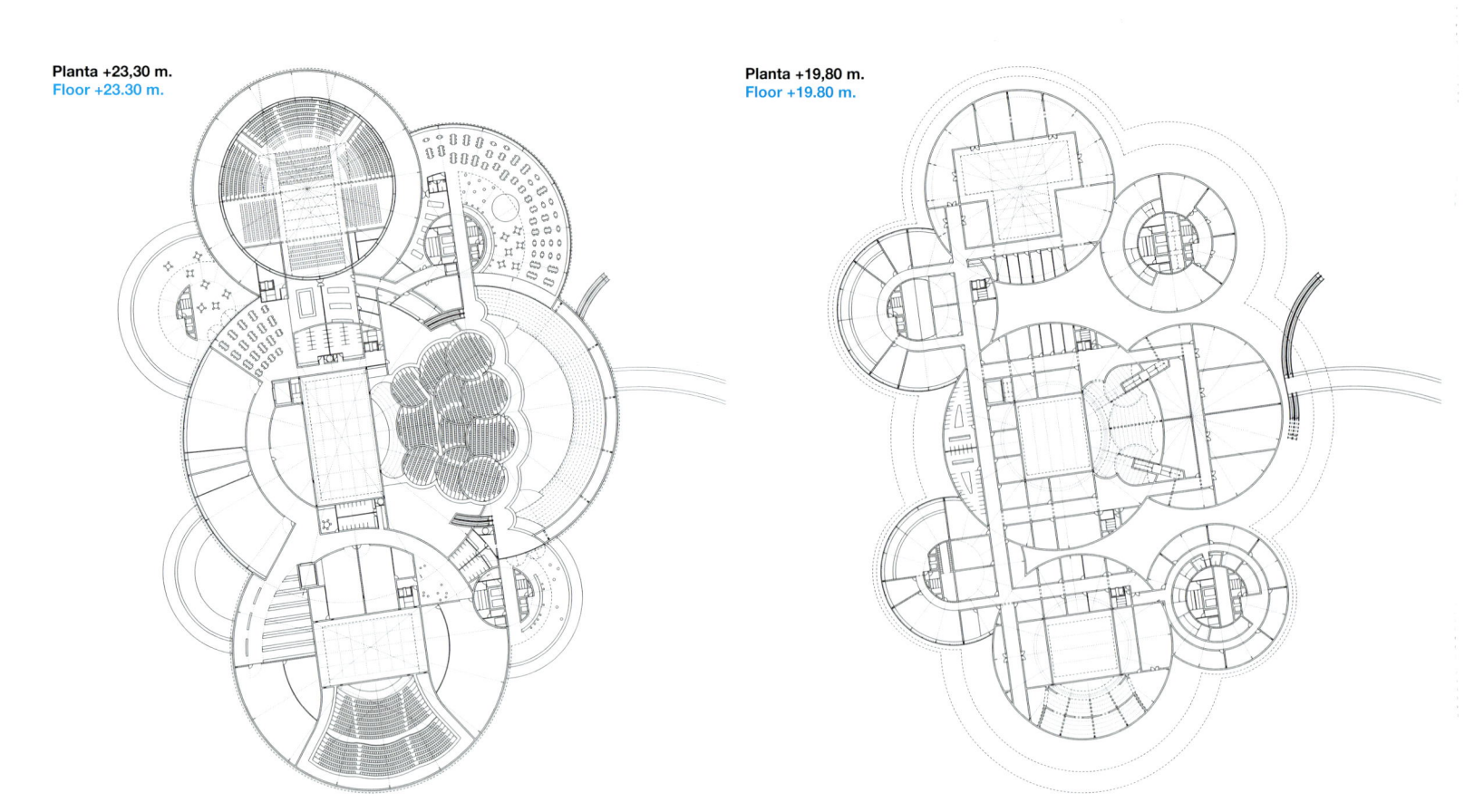

Planta +19,80 m.
Floor +19.80 m.

Planta +7,00 m.
Floor +7.00 m.

Planta +2,5 m.
Floor +2.5 m.

80 CENTRO DE ARTES ESCÉNICAS, TAIPEI PERFORMING ARTS CENTRE, TAIPEI

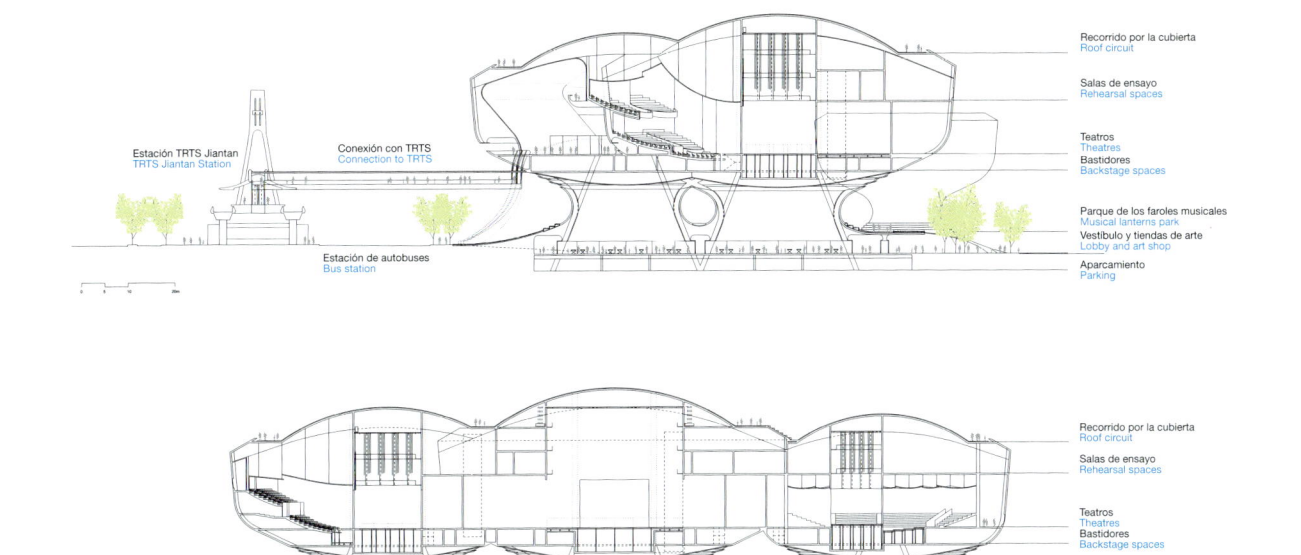

	Recorrido por la cubierta
	Roof circuit
	Salas de ensayo
	Rehearsal spaces
	Teatros
	Theatres
	Bastidores
	Backstage spaces
	Parque de los faroles musicales
	Musical lanterns park
	Vestíbulo y tiendas de arte
	Lobby and art shop
	Aparcamiento
	Parking

Estación TRTS Jiantan / TRTS Jiantan Station
Conexión con TRTS / Connection to TRTS
Estación de autobuses / Bus station

Recorrido por la cubierta / Roof circuit
Salas de ensayo / Rehearsal spaces
Teatros / Theatres
Bastidores / Backstage spaces
Parque de los faroles musicales / Musical lanterns park
Vestíbulo y tiendas de arte / Lobby and art shops
Aparcamiento / Parking

81

Observatorio del Palmeral de Elche
Observatory of Elche Palm Grove
2009

Emplazamiento Location Elche, España/*Spain* **Arquitectos Architects** Ábalos+Sentkiewicz arquitectos, Arquitectura Agronomía **Directores del proyecto Project directors** Iñaki Ábalos, Renata Sentkiewicz, Teresa Galí **Colaboradores Collaborators** Andrés Besomi, Margaux Eyssette, Nissim Haguenauer, Ismael Martín **Proyecto Design year** 2009 **Cliente Client** Ayuntamiento de Elche **Estructura Structural engineering** BOMA (Agustí Obiol) **Energía y sostenibilidad Energy and sustainability studies** CENER **Programación socioeconómica Socioeconomic programming** José Miguel Iribas **Infografías Infography** Andrés Besomi

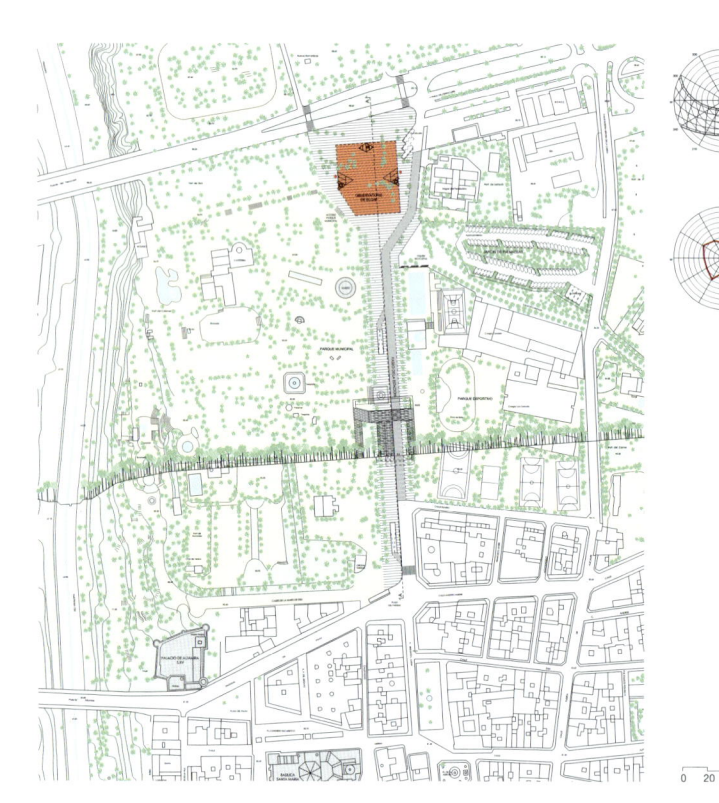

Verticalscape AM

El observatorio es una puerta de entrada al Palmeral de Elche y a la ciudad hecha de sombra y reflejos, y es también un lugar de intercambio e interacción social entre locales y visitantes. Tras una postura escéptica inicial ante la necesidad de dicho programa en el palmeral, al adentrarnos en su rehabilitación (ésta sí una necesidad obvia) pudimos comprobar la dificultad de interpretación que su conformación implica para los visitantes, y la negligencia sobre su sentido urbano en los locales. Siguiendo el modelo del observatorio de Edimburgo de Patrick Geddes, el objetivo de esta puerta urbana y observatorio es servir de interfaz entre el palmeral y el tejido urbano, ligar el pasado y el futuro, la vida local y el turismo cultural.
Su estructura romboidal tensionada facilita la regulación equilibrada entre esfuerzo mecánico e iluminación natural según las orientaciones solares, mientras que su piel reflectante devuelve al palmeral y al reflejo multiplicado de las personas el protagonismo sobre el lugar. Del mismo modo, su inclinación proyecta al visitante sobre el paisaje urbano y optimiza el uso de su cubierta como colector solar fotovoltaico.
De este modo, el observatorio busca una presencia ambigua, a la vez monumental e imperceptible, una plaza sombreada y un equipamiento icónico e invisible.

Verticalscape AM

The observatory is a gateway to the palm grove and city of Elche. Consisting of shade and reflections, it is also a place of exchange and social interaction between local people and visitors. Following our initial scepticism about the need for such a programme, upon studying the rehabilitation of the plantation (which was indeed necessary) we were able to verify the difficulty of interpretation its structure involves for visitors and the negligence as to its urban meaning by the locals. Following Patrick Geddes's Edinburgh observatory model, the goal of this urban gateway is to serve as an interface between the palm grove and the urban fabric, to link past and future, local life and cultural tourism.
Its taut rhomboidal structure facilitates the regulation of mechanical stress and natural illumination in accordance with the changing orientation of the sun, while its reflective skin restores to the palm grove and the visitors their pre-eminence over the place. Likewise, by leaning it projects the visitor out over the urban landscape and optimizes the use of its roof as a photovoltaic solar collector.
In this way the observatory seeks an ambiguous presence, at once monumental and imperceptible, a shaded plaza and an iconic, invisible amenity.

83

Planta del observatorio.
Observatory level.

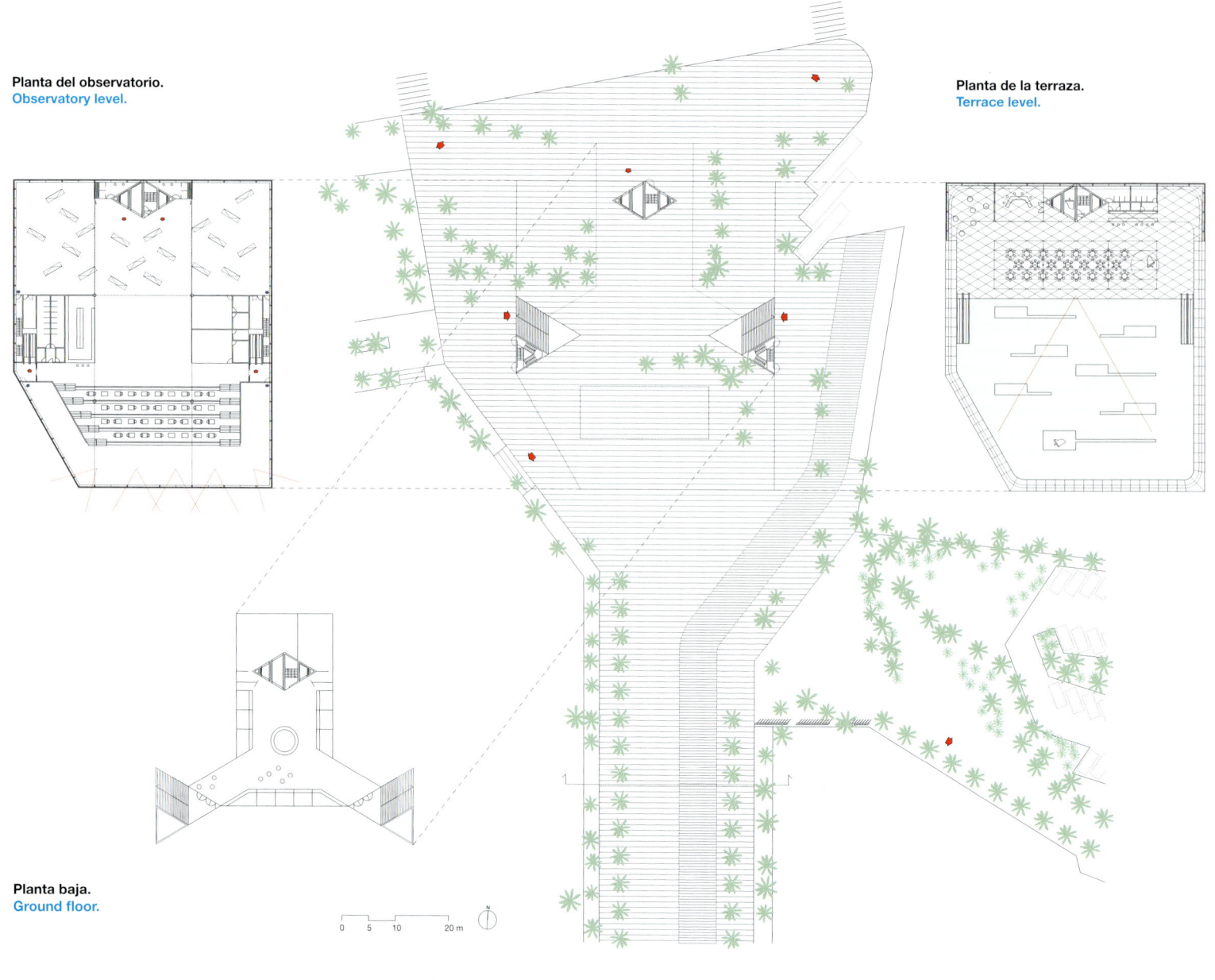

Planta de la terraza.
Terrace level.

Planta baja.
Ground floor.

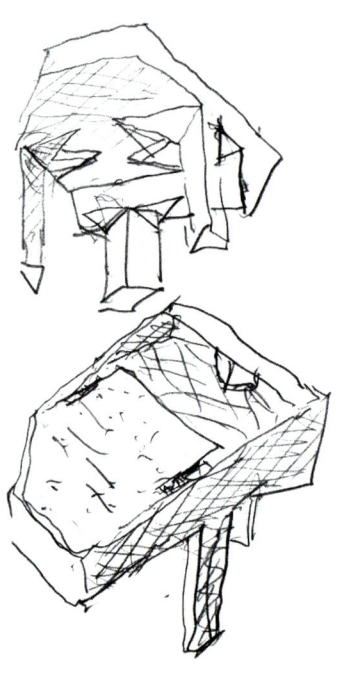

0 5 10 20 m

84 OBSERVATORIO DEL PALMERAL DE ELCHE OBSERVATORY OF ELCHE PALM GROVE

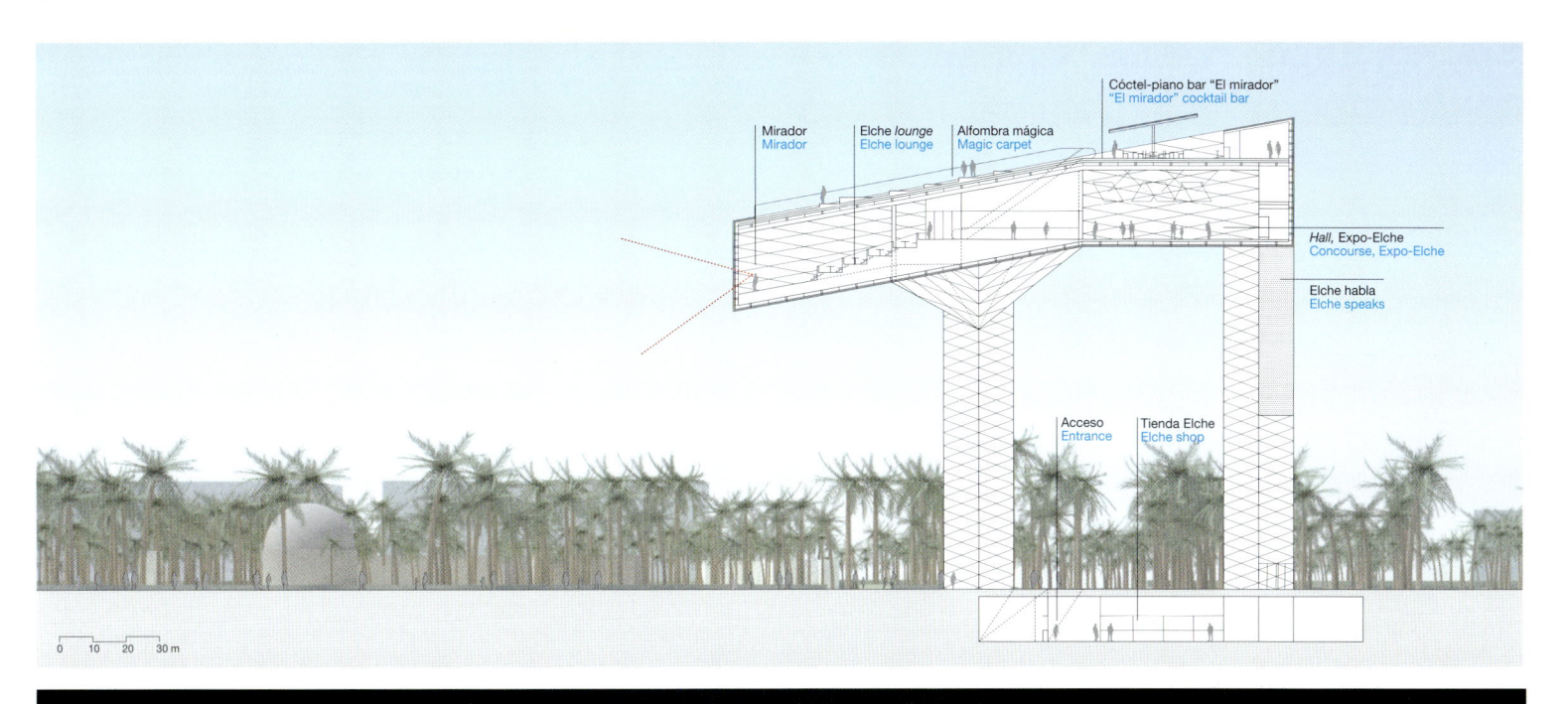

			Cóctel-piano bar "El mirador"	
			"El mirador" cocktail bar	
Mirador	Elche *lounge*	Alfombra mágica		
Mirador	Elche lounge	Magic carpet		

Hall, Expo-Elche
Concourse, Expo-Elche

Elche habla
Elche speaks

Acceso | Tienda Elche
Entrance | Elche shop

0 10 20 30 m

Estudio Albert Oehlen, Bülher
Atelier Albert Oehlen, Bülher
2007-2009

Emplazamiento *Location* Bülher, Suiza/*Switzerland* **Arquitectos** *Architects* Ábalos+Sentkiewicz arquitectos; Enguita & Lasso de la Vega **Directores del proyecto** *Project directors* Iñaki Ábalos, Paloma Lasso de la Vega **Proyecto y construcción** *Design and construction years* 2007-2009 **Cliente** *Client* Albert Oehlen **Iluminación** *Lighting* ESTIA (Bernard Paule) **Constructora** *Contractor* Frehner Holzbau AG (Andreas Frehner) **Fotografías** *Photographs* José Hevia

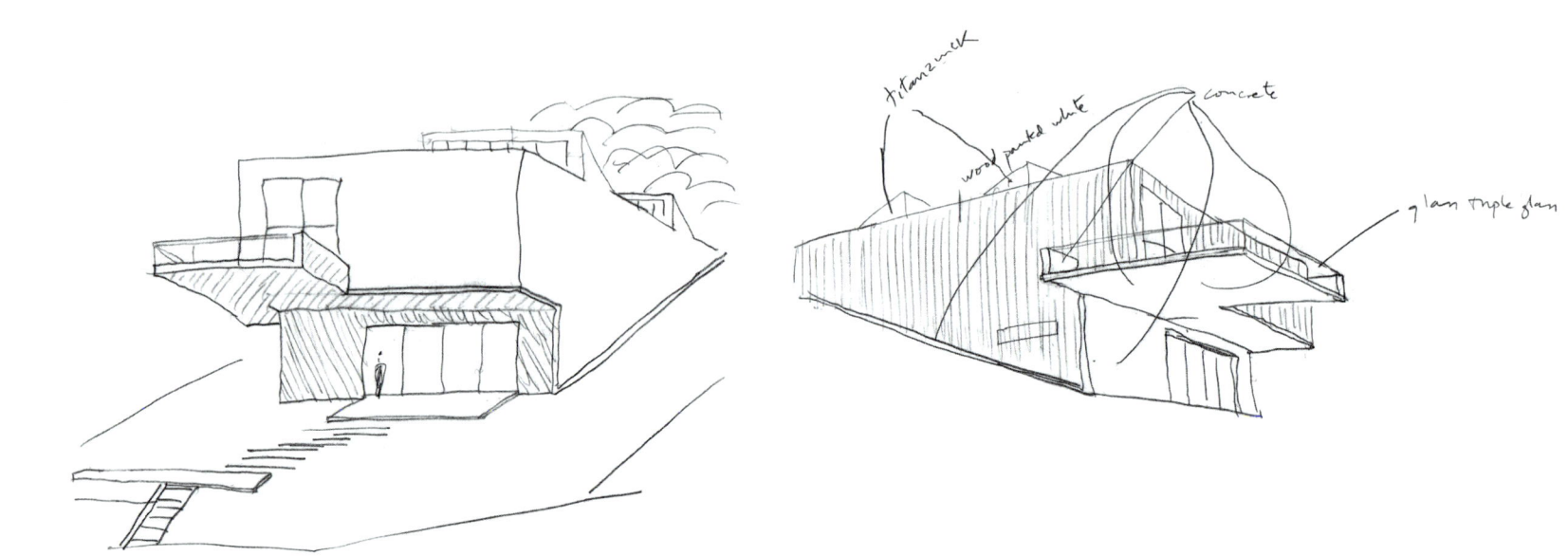

Una pequeña construcción en un terreno muy inclinado, cubierto casi por nieves perpetuas, da pie a un volumen prismático blanco que se incrusta en el terreno hacia el norte y vuela sobre el paisaje hacia el sur, alojando una nave diáfana para taller del artista y un semisótano dedicado a almacén de obras. Un gran ventanal abre el taller al paisaje, mientras que dos lucernarios iluminan cenitalmente el estudio. El volumen principal y los lucernarios se recortan triangularmente en la ladera dando al edificio su impronta característica. Con sus acabados industriales, volúmenes y coloración blanca, el edificio busca una mímesis razonable con las construcciones residenciales vecinas y con el paisaje nevado de la región de Saint-Gallen. En términos ambientales, se ha buscado la máxima compacidad del volumen edificado y el soterramiento de parte del mismo en el terreno. Los huecos orientados a sur (con persianas exteriores orientables y monitorizadas) captan la radiación y obtienen la mejor luminosidad para la sala de trabajo. La climatización mediante energía geotérmica se apoya en sistemas constructivos de gran inercia: estructura de hormigón en las zonas soterradas y de madera laminada en el resto del conjunto, con paneles de tableros de partículas y aislante de papel reciclado y sal, todo ello revestido con tablones industriales al exterior, y con una cubierta vegetal en continuidad con el terreno.

A small building on steeply sloping terrain that is almost always covered in snow, gives rise to a prismatic volume that is buried in the land to the north and hovers above the landscape to the south. It accommodates a diaphanous warehouse-like space for an artist's studio and a semi-basement devoted to storing artworks. A big picture window opens the atelier up to the landscape, while two skylights provide the space with top lighting. On the hillside the main volume and skylights are cut back in a triangular shape, giving the building its characteristic look. With its industrial finishes, volumes and white colouring the building aspires to blend in with the neighbouring residences and the snowbound landscape of the Saint-Gallen area.
For environmental efficiency we have tried to make the built volume as compact as possible, and buried part of it underground. The south-facing windows (with directional, motorized/monitored external blinds) harness the solar energy and obtain the best light levels for the workroom. The climate control draws on geothermic energy and is based on high-inertia building systems: a framework of concrete in the areas below ground and laminated wood in the rest of the complex, with chipboard panels with recycled paper and salt insulation. The whole building is clad in industrial planking, with a planted roof running on from the terrain.

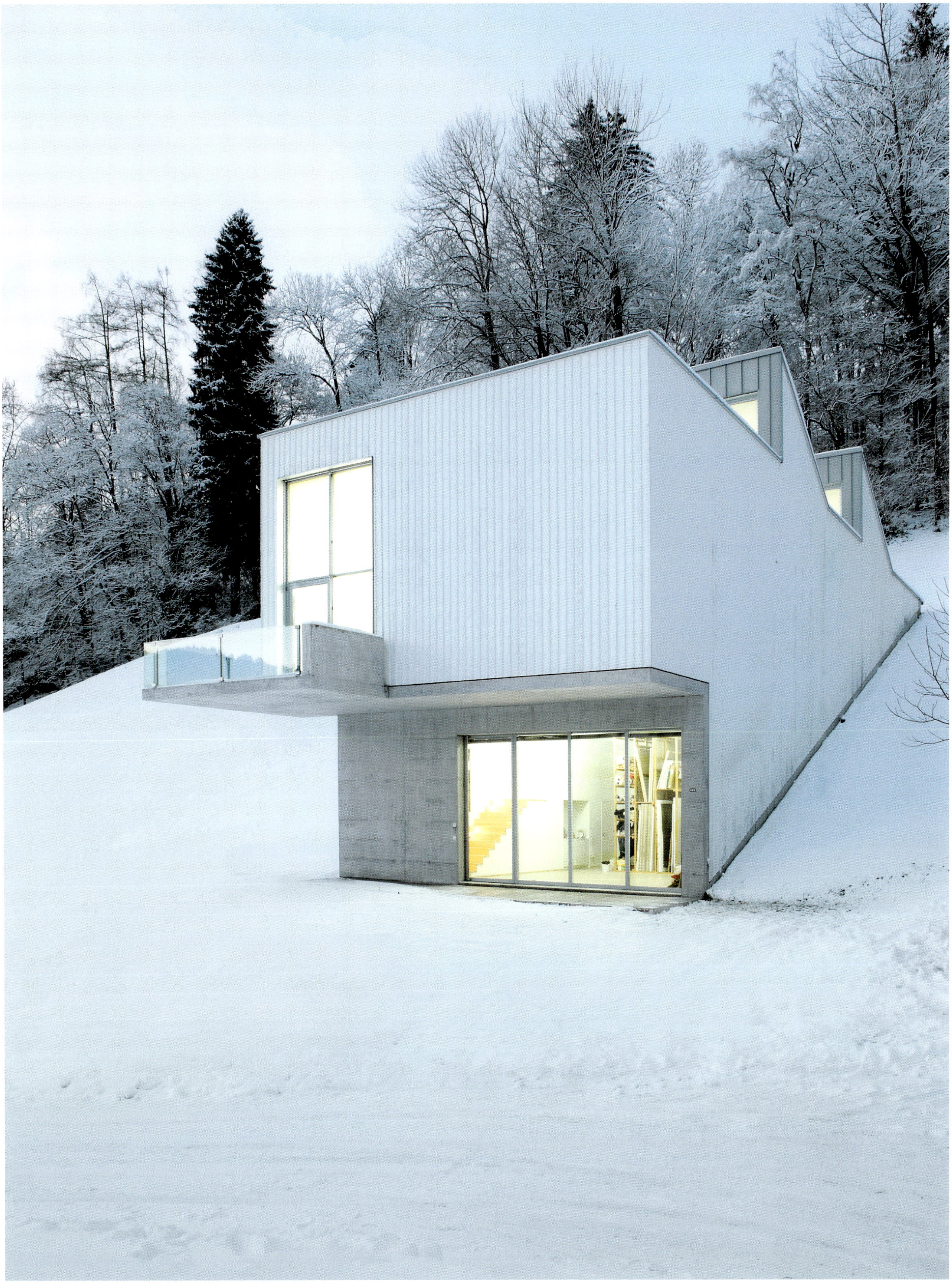

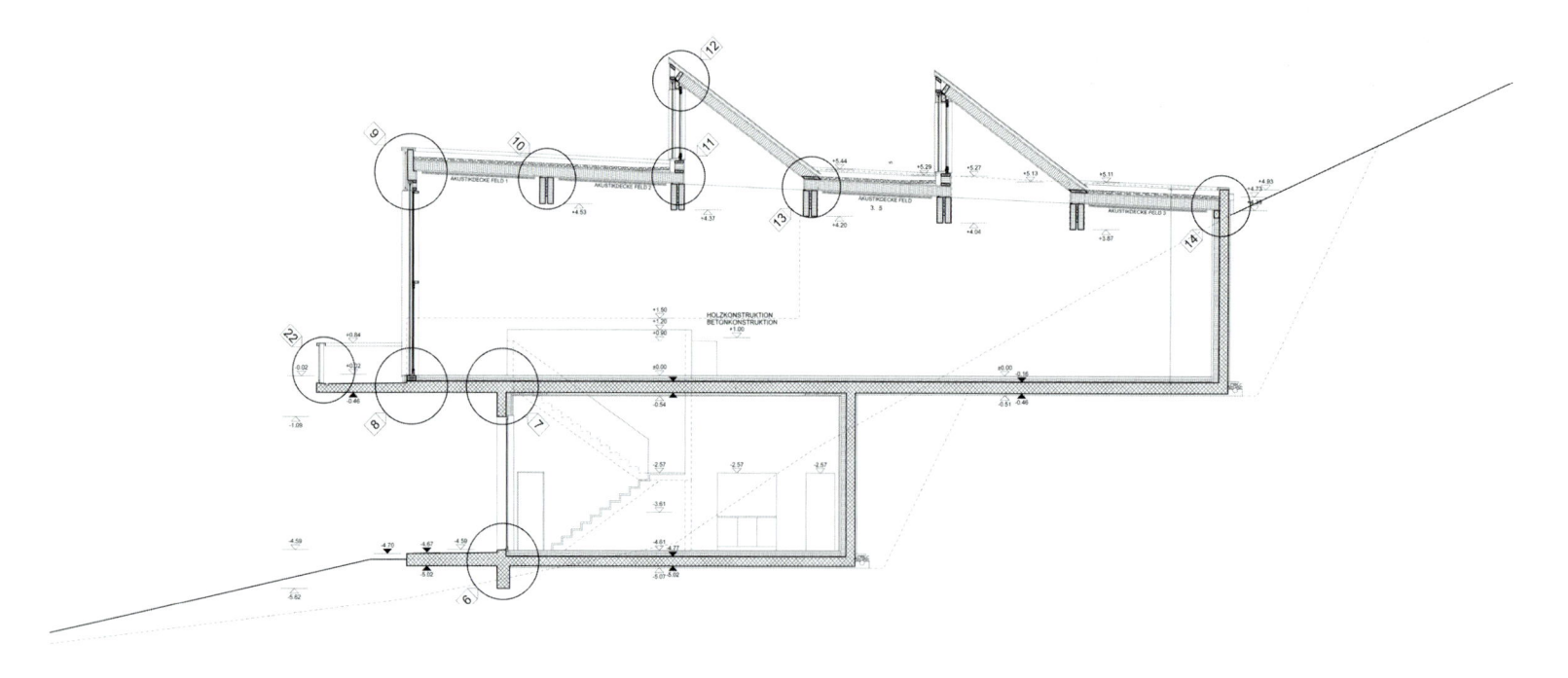

Sección longitudinal.
Longitudinal section.

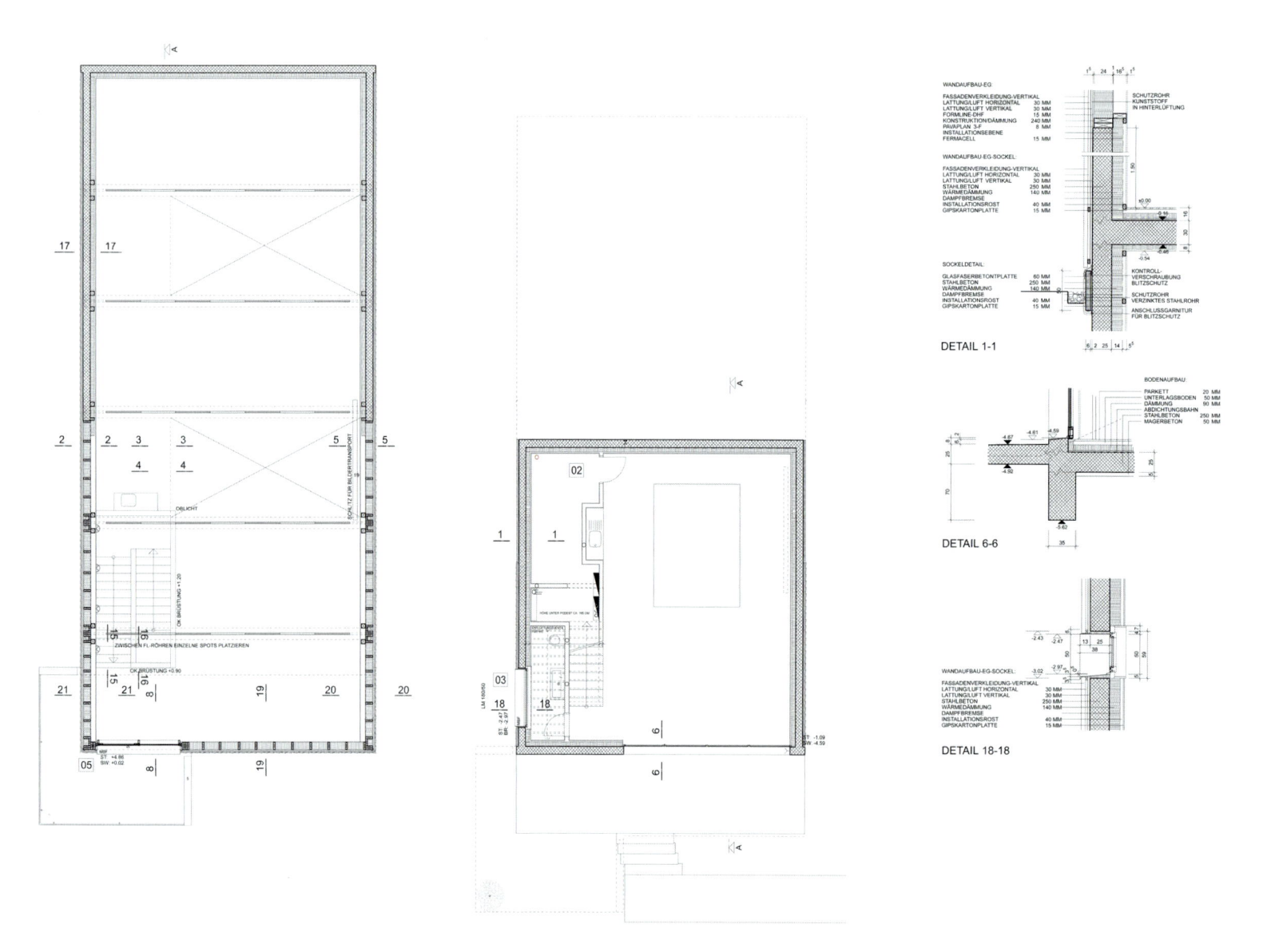

Planta superior.
Upper level.

Planta inferior.
Lower level.

DETAIL 1-1

DETAIL 6-6

DETAIL 18-18

88 ESTUDIO ALBERT OEHLEN, BÜLHER ATELIER ALBERT OEHLEN, BÜLHER

89

90 ESTUDIO ALBERT OEHLEN, BÜLHER ATELIER ALBERT OEHLEN, BÜLHER

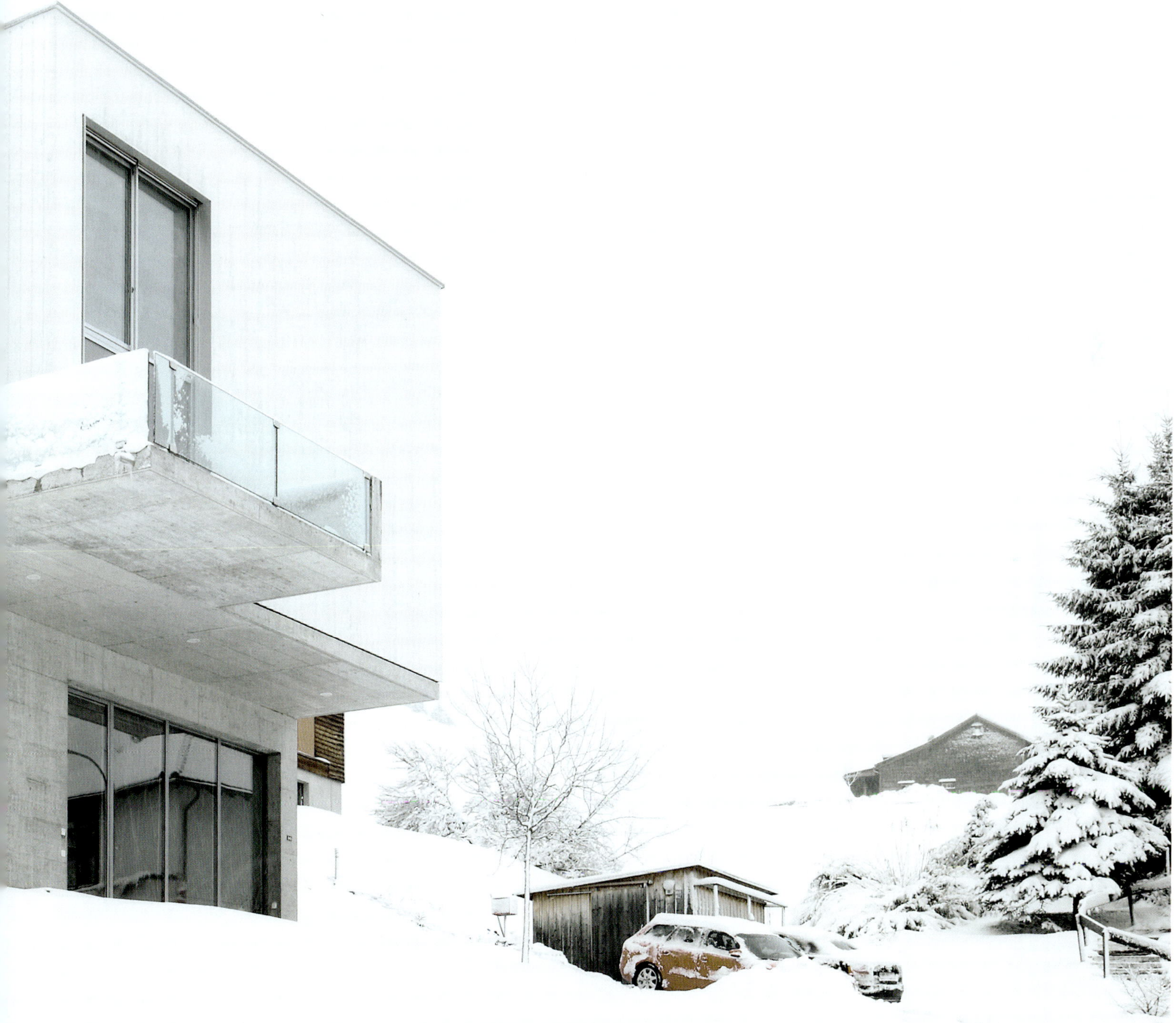

92 ESTUDIO ALBERT OEHLEN, BÜLHER ATELIER ALBERT OEHLEN, BÜLHER

93

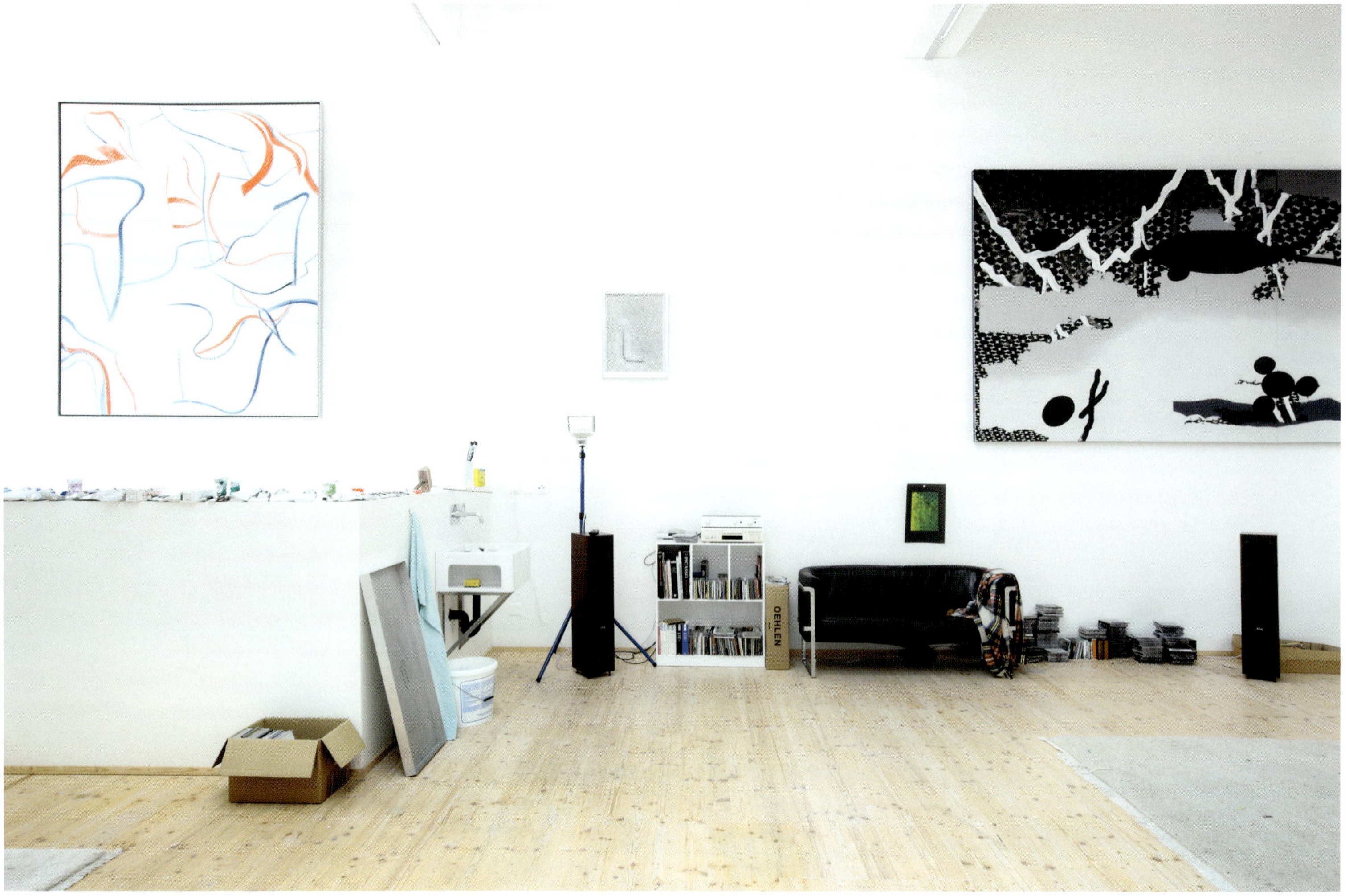
OEHLEN

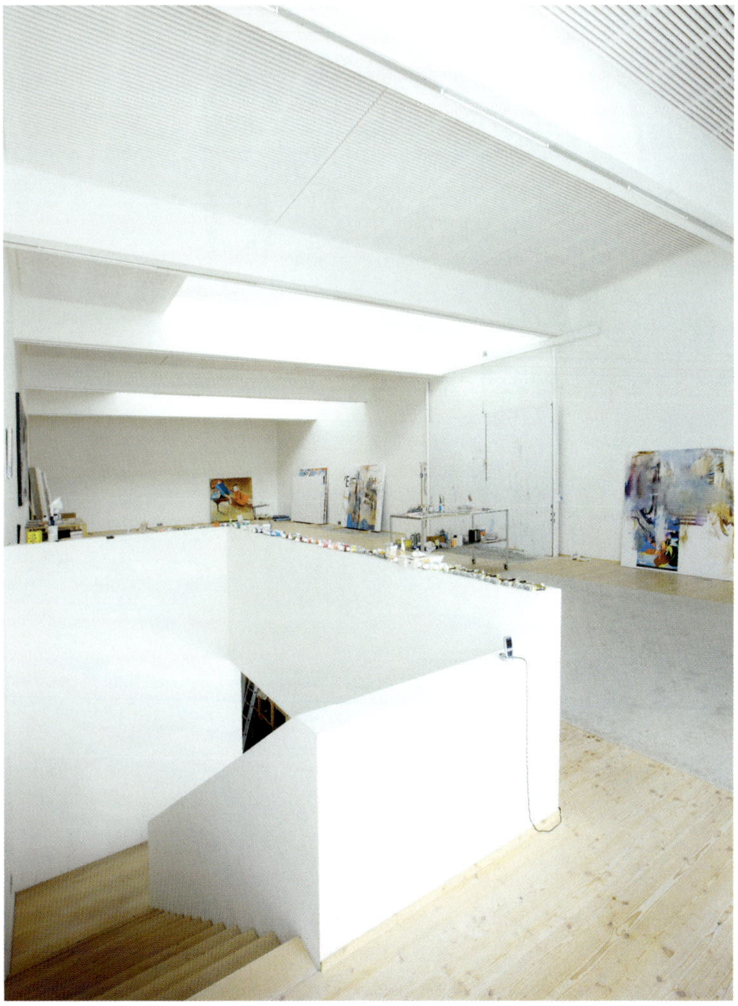

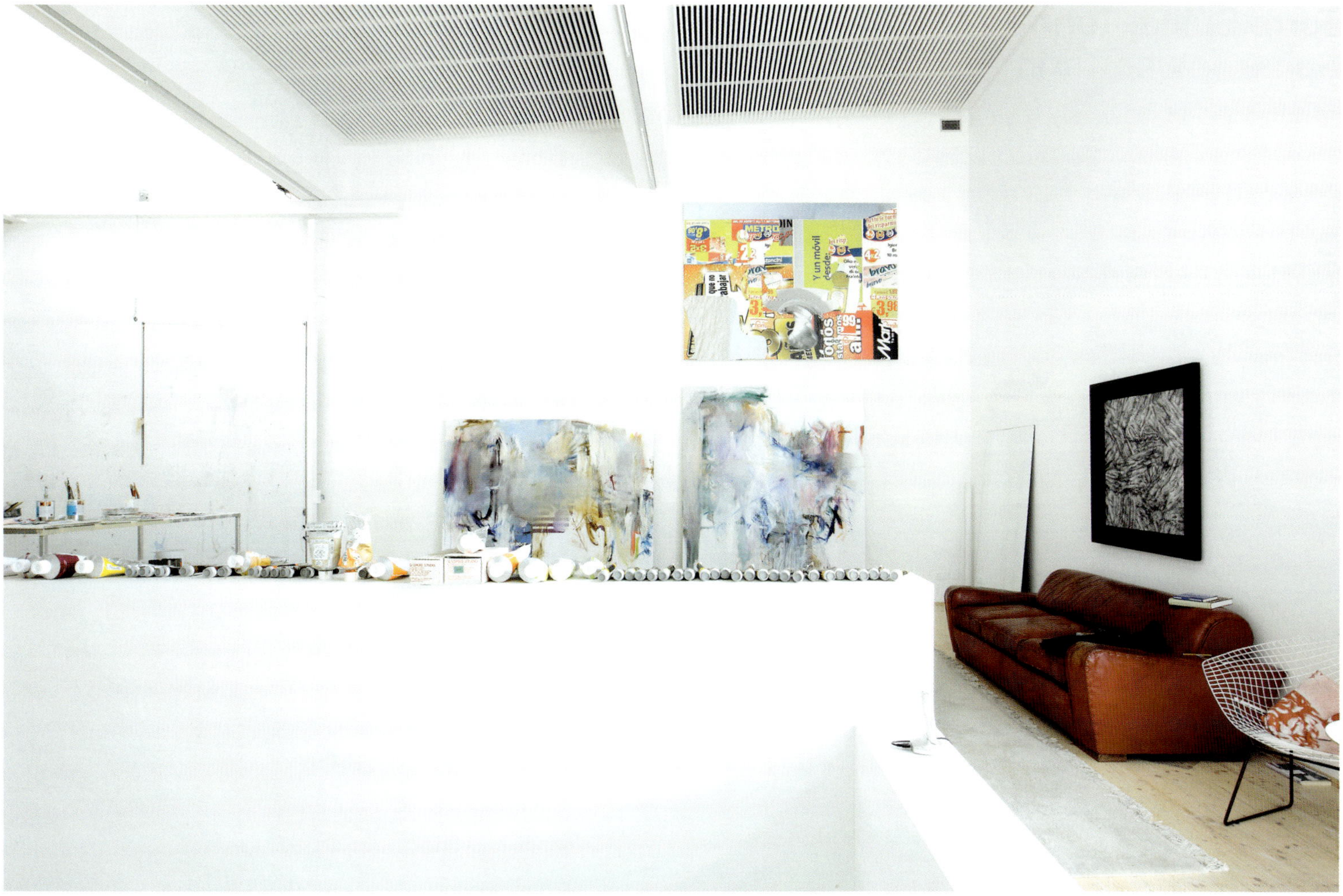
METRO
Y un móvil desde

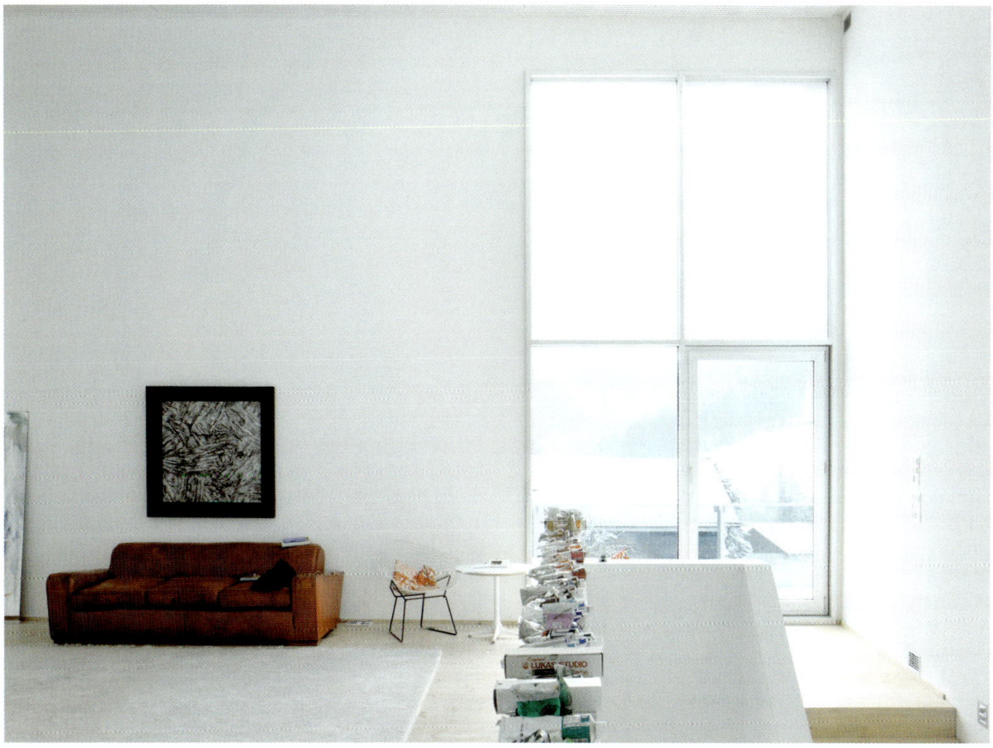

Torre Spina, Turín
Spina Tower, Turin
2008

Emplazamiento Location Area Spina 1, Turín, Italia/*Turin, Italy* **Arquitectos Architects** Ábalos+Sentkiewicz arquitectos, León López de Osa **Directores del proyecto Project directors** Iñaki Ábalos, León López de Osa **Colaboradores Collaborators** Alfonso Miguel (coordinador/*coordinator*), Pablo de la Hoz, Ismael Martín **Proyecto Design year** 2008 **Cliente Client** Franco Costruzioni Real Estate/Comune di Torino **Energía y sostenibilidad Energy and sustainability studies** CENER **Paisajismo Landscaping** Iñaki Ábalos **Infografías Infography** Pablo de la Hoz, Ismael Martín **Maqueta Model** Talleres Vázquez

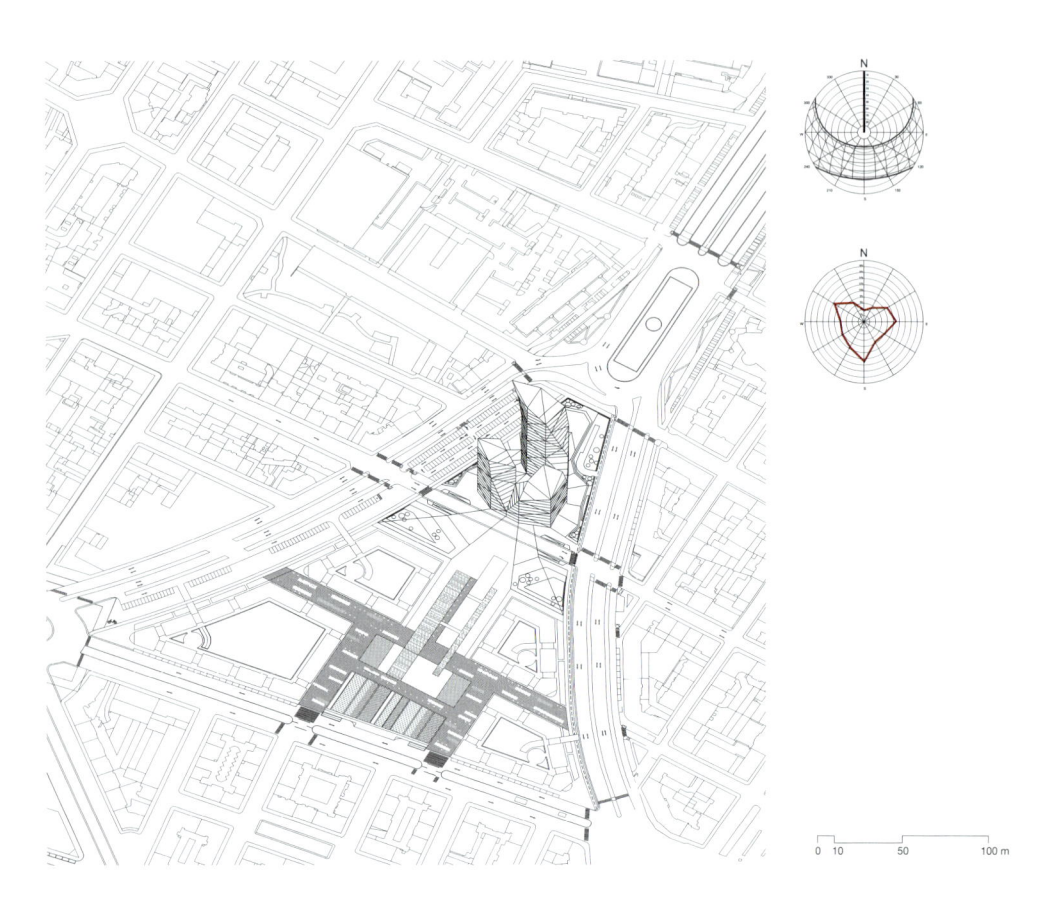

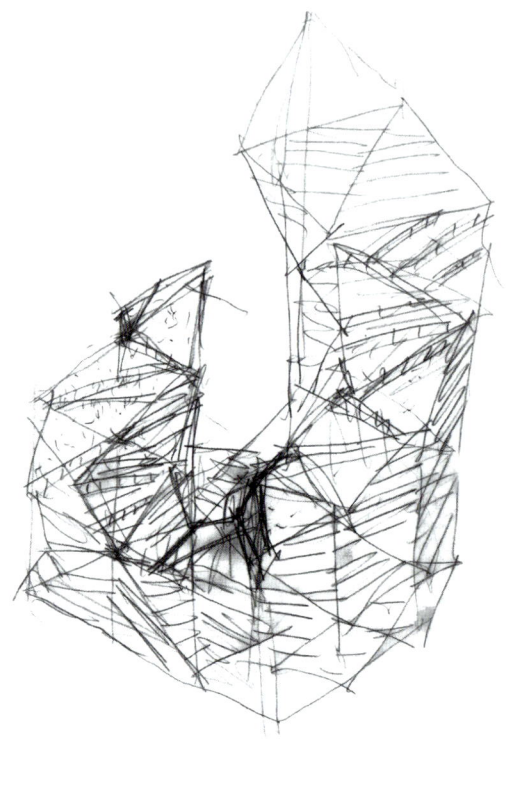

Verticalscape AA
La planeidad del territorio turinés y su contraste con las geometrías cristalográficas de los Alpes son los elementos constitutivos de la propuesta. Una corona, cuyas trazas dan un nuevo sentido a los ejes visuales, orientándolos según asciende el conjunto hacia los Alpes, está compuesta de planos horizontales y formas minerales que conversan con los grandes hechos urbanos, naturales y artificiales que constituyen la identidad turinesa.
El proyecto busca así el mayor efecto de unidad o forma total, no tanto inspirado por la competencia vertical típica del rascacielos, sino por el efecto de masa integrada o, por decirlo de algún modo, de "mole", de conjunto masivo, al tiempo que emergente y generador de tejido urbano.
La geometría triangulada y masiva sirve tanto para minimizar la penalización del viento en la estructura como para optimizar el comportamiento energético, orientando y levantando los volúmenes con viviendas hacia el sur, de modo que protegen con su sombra los volúmenes de oficinas, y dejando las cubiertas, más expuestas, para las instalaciones fotovoltaicas y para la maquinaria.
El cerramiento de triple vidrio con cámara ventilada y vidrio serigrafiado exterior, con una trama de puntos blancos de intensidad variable según la orientación, genera una presencia vagamente nebulosa o nívea, un halo atmosférico, una imagen apropiada tanto desde el punto de vista termodinámico como formal y compositivo.

Verticalscape AA
The flatness of the Turin region and its contrast with the crystalline geometries of the Alps provide the context for this proposal. A crown, whose outlines give new meaning to the visual axes by orienting them towards the Alps as the complex ascends, consists of horizontal planes and mineral shapes that interact with the great urban, natural and artificial realities that inform Turin's identity.
The project seeks the maximum possible unity, a total form, inspired less by the verticality of skyscrapers than by the effect of a huge mass, a massive ensemble integrated in the urban fabric, while at the same time sticking above and contributing to it.
The massive triangular geometry serves both to minimize the negative effect of the wind on the structure and to optimize its energy efficiency, the shadows of the south-facing volumes with housing protecting the volumes with offices and leaving the more exposed roofs for photovoltaic installations and machinery.
The triple-glazed façade, with its ventilated chamber and external glass serigraphed with a network of white dots of varying intensity, generates a vaguely nebulous or snowy presence, an atmospheric halo, an appropriate image from the thermodynamic as well as formal and compositional point of view.

97

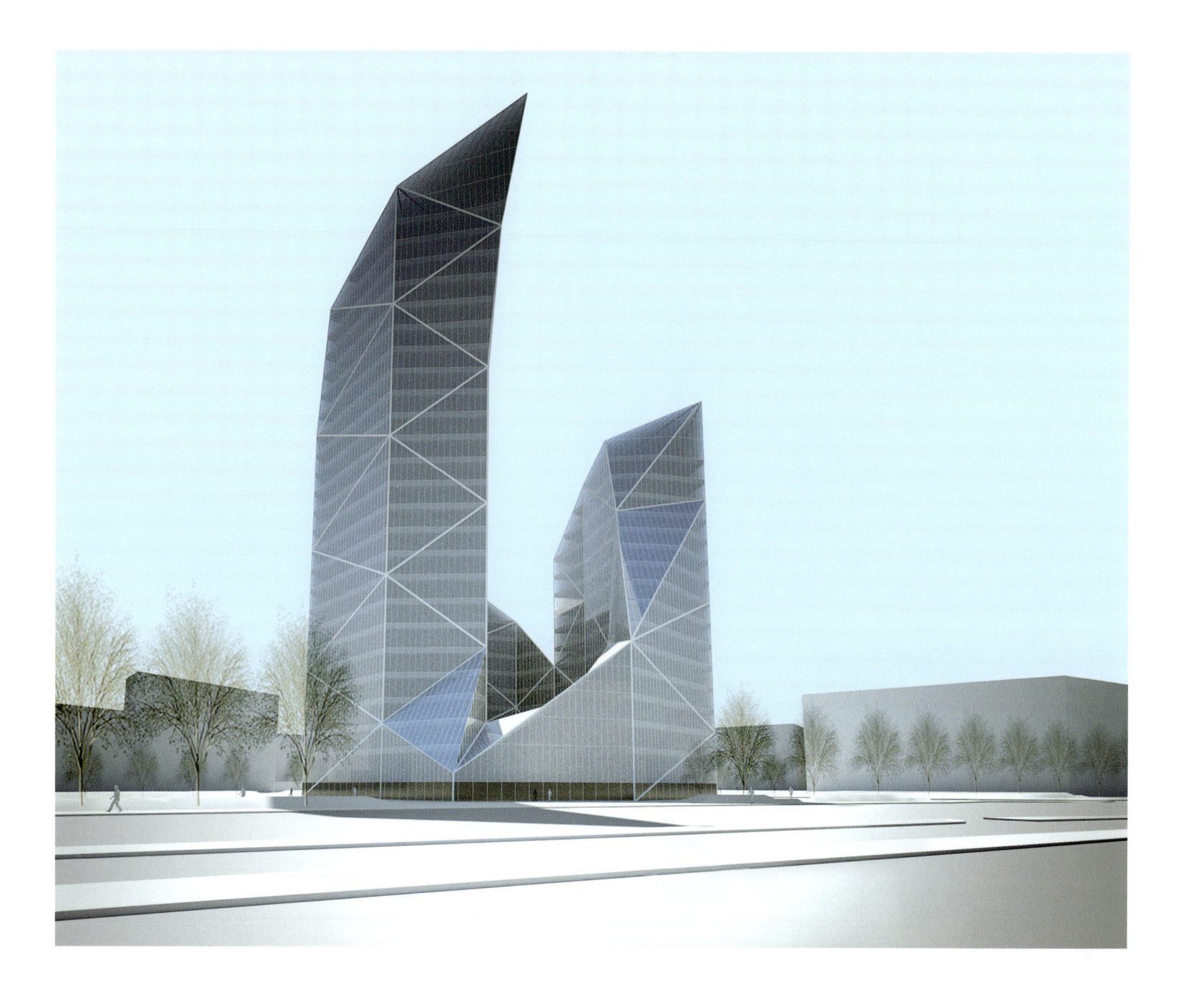

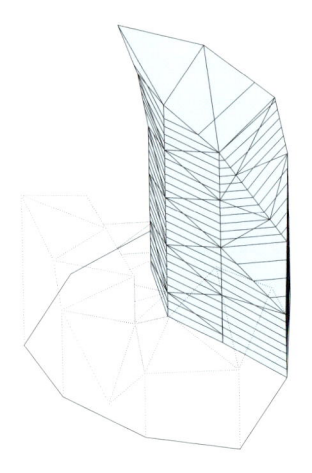

Oficinas.
Offices.

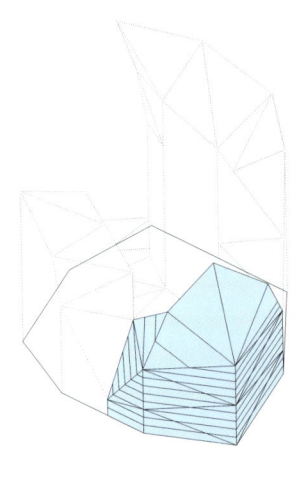

Oficinas.
Offices.

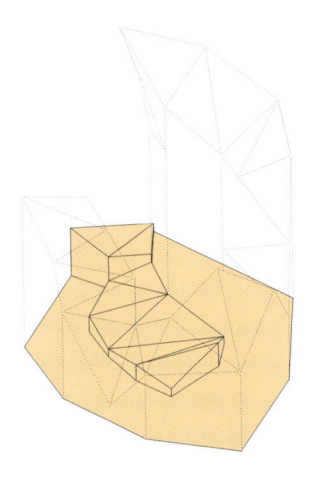

Comercial.
Commercial.

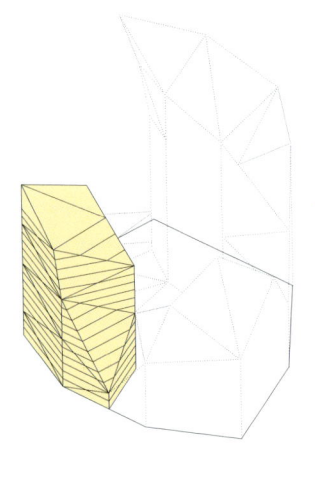

Residencial.
Residential.

98 TORRE SPINA, TURÍN SPINA TOWER, TURIN

Planta 6.
Floor 6.

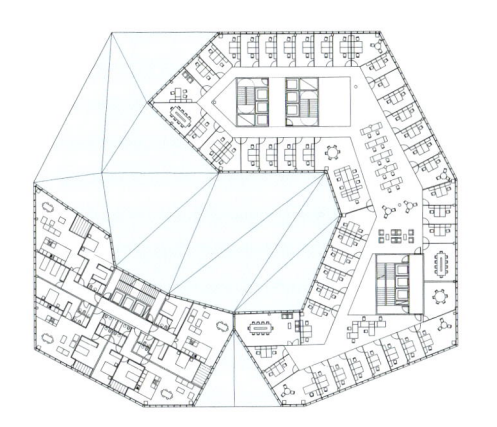

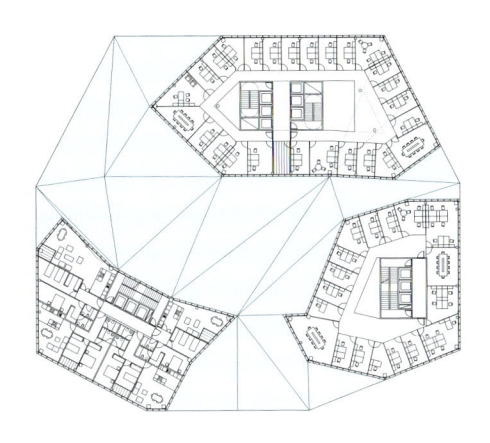

Planta 9.
Floor 9.

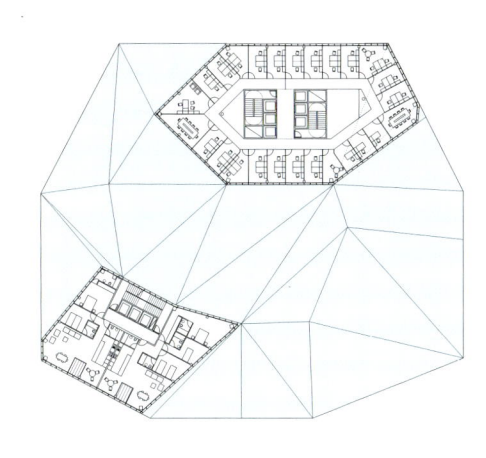

Planta 13.
Floor 13.

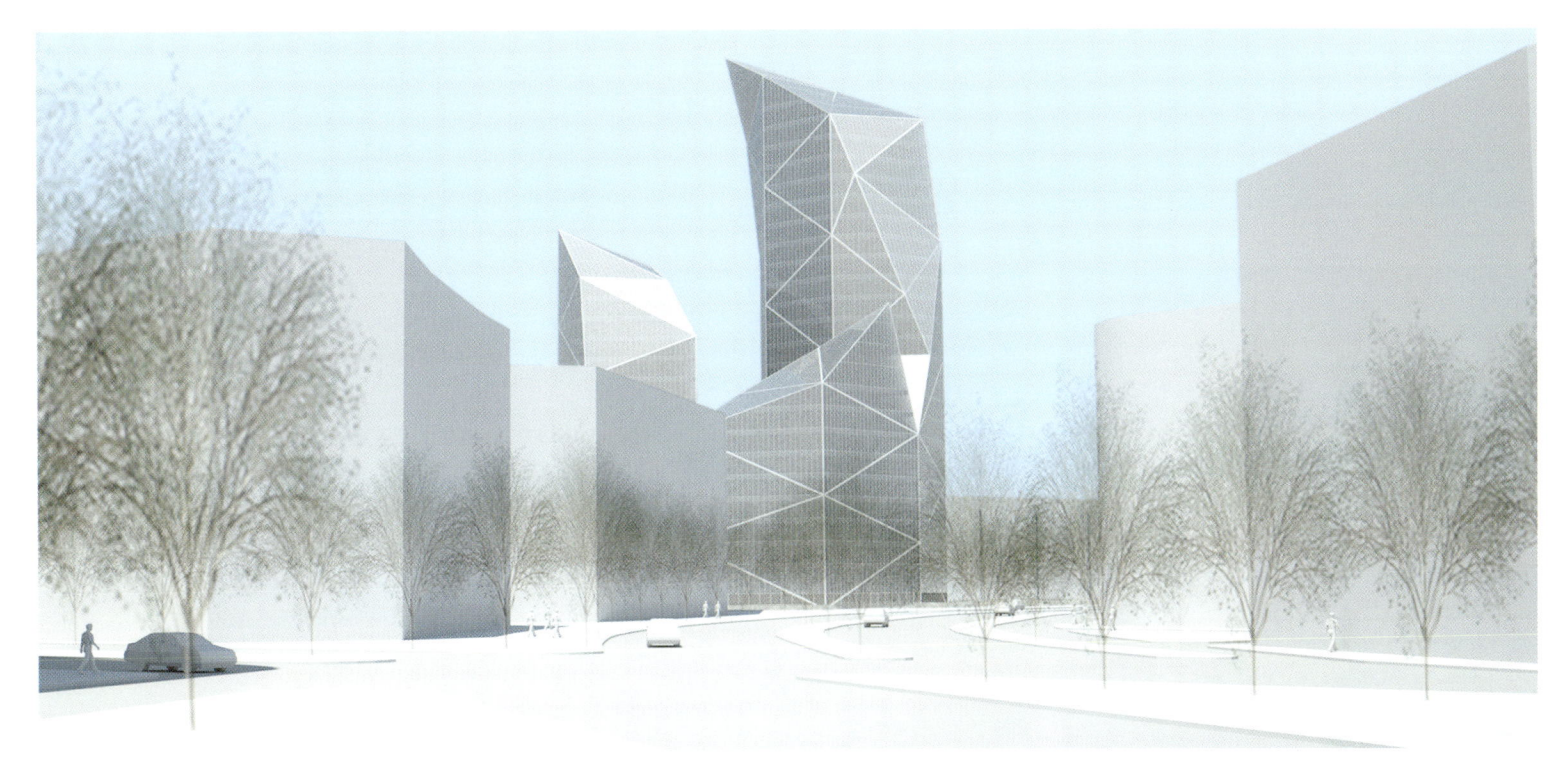

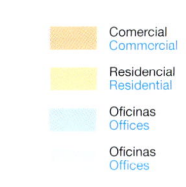

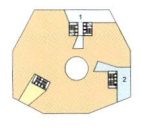

Comercial
Commercial

Residencial
Residential

Oficinas
Offices

Oficinas
Offices

Matriz de plantas.
Floor pattern.

99

Estación intermodal, parque urbano y torres de viviendas, Logroño
Intermodal station, park and housing towers, Logroño
2008-

Emplazamiento Location Logroño, España/*Spain* **Arquitectos Architects** Ábalos+Sentkiewicz arquitectos **Directores del proyecto** Project leaders Iñaki Ábalos, Alfonso Miguel **Dirección del proyecto** Project direction Obra ferroviaria/*Rail works*: Francisco Cifuentes (Ineco), Pelayo Suárez (Sener); Estación de autobuses/*Bus station*: Ábalos+Sentkiewicz arquitectos **Colaboradores Collaborators** Jorge Álvarez-Builla, Yeray Brito, Aaron Forest, Víctor Garzón, Pablo de la Hoz, Ismael Martín, Laura Torres **Proyecto** Design year 2008 **Construcción Construction years** 2008- **Clientes Clients** Obra ferroviaria/*Rail works*: LIF(Logroño Integración del Ferrocarril 2002, SA)/Adif; Estación de autobuses/*Bus station*: LIF/Ayuntamiento de Logroño **Ingeniería Engineering** Obra ferroviaria/*Rail works*: UTE Ineco-Sener **Estructuras e instalaciones** Structural and mechanical engineering Obra ferroviaria/*Rail works*: UTE Ineco-Sener **Paisajismo** Landscaping Arquitectura Agronomía (Teresa Galí-Izard), Ábalos+Sentkiewicz (Iñaki Ábalos, Alfonso Miguel) **Constructora** Contractor Obra ferroviaria/*Rail works*: SACYR **Infografías** Infography Neograma (Luis Cabrejas), Aaron Forrest, Pablo de la Hoz, Ismael Martín

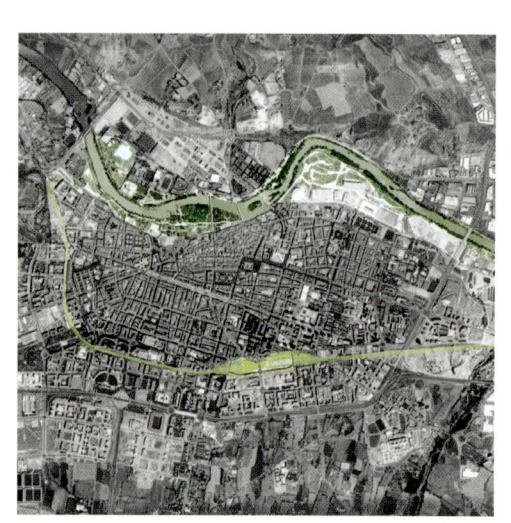

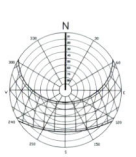

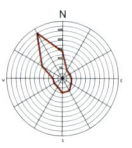

Verticalscape VH

Se pretende aprovechar el soterramiento de las vías y de la estación de ferrocarril para crear un acontecimiento urbano memorable, mezcla de naturaleza y artificio, capaz de reequilibrar por sí mismo las áreas de centralidad de la ciudad. Desde un inicio, se creyó que unificar bajo un único gesto abarcador la estación ferroviaria de alta velocidad y la de autobuses no sólo traerá beneficios funcionales, sino que, sobre todo, permitiría crear un gran espacio peatonal, un parque o colina artificial que culmina la realización ininterrumpida de un gran anillo verde en el lugar donde anteriormente las vías dividían la ciudad en dos. Bajo esta colina, las estaciones de trenes y autobuses conforman un *landform building* que acomoda, mediante su geometría triangular las formas orgánicas exteriores y las constructivas interiores, generando en torno a una cúpula central dos naves hipóstilas craqueladas que amplían, a modo de "grutas", la dimensión pública del parque. Mientras al norte, junto a la ciudad histórica, una gran plaza ovalada acoge las actividades más intensas, subrayadas y acompañadas por la disposición de cinco construcciones verticales, hacia el sur, un telón continuo de conjuntos residenciales de media altura permite un cierre amable de la intervención. Las torres, coronadas por baldaquinos solares, componen su sección como una hélice de plataformas o jardines colgantes, compartiendo una misma materialidad con la estación intermodal, para ampliar el efecto unitario del conjunto. El parque despliega el patrón triangular en parterres urbanos que, según ascienden, se van transformando en cultivos semirrurales, pasando de riego por aspersión a goteros. El parque, la estación intermodal y las cinco torres componen así un conjunto que busca integrar arquitectura, medio ambiente y paisaje mediante el desarrollo coordinado del espacio público, la arquitectura y las infraestructuras.

Verticalscape VH

The idea is to site the railway tracks and station underground and in the process create a memorable urban event, a hybrid of nature and artifice, capable of rebalancing the city centre by itself. From the outset it was believed that unifying the high-speed train station and the bus station in a single, sweeping gesture would not only have functional benefits but would also allow the creation of a huge pedestrian space, a park or artificial hill that crowns the huge green ring where the train tracks had previously divided the city in two.
Beneath this hill, the train and bus stations create a landform building that, by means of its triangular geometry, reconciles the exterior organic shapes with the interior constructional ones, generating two crackled hypostyle naves around a central dome that, akin to grottoes, extend the public space of the park. To the north, next to the historic city, a great oval plaza is home to more intense activities, underlined by the setting out of five vertical buildings; towards the south, meanwhile, a continuous backdrop of medium-height housing permits the intervention to be closed off. Crowned by solar canopies, the section of the towers consists of a spiral of platforms or hanging gardens with the same materiality as the transportation hub, thus uniting the whole. The park deploys the triangular pattern in urban parterres that are transformed as they ascend into semi-rural biocultures, watered by drip irrigation. The park, intermodal station and five towers thus form a whole that seeks to integrate architecture and landscape by means of the coordinated development of the public space, the buildings and the infrastructures.

Alzado sur.
South elevation.

Planta general.
General plan.

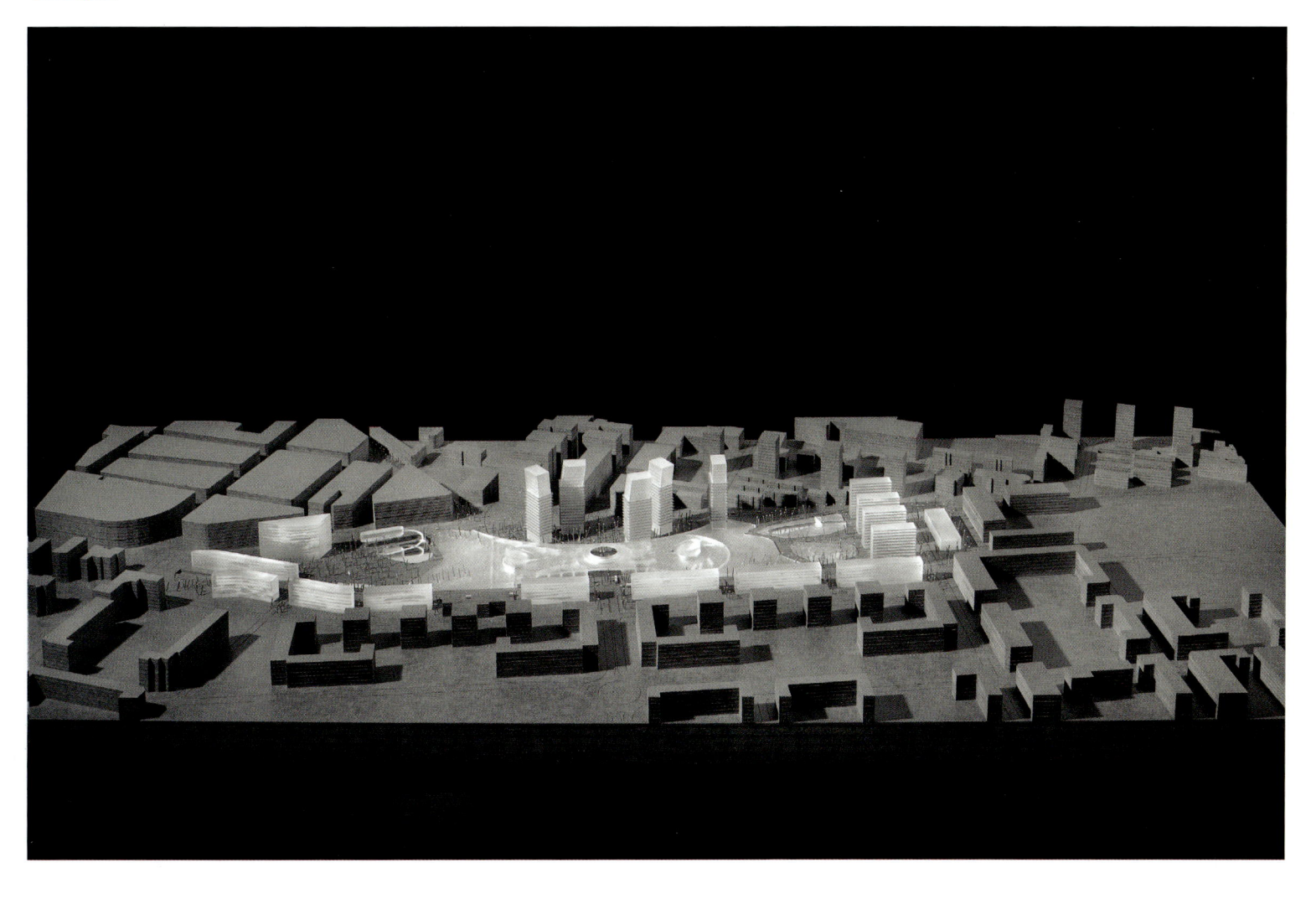

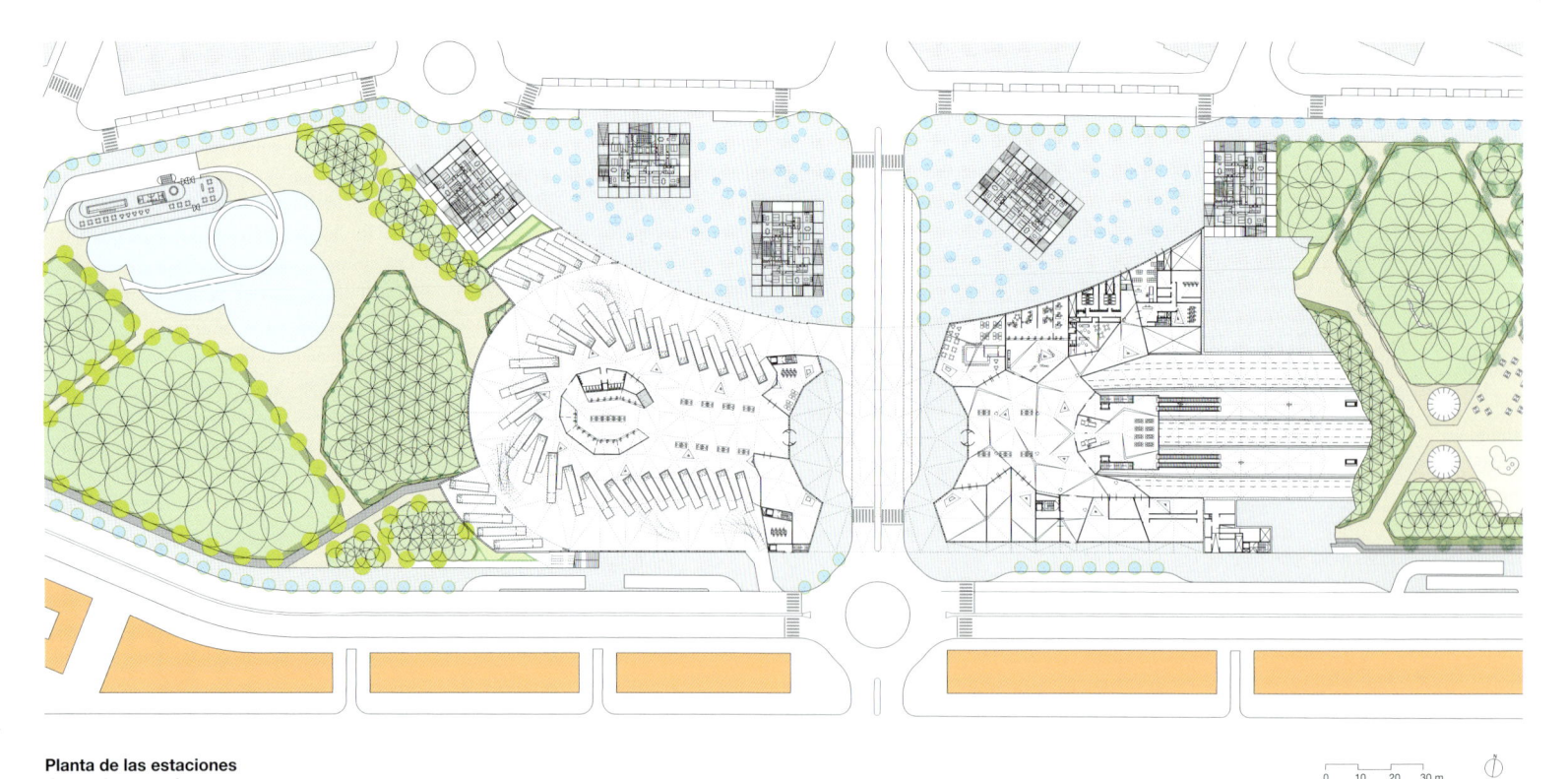

**Planta de las estaciones
de autobuses y de trenes.**
Bus and train station level.

Sección longitudinal.
Longitudinal section.

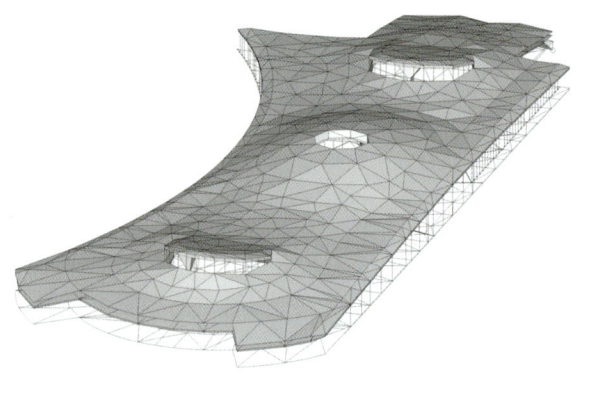

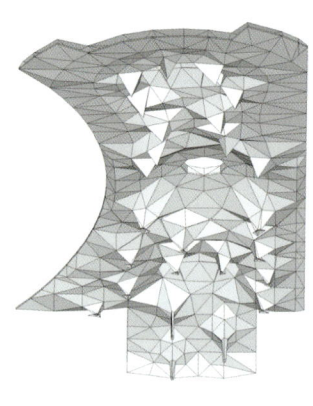

Exterior.
Exterior.

Interior.
Interior.

102 ESTACIÓN INTERMODAL, PARQUE URBANO Y TORRES DE VIVIENDAS, LOGROÑO INTERMODAL STATION, PARK AND HOUSING TOWERS, LOGROÑO

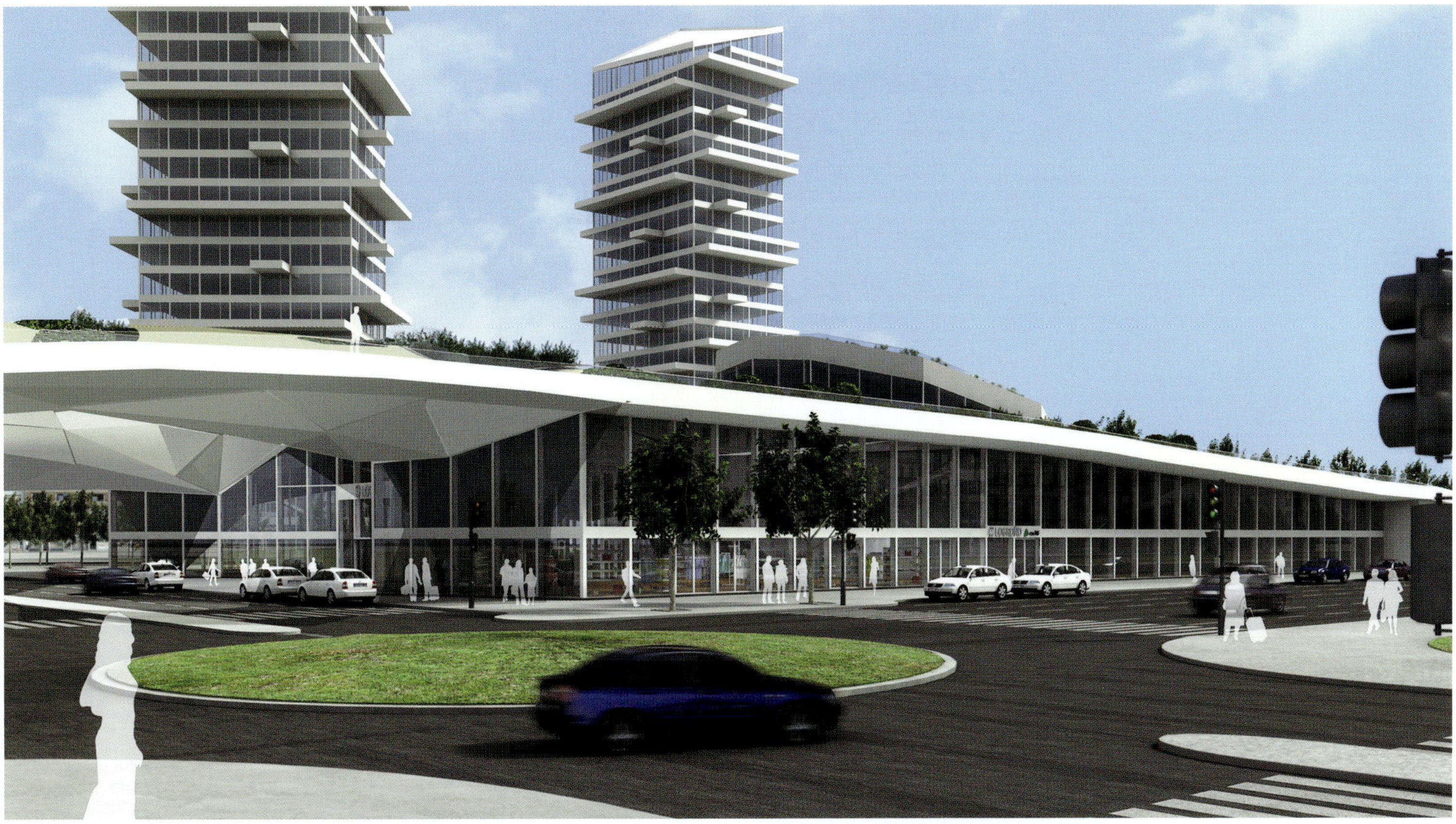

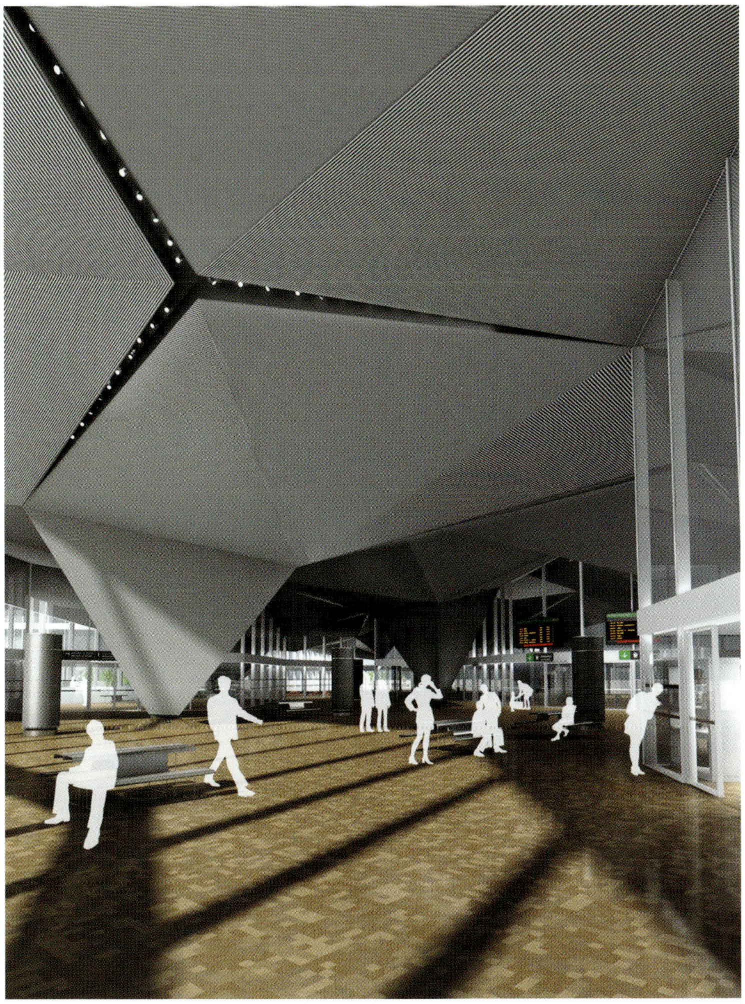

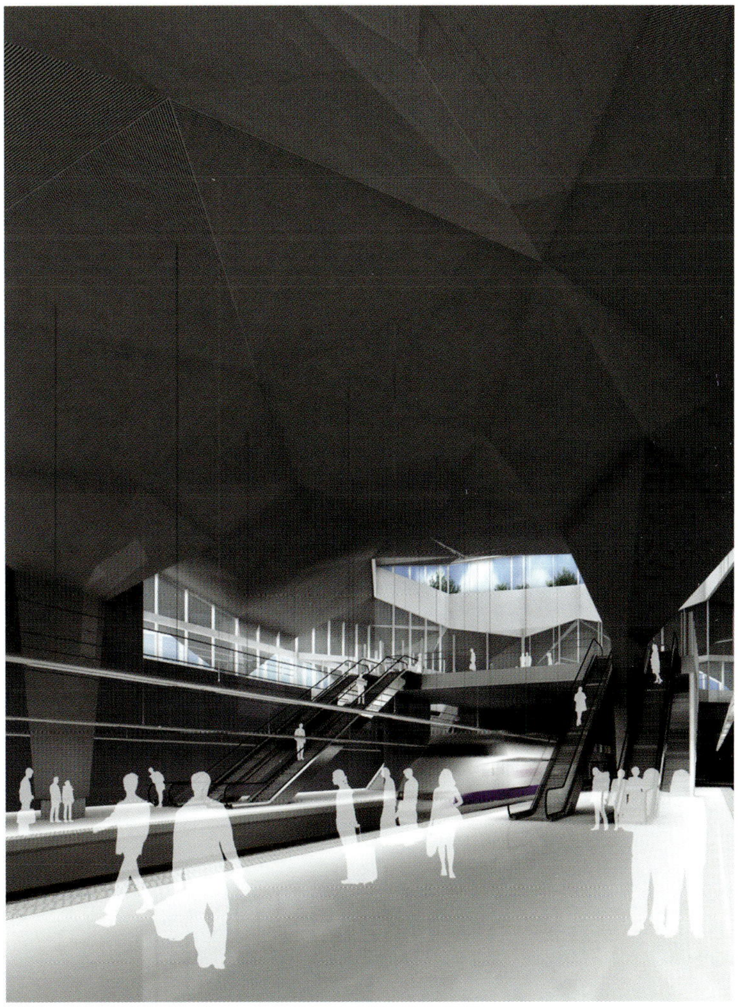

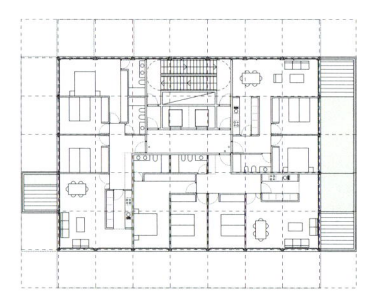

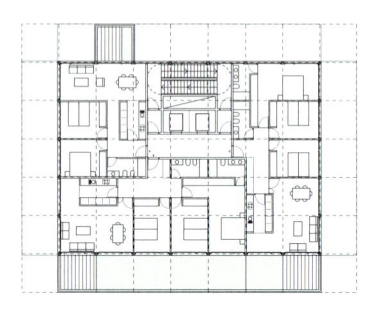

Plantas tipo.
Typical floor plan.

Torres de viviendas.
Housing towers.

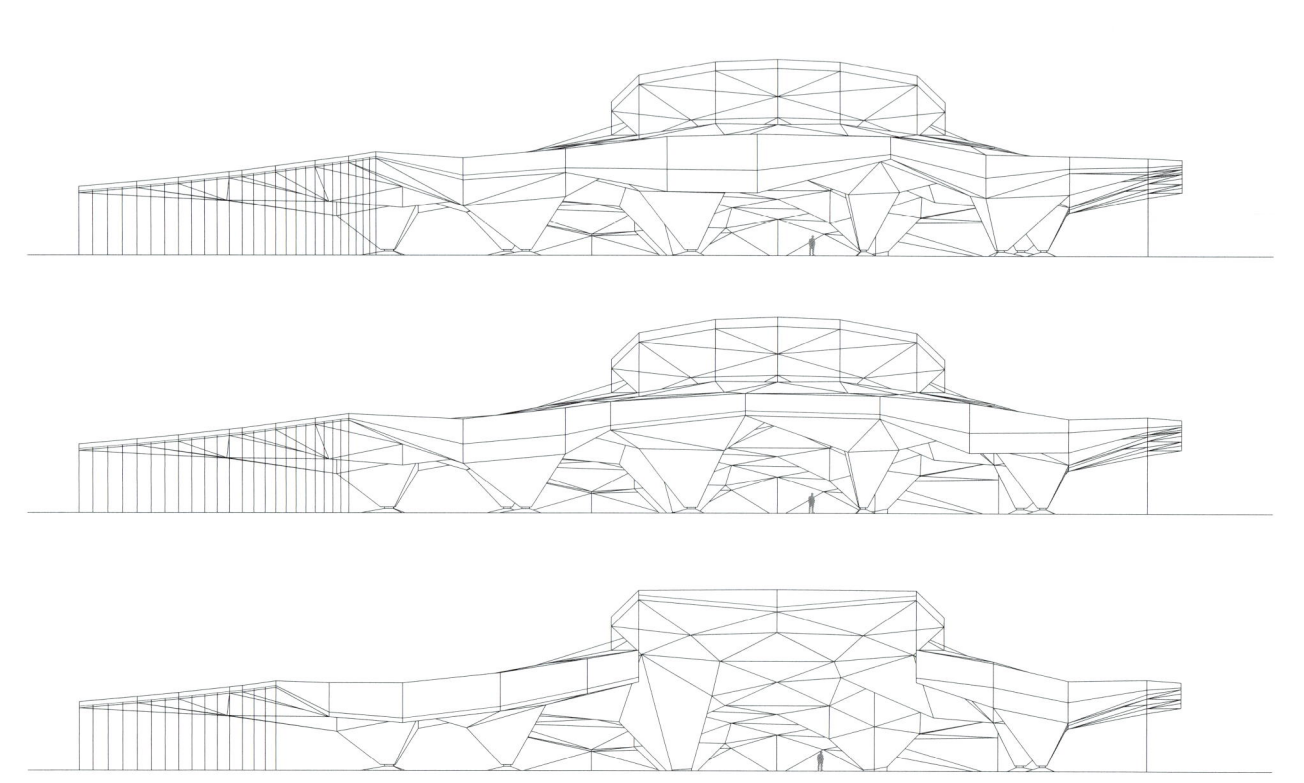

104 ESTACIÓN INTERMODAL, PARQUE URBANO Y TORRES DE VIVIENDAS, LOGROÑO INTERMODAL STATION, PARK AND HOUSING TOWERS, LOGROÑO

EN CONSTRUCCIÓN.
CONSTRUCTION SITE.

CaixaForum, Sevilla
CaixaForum, Seville
2009

Emplazamiento **Location** Atarazanas, Sevilla, España/*Royal Shipyard, Seville, Spain* **Arquitectos** **Architects** Ábalos+Sentkiewicz arquitectos **Colaboradores** **Collaborators** Alfonso Miguel (coordinador/*coordinator*), Margaux Eyssette, Andrés Besomi **Proyecto** **Design** 2009 **Cliente** **Client** Obra Social La Caixa **Estructura** **Structural engineering** BOMA (Xavier Aguiló) **Energía y sostenibilidad** **Energy and sustainability studies** CENER **Arquitecto técnico** **Quantity surveyor** Alfonso Barrón **Arqueología** **Archeology** Gesto SL **Estudio histórico** **Historical survey** Julián Sobrino **Acústica** **Acoustic engineering** Arau Acústica (Higini Arau) **Infografías** **Infography** Neograma (Luis Cabrejas)

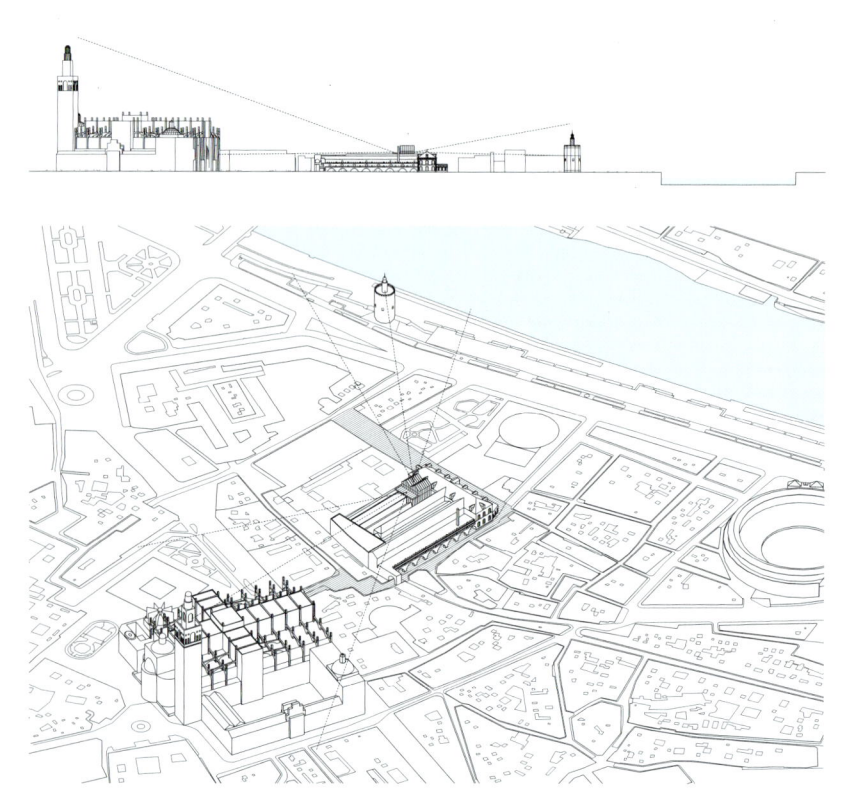

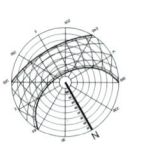

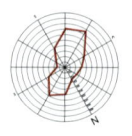

El proyecto tiene por objetivo integrar el programa museístico de CaixaForum en las Atarazanas de Sevilla —un edificio del siglo XII dedicado a la, fabricación y restauración de embarcaciones—, intensificando la vitalidad urbana del edificio, la experiencia fenoménica de sus interiores y las vistas únicas desde su cubierta. Para ello se han adoptado los siguientes criterios de intervención:
· acceder desde el norte generando un soportal público tras el Postigo del Aceite, acercando así el edificio al conjunto monumental de la catedral y la Giralda (y alojando de forma confortable las eventuales colas de visitantes).
· concentrar en planta baja el programa expositivo de CaixaForum en torno a un amplio deambulatorio que mantiene viva la estructura espacial original.
· restituir en la nave 7 la cota original (a nivel del río), creando un recinto explicativo que hace compatible la visita a CaixaForum con el conocimiento histórico de las Atarazanas.
· generar un mirador de la torre del Oro, el río Guadalquivir, la catedral y la Giralda que haga perceptible el nexo histórico de todos estos elementos entre sí y con las Atarazanas, ubicando en él cafetería y restaurante.
· levantar los nuevos paramentos y volúmenes con técnicas navales industriales, dando así a las Atarazanas una nueva vitalidad acorde con su origen.

The aim of the project is to integrate the CaixaForum museum programme into Seville's Atarazanas (Royal Shipyard) —a building from the 12th century used for the construction and repair of ships. It achieves this by intensifying the urban vitality of the building, the phenomenic experience of its interiors, and the unique vistas from its roof, employing the following intervention criteria:
· Creating access from the north via a public portico behind the Postigo del Aceite, thus bringing the building into closer touch with the monumental complex of the Cathedral and the Giralda (and also comfortably accommodating the anticipated queues of visitors).
· Concentrating the CaixaForum exhibition programme on the ground floor around an ample covered walkway that keeps the original spatial structure intact.
· Restoring the original river level in space 7 by creating an explanatory area that gives visitors to CaixaForum an awareness of the history of the Atarazanas.
· Creating a viewing point overlooking the Torre del Oro, the River Guadalquivir, the Cathedral and the Giralda, highlighting the connections between these historical monuments and the Atarazanas; the viewpoint sited in the cafeteria and restaurant.
· Using industrial shipbuilding techniques to create all new volumes, thus giving the Atarazanas a new vitality in keeping with its origins.

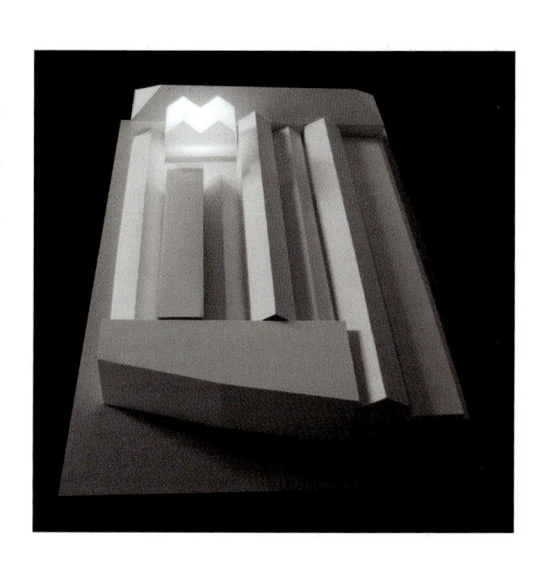

Esquema organizativo.
Organizational scheme.

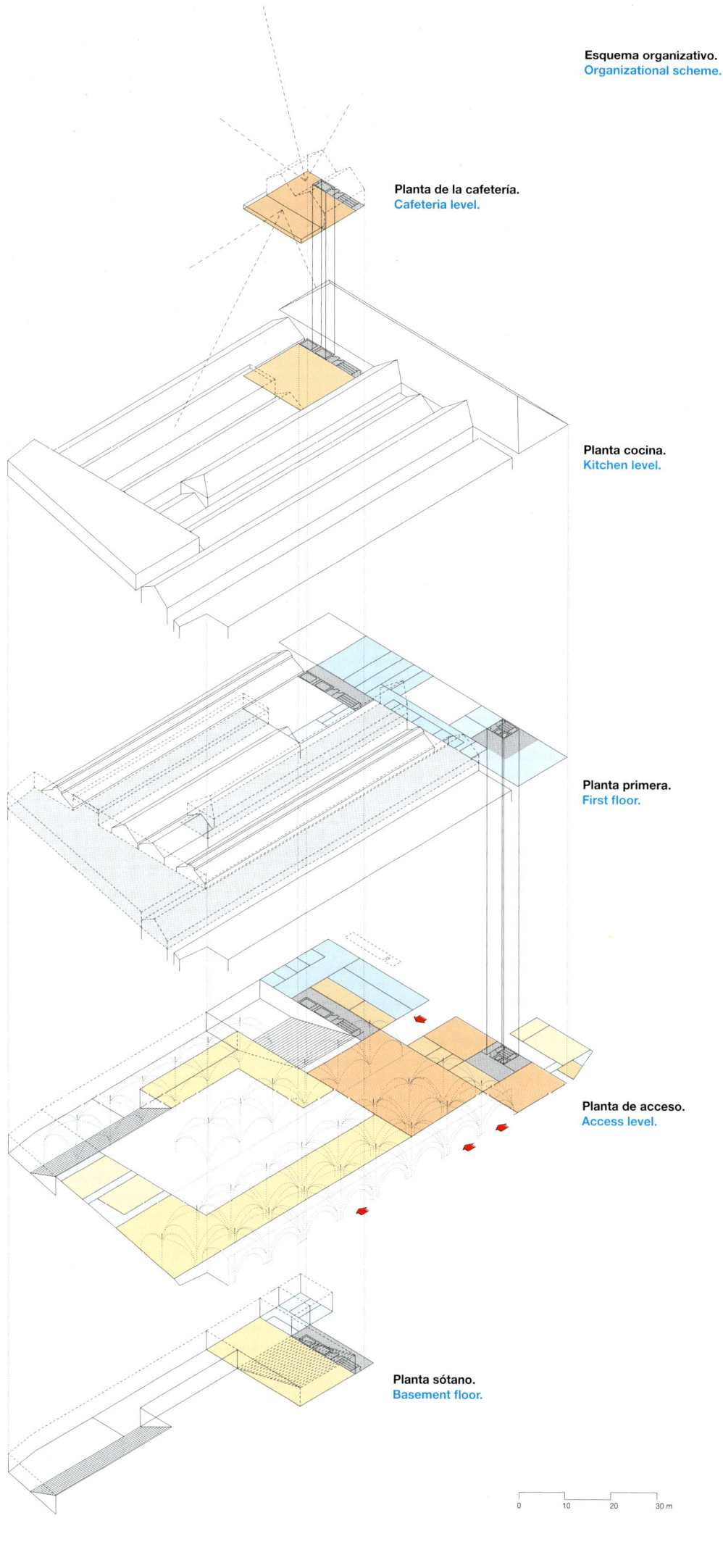

Planta de la cafetería.
Cafeteria level.

Planta cocina.
Kitchen level.

Planta primera.
First floor.

Planta de acceso.
Access level.

Planta sótano.
Basement floor.

Acogida y servicios
Reception & services
- Vestíbulo / Lobby
- Sala VIP / VIP room
- Cafetería y restaurante / Cafeteria and restaurant
- Tienda y librería / Shop and bookstore
- Información y venta de entradas / Information and ticket sales
- Primeros auxilios / First aid
- Aseos públicos / Public toilets
- Áreas técnicas (almacenes, cocinas, etc.) / Technical areas (storage, kitchens, etc.)

Exposiciones y actividades
Exhibitions & activities
- Sala de exposición 1 / Gallery 1
- Sala de exposición 2 / Gallery 2
- Auditorio / Auditorium
- Espacio polivalente 1 / Multi-use space 1
- Espacio polivalente 2 / Multi-use space 2
- Espacio educativo/Laboratorio de los niños / Teaching space/Children's laboratory
- Áreas técnicas (camerinos, almacenes, etc.) / Technical areas (cloakrooms, storage, etc.)

Creación y coordinación/oficinas
Creation & coordination/offices
- Recepción / Reception
- Dirección / Direction
- Zona del personal / Staff area
- Archivo / Archive
- Salas de reuniones / Meeting rooms
- Sala de personal/zona de descanso / Staff room/rest area
- Aseos empleados / Staff toilets

Logística
Logistics
- Estación central de seguridad / Central security point
- Patio de maniobras / Forecourt
- Zona de recepción / Reception area
- Almacén temporal de exposiciones / Temporary exhibitions warehouse
- Almacén de embalajes / Packaging warehouse
- Almacén general / General warehouse
- Taller de mantenimiento / Maintenance workshop
- Locales para el personal / Staff premises
- Talleres subcontratistas / Subcontractors' workshop
- Áreas técnicas / Technical areas

0 10 20 30 m

Planta de la cafetería.
Cafeteria level.

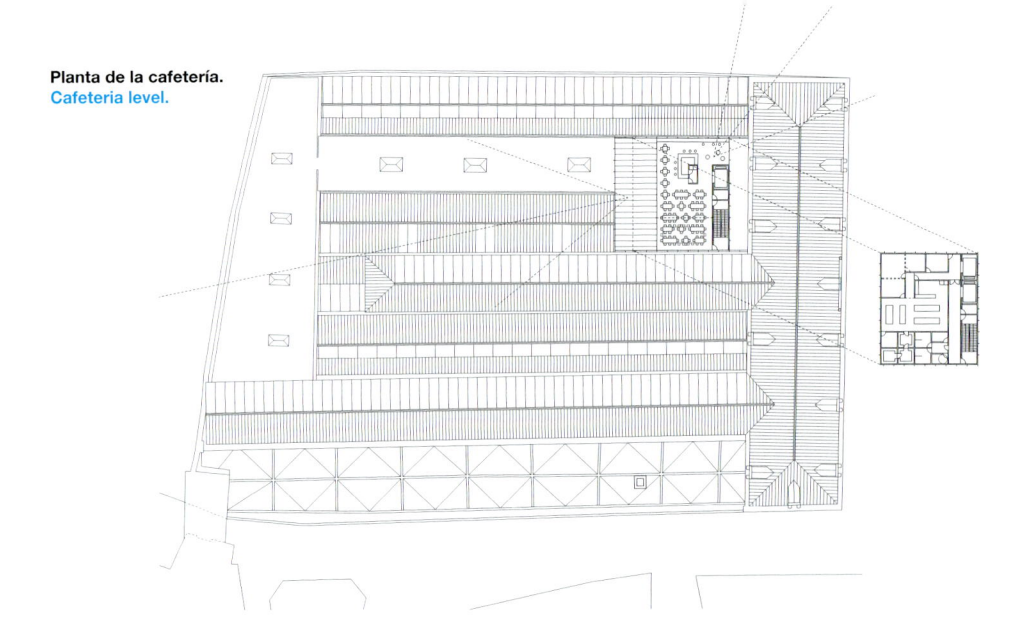

Planta primera.
First floor.

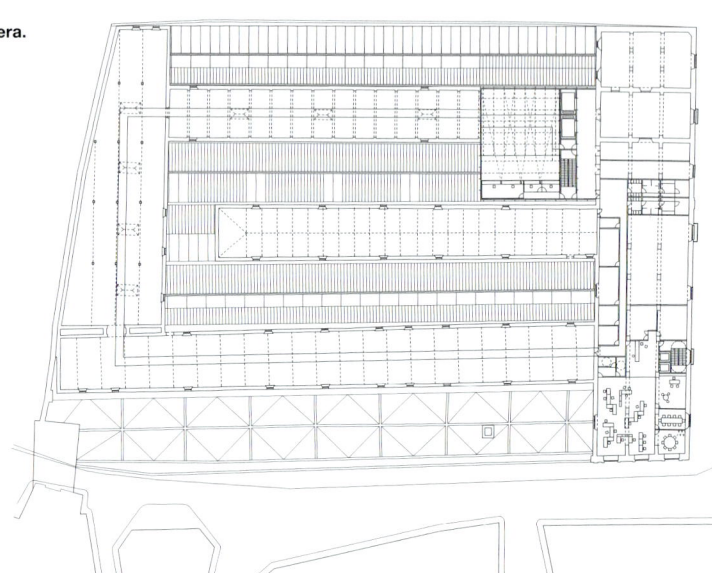

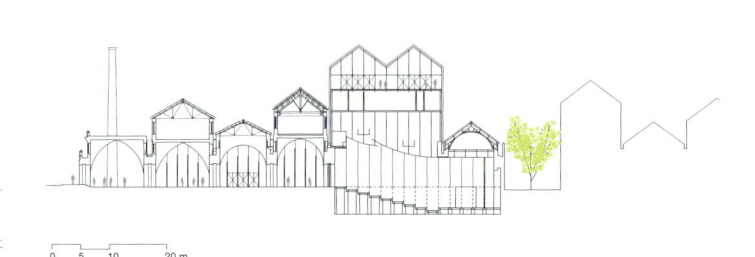

Planta baja.
Ground floor.

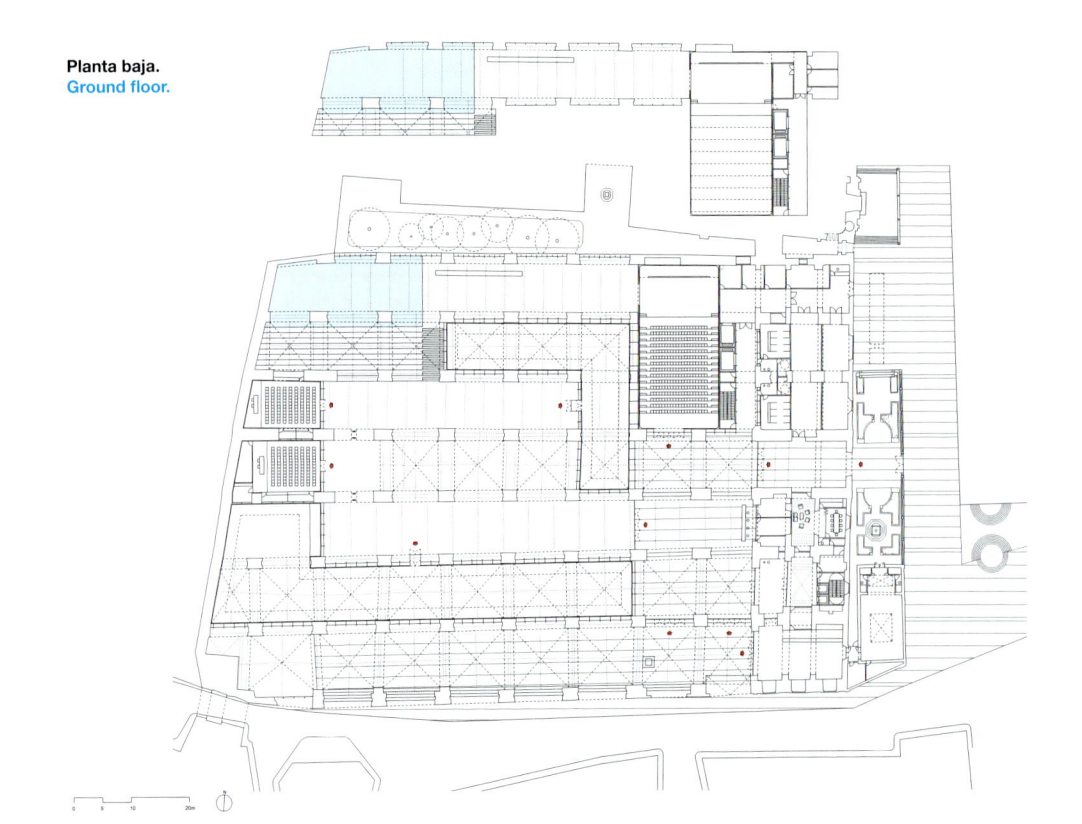

0 5 10   20 m

108 CAIXAFORUM, SEVILLA CAIXAFORUM, SEVILLE

109

Fundació Antoni Tàpies, Barcelona
Fundació Antoni Tàpies, Barcelona
2007-2010

Emplazamiento Location c/ Aragó, 255, Barcelona, España/*Spain* **Arquitectos** Architects Ábalos+Sentkiewicz arquitectos **Director del proyecto** Project director Iñaki Ábalos **Colaboradores** Collaborators Víctor Garzón (coordinador/*coordinator*), Haizea Aguirre, Elena Cuerda, Ismael Martín, Alfonso Miguel, Renata Sentkiewicz **Proyecto y construcción** Design and construction years 2007-2010 **Cliente** Client Fundació Antoni Tàpies **Estructura** Structural engineering BOMA (Agustí Obiol, Javier Asensio) **Instalaciones** Mechanical engineering AB2 (licencia de actividades/*activities licensing*), FLUIDSA (climatización/*climate control*), PREFIRE (protección contra incendios/*fire prevention*) **Arquitecto técnico** Quantity surveyor CASOBI (Eduard Casanovas) **Constructora** Contractor SAPIC **Iluminación** Lighting Spaillum (Josep Maria Civit) **Mobiliario** Furniture Mairea **Diseño gráfico** Graphic design Mario Eskenazi **Fotografías** Photography José Hevia, (pág.123 arriba/*p.123 above*: © Fundació Antoni Tàpies/VEGAP, Barcelona 2010)

El primer objetivo de la renovación de la Fundació Antoni Tàpies es transformar la necesidad de adaptación a las nuevas normativas de seguridad y evacuación en una mejora integral del conjunto. La intervención ha consistido en abrir todo el edificio histórico al público, con nuevas áreas de exposición, de archivo y educativas, y concentrar las áreas administrativas en un nuevo pabellón de tres plantas, ubicado en el fondo de la parcela y con salida al patio de la manzana. Sin embargo, la nueva fundación pretende, sobre todo, contribuir a consolidar una nueva generación de museos, entendidos como centros de producción cultural, planteando una espacialidad múltiple, adaptada a la diversidad de las prácticas artísticas, a la demanda de equilibrio termodinámico, a la puesta en valor del patrimonio heredado y a la disolución atmosférica en favor de la intensificación de la experiencia del visitante, a quien se ofrece una visualización de todo el complejo entramado programático que soporta la producción cultural y el propio edificio modernista como parte misma del sistema expositivo.

Al diálogo establecido entre la obra original del arquitecto modernista Lluís Domènech i Montaner (1881-1884) y la intervención de Roser Amadó y Lluís Domènech (1987-1990), en especial la instalación de la obra de Antoni Tàpies en la cubierta (*Nube y silla*, 1990), se incorpora ahora otra pieza del artista (*Calcetín*, 2010) y una cubierta ajardinada que abren el museo a nuevos diálogos con el patio de manzana del ensanche de Cerdà.

En términos medioambientales, la ampliación supone una mejora sustancial de la iluminación natural del edificio original y del factor de forma del conjunto, englobando la intervención en un volumen único, en beneficio del control y la reducción de los intercambios energéticos.

The pincipal objective of the renovation of the Fundació Antoni Tàpies was to bring the structure in line with new safety and evacuation regulations, while also improving the overall complex. This involves opening the entire historical building to the public, with new exhibition, archive and educational areas, and concentrating the administrative areas in a new three-storey pavilion at the far end of the plot; this exits onto the city block's interior courtyard.

However, the new Fundació Antoni Tàpies seeks above all to contribute to a new generation of museums understood as centres of cultural production by offering a range of spaces suitable for diverse artistic practices; it also hopes to create thermodynamic balance and enhance the existing building. Another of the goals of this new generation of museums is to intensify the

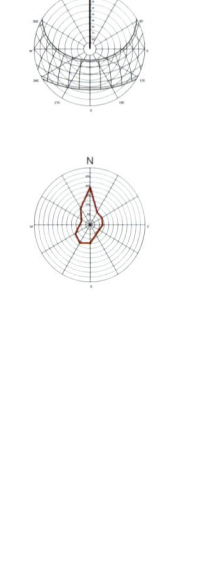

Esquema organizativo.
Organizational scheme.

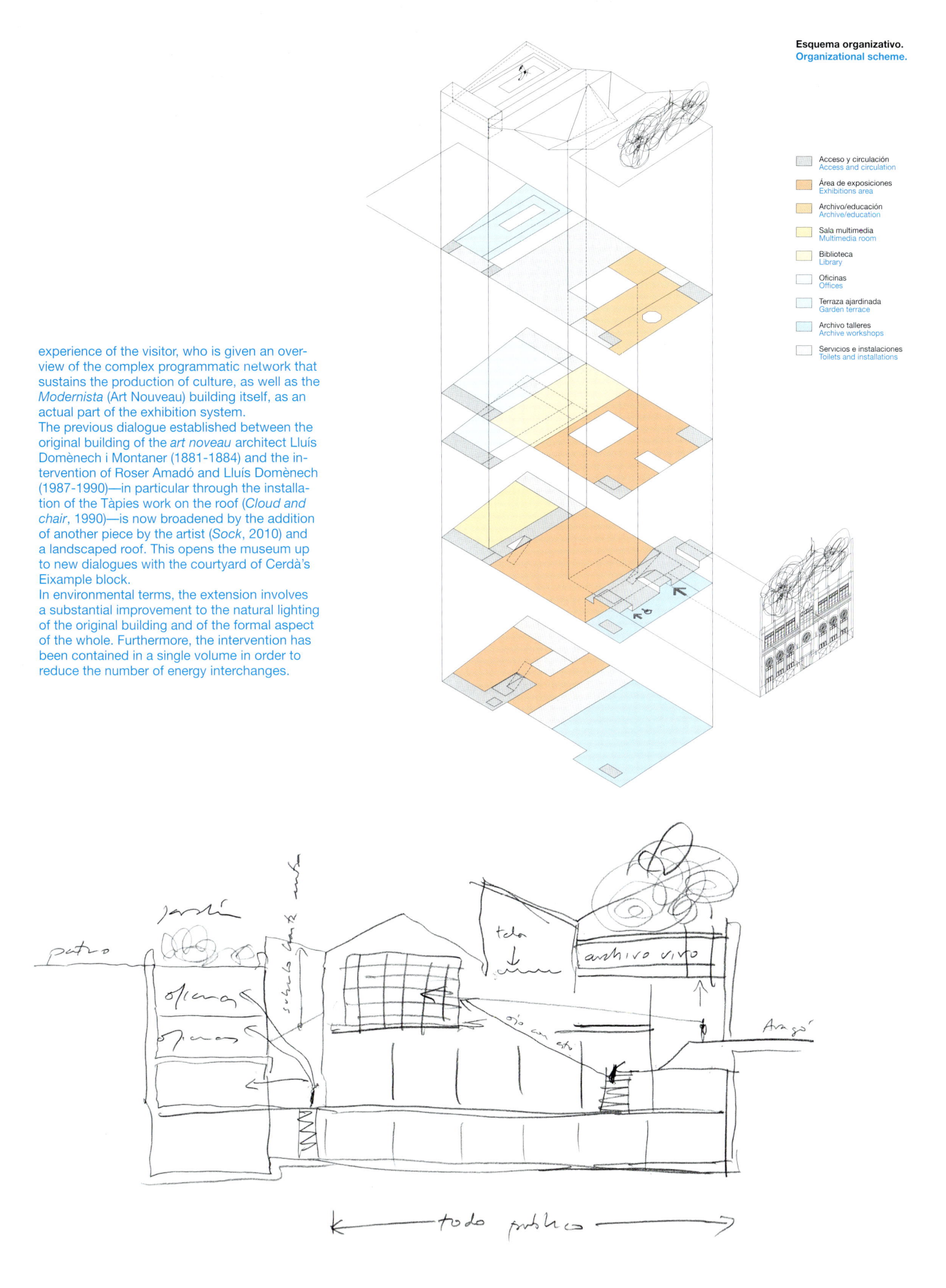

Acceso y circulación
Access and circulation

Área de exposiciones
Exhibitions area

Archivo/educación
Archive/education

Sala multimedia
Multimedia room

Biblioteca
Library

Oficinas
Offices

Terraza ajardinada
Garden terrace

Archivo talleres
Archive workshops

Servicios e instalaciones
Toilets and installations

experience of the visitor, who is given an overview of the complex programmatic network that sustains the production of culture, as well as the *Modernista* (Art Nouveau) building itself, as an actual part of the exhibition system.

The previous dialogue established between the original building of the *art noveau* architect Lluís Domènech i Montaner (1881-1884) and the intervention of Roser Amadó and Lluís Domènech (1987-1990)—in particular through the installation of the Tàpies work on the roof (*Cloud and chair*, 1990)—is now broadened by the addition of another piece by the artist (*Sock*, 2010) and a landscaped roof. This opens the museum up to new dialogues with the courtyard of Cerdà's Eixample block.

In environmental terms, the extension involves a substantial improvement to the natural lighting of the original building and of the formal aspect of the whole. Furthermore, the intervention has been contained in a single volume in order to reduce the number of energy interchanges.

Planta segunda.
Second floor.

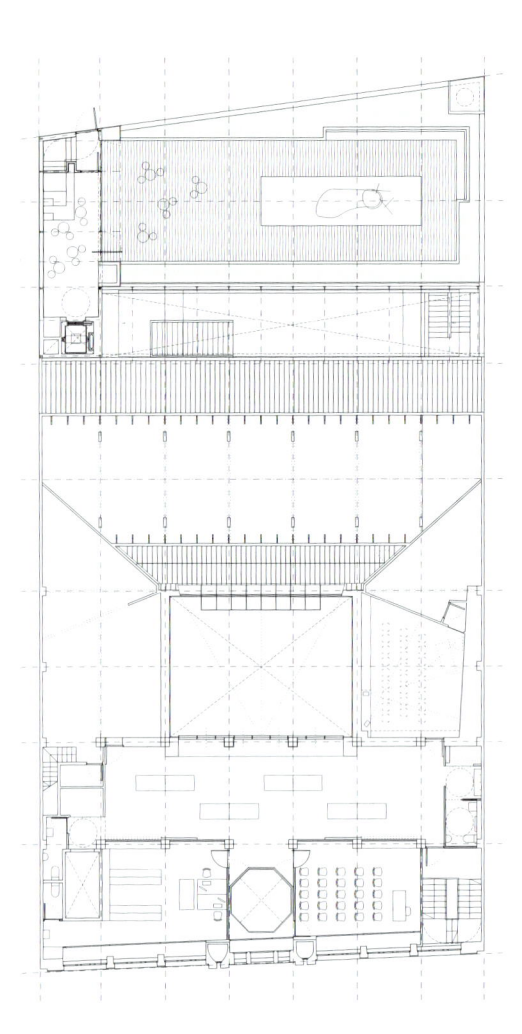

Planta cubiertas.
Roof floor.

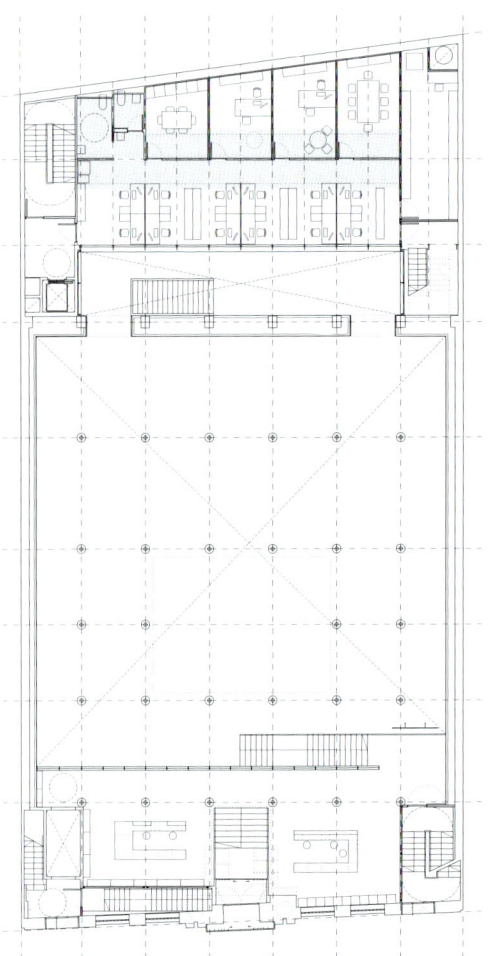

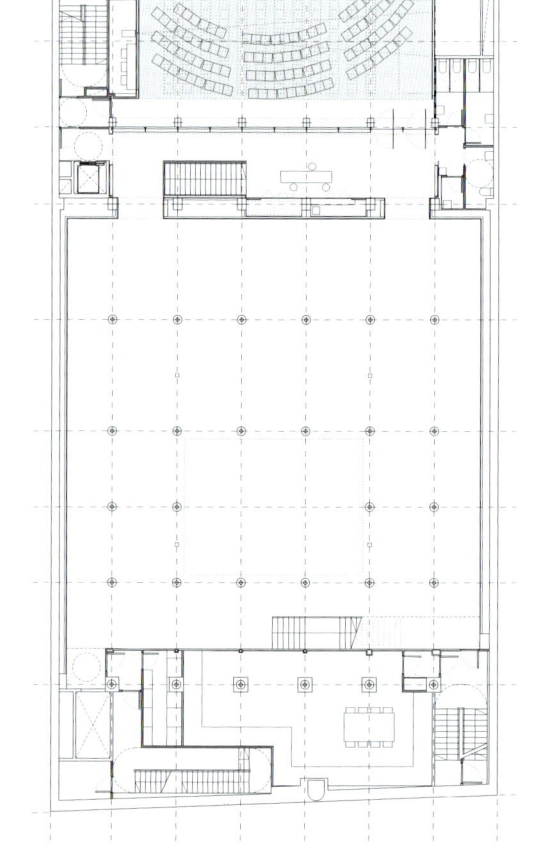

Planta de acceso.
Access floor.

Planta sótano primero.
First basement floor.

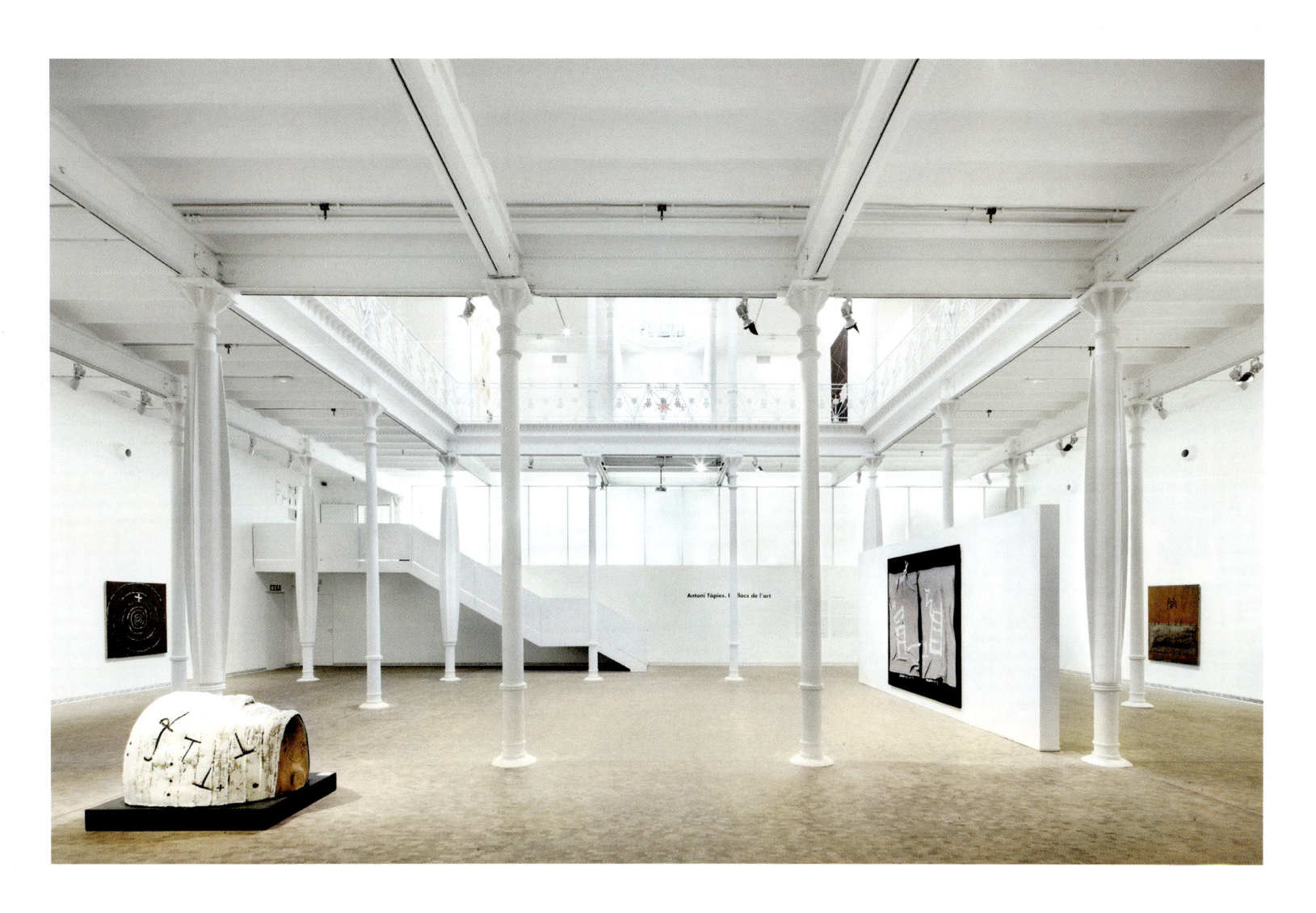

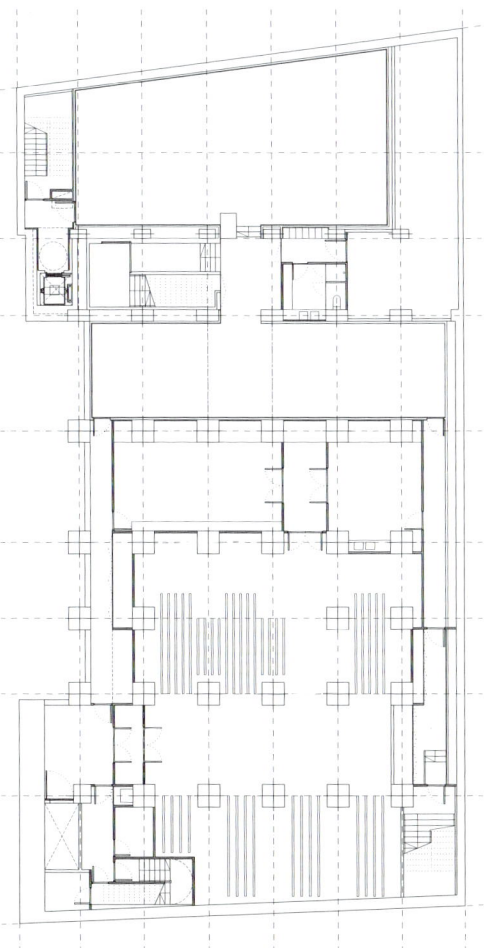

Planta sótano segundo.
Second basement floor.

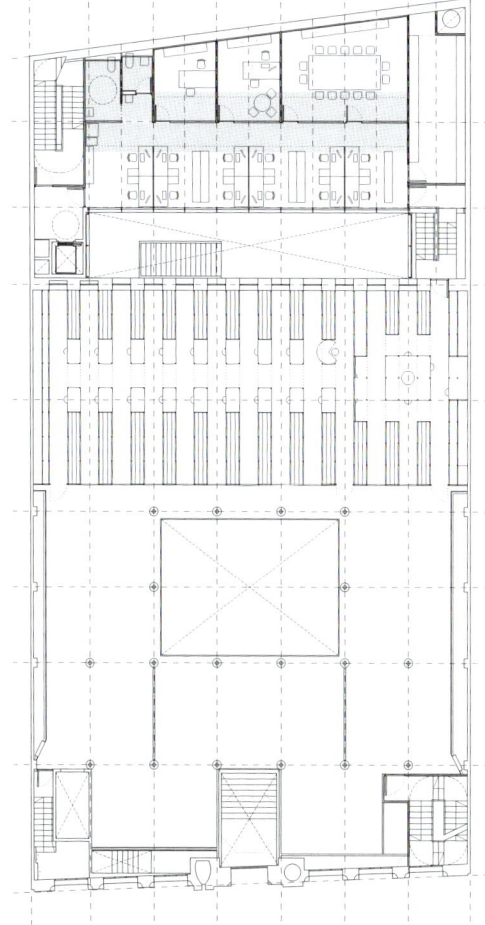

Planta primera.
First floor.

113

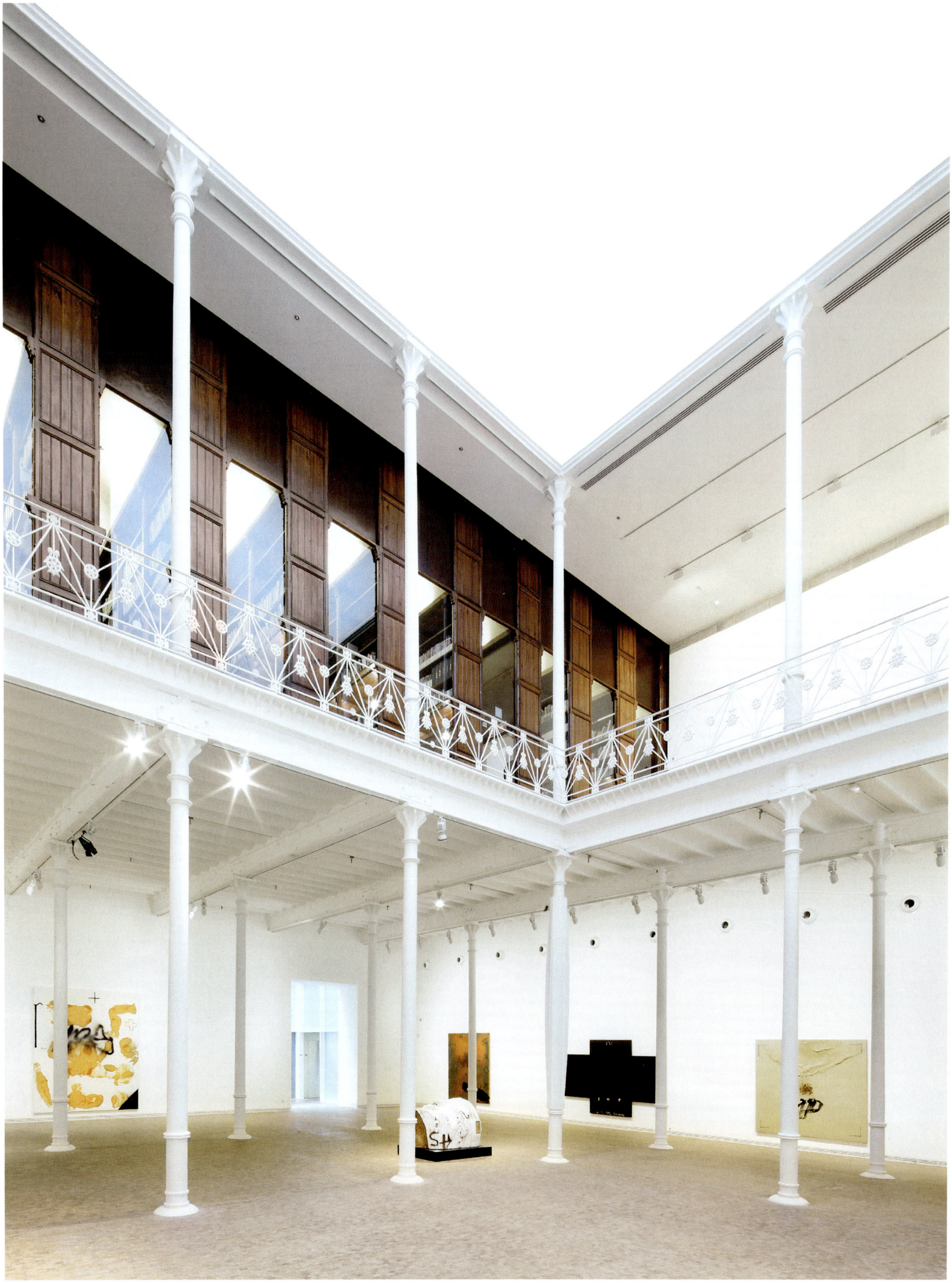

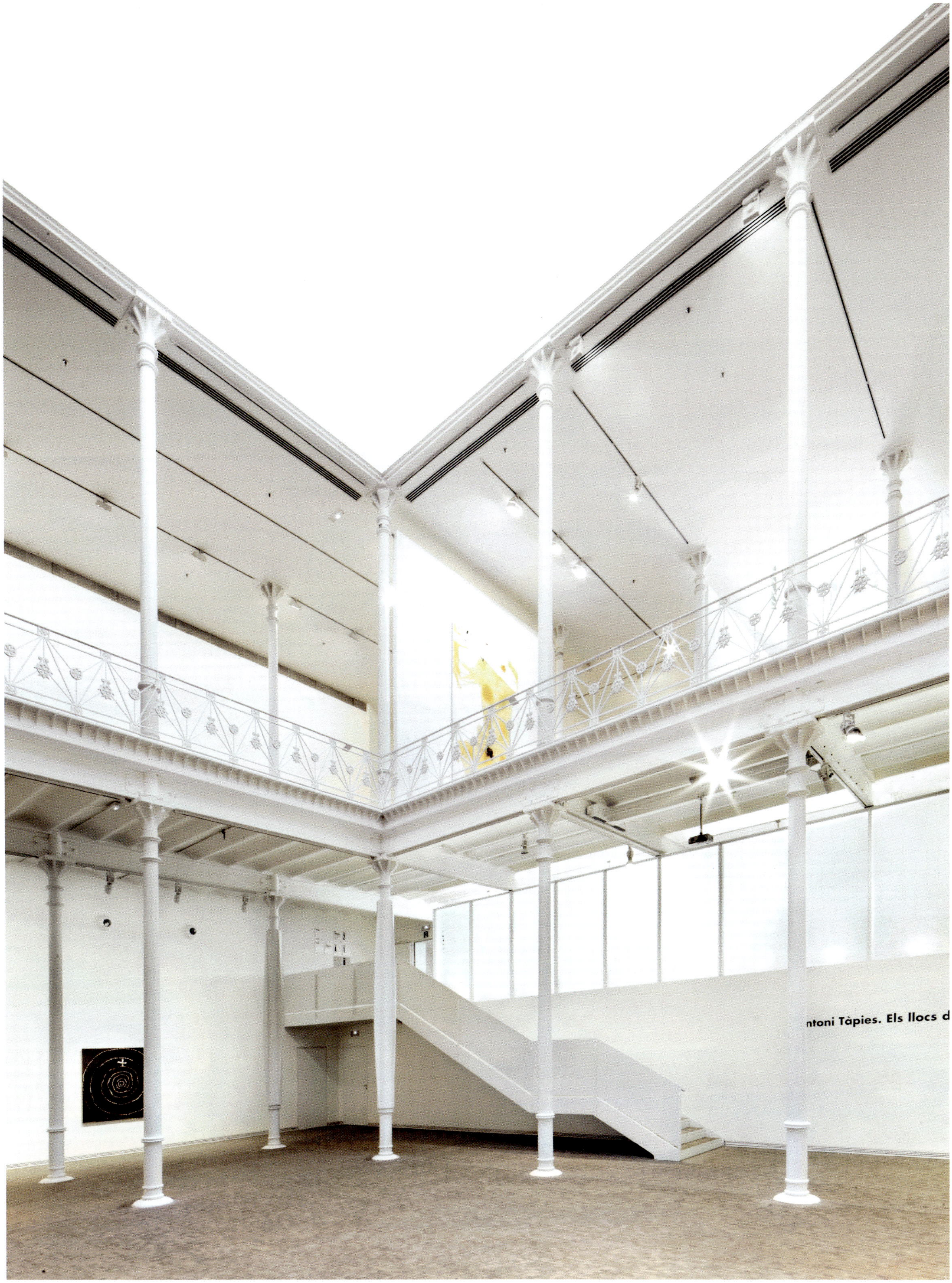
ntoni Tàpies. Els llocs d

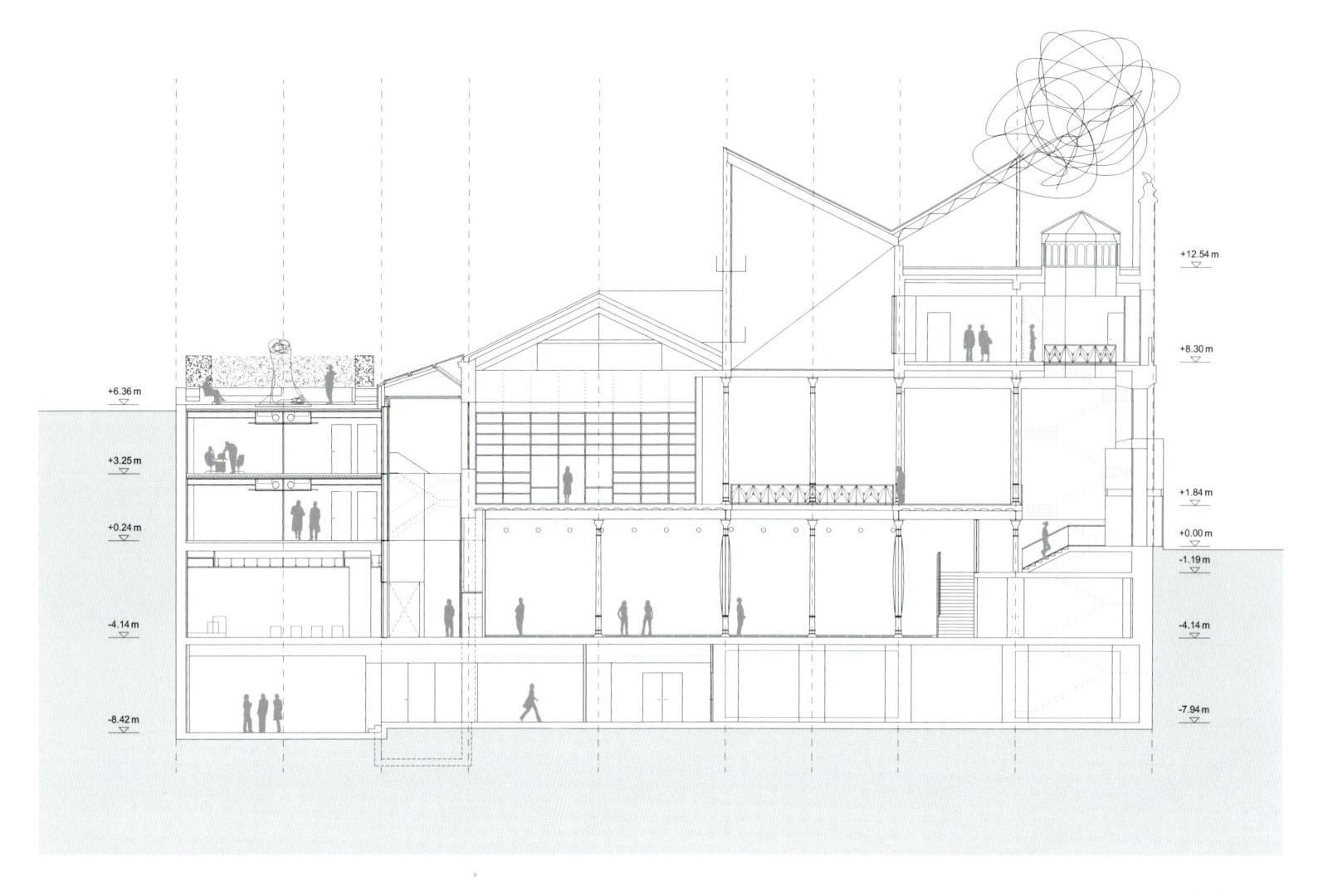

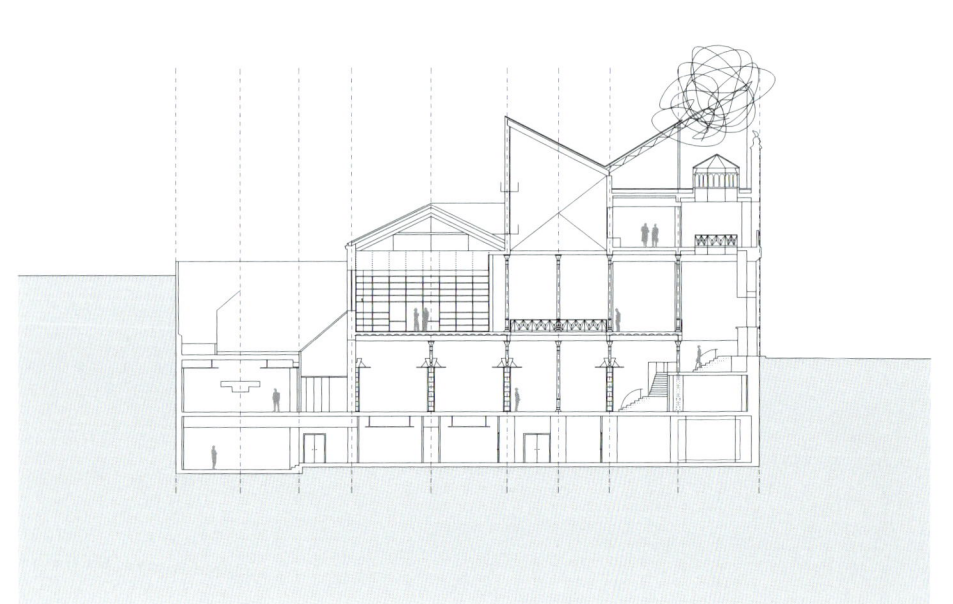

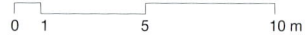

**Sección longitudinal.
Estado actual/estado previo.
Longitudinal section.
Current state/previous state.**

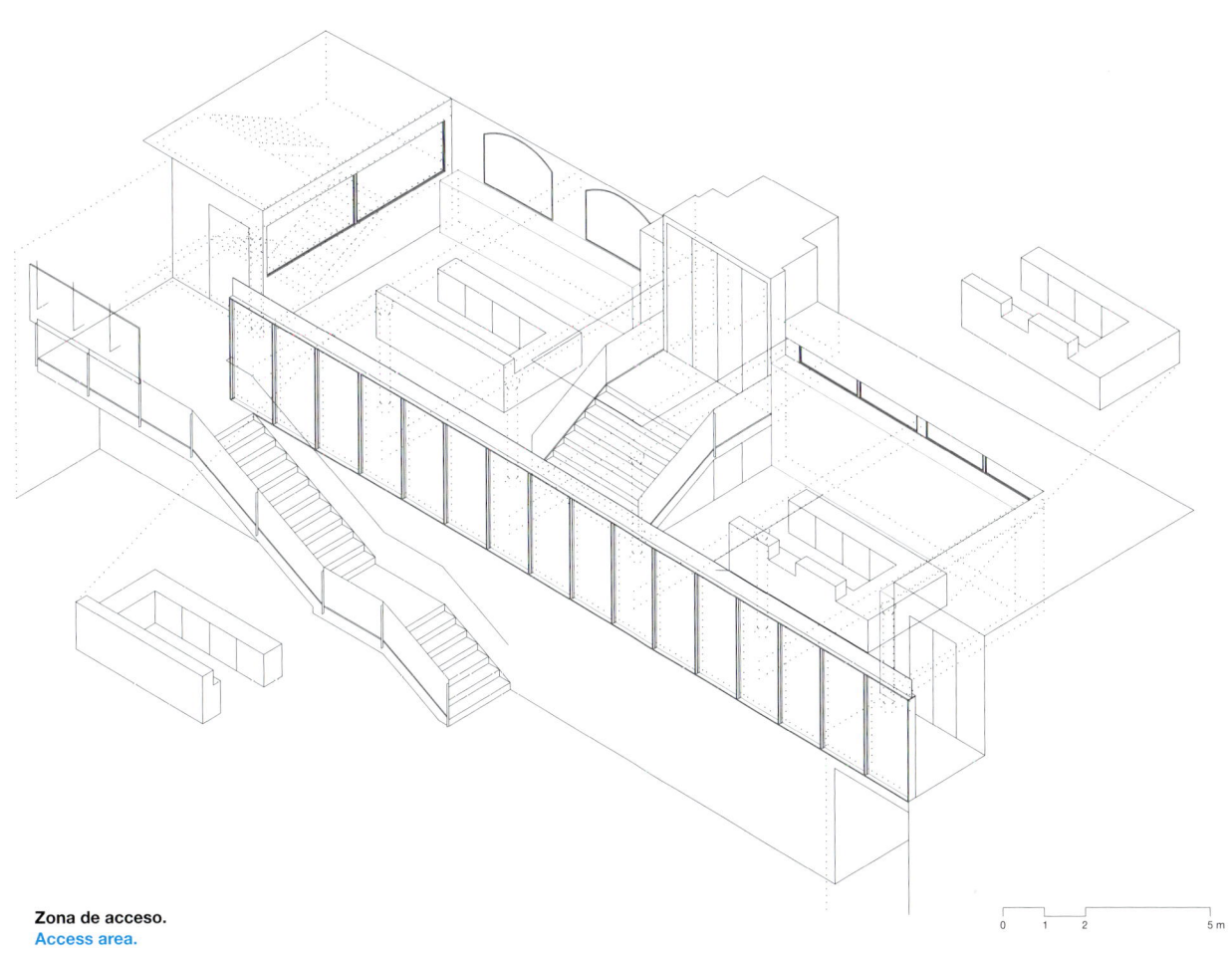

Zona de acceso.
Access area.

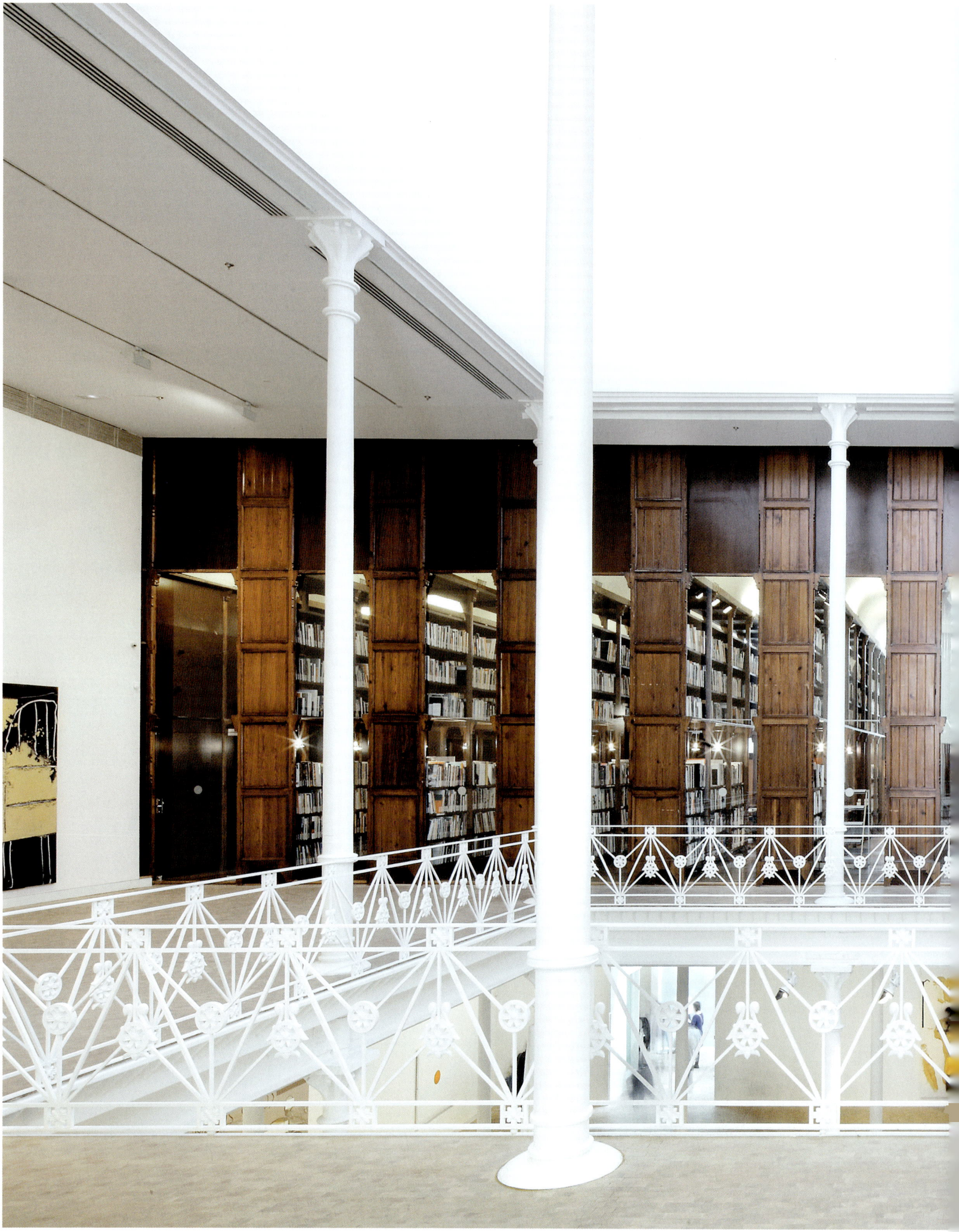

119

120 FUNDACIÓ ANTONI TÀPIES, BARCELONA FUNDACIÓ ANTONI TÀPIES, BARCELONA

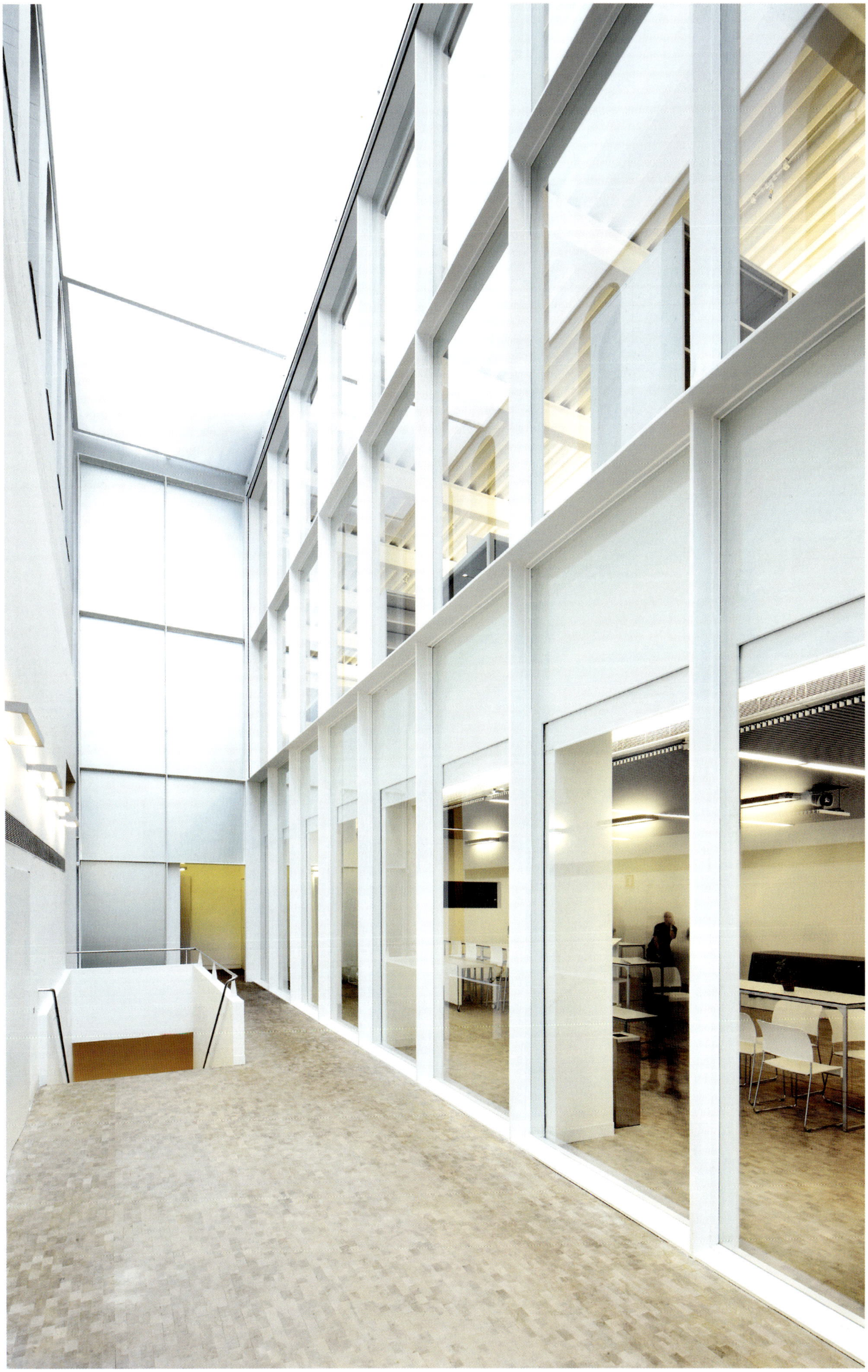

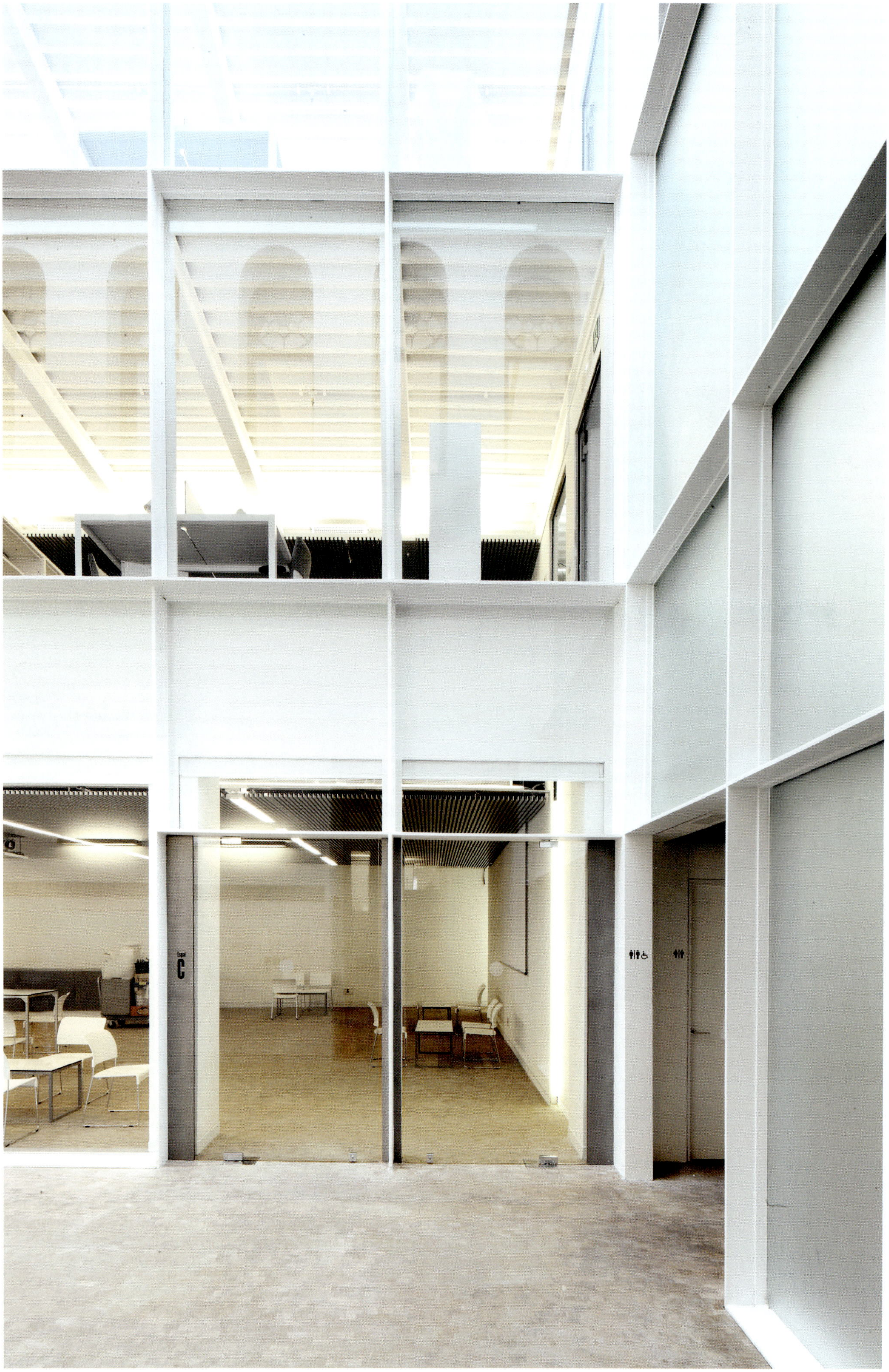

123

Biografía Biography
Ábalos+Sentkiewicz arquitectos

Iñaki Ábalos y Renata Sentkiewicz han colaborado desde 1999 en diversos proyectos, primero en Ábalos&Herreros y, desde 2006, en Ábalos+Sentkiewicz arquitectos. Su trabajo ha recibido diversos premios internacionales, ha sido ampliamente divulgado y objeto de exposiciones tanto individuales (Bezalel Academy, Jerusalén, 2008; Università Roma Tre, Roma, 2009; Fundació Antoni Tàpies, Barcelona, 2010) como colectivas (*Ecological urbanism*, GSD Harvard University, 2009, *Laboratorio Gran Vía*, Fundación Telefónica, Madrid, 2010, *Proyecto Tierra*, Alhóndiga, Bilbao 2010).

Iñaki Ábalos (San Sebastián, 1956) es arquitecto por la Escuela Técnica Superior de Arquitectura de Madrid (ETSAM), doctor arquitecto y catedrático de Proyectos Arquitectónicos en la ETSAM. Fue Kenzo Tange Professor (2009), y desde 2010 es profesor invitado en la Graduate School of Design (GSD) de la Harvard University. Socio fundador de Ábalos&Herreros (1984-2006) y de Ábalos+Sentkiewicz arquitectos, es miembro del comité científico del centro de estudios del Canadian Centre for Architecture (CCA) de Montreal (desde 2005) y del consejo de dirección del Barcelona Institute of Architecture (desde 2008). Es director del Laboratorio de Técnicas y Paisajes Contemporáneos (desde 2002), y en 2009 el Royal Institute of British Architects (RIBA) le concedió su membresía internacional. Ha sido profesor en la Architectural Association (Londres), la EPF (Lausana) y en las universidades estadounidenses de Columbia, Princeton y Cornell. Es autor de *Le Corbusier. Rascacielos* (Ayuntamiento de Madrid, 1988), *Técnica y arquitectura* (Nerea, Madrid, 1992) y *Natural-artificial* (ExitLMI, Madrid, 1999), con Juan Herreros; y *La buena vida* (Editorial Gustavo Gili, Barcelona, 2000), los dos tomos de *Atlas pintoresco* (Editorial Gustavo Gili, Barcelona, 2005 y 2007), de la monografía *Alejandro de la Sota* (Fundación Caja de Arquitectos, Barcelona, 2009; con Josep Llinàs y Moisés Puente), y editor de *Naturaleza y artificio* (Editorial Gustavo Gili, Barcelona, 2009).

Renata Sentkiewicz (Kolo, 1972) es arquitecta por el Politécnico de Cracovia. Desde 2007 es profesora asociada de Proyectos Arquitectónicos en la Escuela Técnica Superior de Arquitectura de Madrid (ETSAM) y del Laboratorio de Técnicas y Paisajes Contemporáneos (desde 2002). Desde 1999 trabajó como colaboradora en Ábalos&Herreros y desde 2001 como asociada. Es socia fundadora de Ábalos+Sentkiewicz arquitectos y miembro de Zero Energy Alliance (desde 2009). Ha impartido talleres y seminarios de arquitectura y paisaje en diversos centros internacionales, entre los que destacan el Berlage Institute, IUAV de Venecia, Festarch Cerdeña, EURAU, COAC, Universidad Nacional de Colombia y CEU. Es editora del libro *Cuatro observatorios de la energía* (COA Canarias, Santa Cruz de La Palma, 2007).

Iñaki Ábalos and Renata Sentkiewicz have worked together since 1999 on various projects, first in Ábalos&Herreros and since 2006 in Ábalos+Sentkiewicz arquitectos. Widely published, their work has received various international prizes and has been shown in many exhibitions, both individual (Bezalel Academy, Jerusalem, 2008; Università Roma Tre, Rome, 2009; Fundació Antoni Tàpies, Barcelona, 2010) and group (*Ecological urbanism*, GSD, Harvard University, 2009; *Laboratorio Gran Vía*, Fundación Telefónica, Madrid, 2010; *Proyecto Tierra*, Alhóndiga, Bilbao 2010).

Iñaki Ábalos (San Sebastián, 1956) graduated from the Escuela Técnica Superior de Arquitectura de Madrid (ETSAM), before going on to become a Doctor of Architecture and Professor of Architectural Project Design at the ETSAM. In 2009 he was Kenzo Tange Professor in Harvard University and since 2010 has been a guest professor at the Graduate School of Design (GSD). A founder member of Ábalos&Herreros (1984-2006) and of Ábalos+Sentkiewicz arquitectos, he has sat on the scientific committee of the Study Center of the Canadian Centre for Architecture (CCA) in Montreal (since 2005) and on the management board of the Barcelona Institute of Architecture (since 2008). He is the director of the Laboratorio de Técnicas y Paisajes Contemporáneos (Madrid, since 2002), and in 2009 the Royal Institute of British Architects (RIBA) awarded him its international membership. He has taught at the Architectural Association (London), the EPF (Lausanne) and at the universities of Columbia, Princeton and Cornell.
Ábalos is the author of *Le Corbusier. Rascacielos* (Ayuntamiento de Madrid, 1988), *Tower and office* (The MIT Press, Cambridge [Mass.], 2003) and *Natural-artificial* (ExitLMI, Madrid, 1999), with Juan Herreros; and *The good life* (Editorial Gustavo Gili, Barcelona, 2000), the two volumes of *Atlas pintoresco* (Editorial Gustavo Gili, Barcelona, 2005 and 2007), and the monograph *Alejandro de la Sota* (Fundación Caja de Arquitectos, Barcelona, 2009; with Josep Llinàs and Moisés Puente). He also edited *Naturaleza y artificio* (Editorial Gustavo Gili, Barcelona, 2009).

Renata Sentkiewicz (Kolo, 1972) graduated as an architect from Cracow Polytechnic. Since 2007 she has been Associate Professor of Architectural Project Design at the ETSAM and of the Laboratorio de Técnicas y Paisajes Contemporáneos (since 2002). In 1999 she began working as an assistant at Ábalos&Herreros and in 2001 was made an associate. She is a founder member of Ábalos+Sentkiewicz arquitectos and a member of the Zero Energy Alliance (since 2009). She has given workshops and seminars in architecture and landscape in different international centres, principally the Berlage Institute, the IUAV in Venice, the Festarch Cerdeña, the EURAU, the COAC, the Universidad Nacional de Colombia and the CEU. She is the editor of *Cuatro observatorios de la energía* (COA Canarias, Santa Cruz de La Palma, 2007).

Nexus
La belleza termodinámica
Thermodynamic beauty
Iñaki Ábalos

15 notas + 5 anotaciones
15 notes + 5 annotations
Iñaki Ábalos, Renata Sentkiewicz
+ Enrique Walker

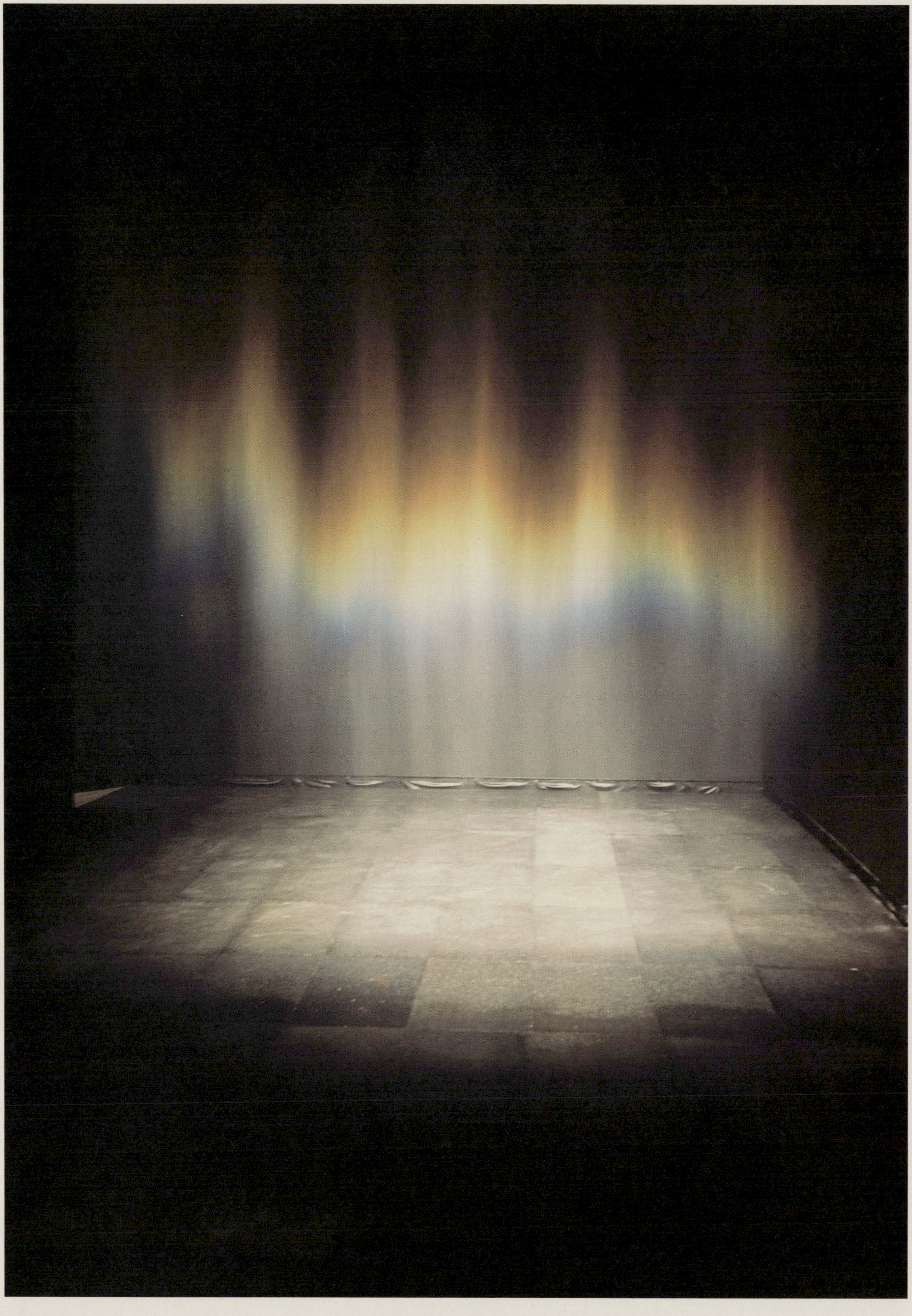

La belleza termodinámica
Thermodynamic beauty
Iñaki Ábalos

1. Rowe, Colin, *The architecture of good intentions: Towards a possible retrospect*, Academy Editions, Londres, 1994.

1. Rowe, Colin, *The architecture of good intentions: Towards a possible retrospect*, Academy Editions, London, 1994.

<
Olafur Eliasson, *Beauty*, 1993. Reflector, agua, boquillas, madera, manguera, bomba de agua. Dimensiones variables. Instalación de la exposición *Minding the world,* ARoS Århus Kunstmuseum, Dinamarca, 2004.
Olafur Eliasson, *Beauty*, 1993. Spotlight, water, nozzles, wood, hose, pump. Dimensions variable. Installation at *Minding the World* exhibition, ARoS Århus Kunstmuseum, Denmark, 2004.

Fotografía/*Photo:* Poul Pedersen, 2004. Cortesía del artista/*Courtesy the artist,* neugerriemschneider (Berlín/*Berlin*) y de/*and* Tanya Bonakdar Gallery (Nueva York/*New York*).
© Olafur Eliasson, 1993

La sostenibilidad se ha convertido en el nuevo cliché, como un canto a las buenas intenciones que trae a la memoria el título homónimo de Colin Rowe *The architecture of good intentions* —un alegato contra las actitudes morales en la arquitectura moderna—,[1] en el sentido de abrir la sospecha sobre su naturaleza técnica, arquitectónica o meramente retórica, si no mercadotécnica. Este texto parte de una hipótesis simple: sólo si hay una verdadera discusión estética, si hay una idea de belleza asociada a la sostenibilidad, ésta podrá interesar a la arquitectura de una forma no circunstancial y tendrá sentido trabajar sobre ella. Y ello nos lleva a adoptar un primer axioma: no hablar en términos morales o éticos de sostenibilidad, sino circunscribirnos a los aspectos puramente técnicos y estéticos, al menos si queremos hablar en términos disciplinares.

Orígenes y evolución: los dos triángulos
Si los orígenes de una idea son siempre importantes, conviene no olvidar que el campo de la sostenibilidad arquitectónica ha pasado en muy pocas décadas de ser una proclama política que arraigó originalmente en el contexto *hippy* y *poshippy*, con manifestaciones individualistas y románticas —a menudo inspiradas por Richard Buckminster Fuller, cruzado con distintos pensadores—, a ser un logo liderado por las grandes ingenierías y algunos arquitectos que fomentaron originalmente la arquitectura *high tech*. Este desplazamiento ha coincidido, no por casualidad, con el cambio de actitud de las principales compañías eléctricas y petroleras, que desde el año 1973 se han desplazado paulatina, pero persistentemente, desde el rechazo frontal hasta el liderazgo en los sectores de la energía renovable y los productos constructivos con aplicación a la escala arquitectónica. El fenómeno ha venido acompañado de un interés creciente social, mediático y político por la sostenibilidad, que está transformando, por medio de nuevas regulaciones y la demanda popular y política, las prácticas de los arquitectos, las propias técnicas proyectuales. Hasta ahora, éstas estaban más o menos enfocadas en torno a lo tectónico, pero hoy están dirigidas a comprensiones "bioclimáticas" del objeto proyectual, una concepción que demanda nuevos conocimientos, nuevos expertos y nuevas formas de abordar el proyecto. Algunos ensayistas, como Sanford Kwinter, lo han descrito como una aproximación termodinámica a la arquitectura, una aproximación que implica una lucha

Sustainability has turned into a new cliché, like a paean to good intentions that brings to mind the homonymous title of Colin Rowe's *The architecture of good intentions* —an indictment of the moral attitudes of modern architecture, in the sense of entertaining doubts about its technical, architectonic and merely rhetorical, not to say market-driven, nature.[1] The present essay starts out from a simple hypothesis: only if there is genuine aesthetic debate, if there is an idea of beauty associated with sustainability, will the latter be able to appeal to architecture in a non-circumstantial way — and will encourage architects to work on it. This leads us to adopt a first axiom: not to speak in moral or ethical terms about sustainability, but to limit ourselves to the purely technical and aesthetic aspects.

Origins and evolution: the two triangles
While the origins of an idea are always important, we should remember that the field of architectural sustainability has gone in a few decades from being a political manifesto that took root in the hippy and post-hippy context, with individualist and romantic manifestations—often inspired by Richard Buckminster Fuller, crossed with different thinkers—to being a logo worn by the big engineering firms and a few architects who originally promoted high-tech architecture. Not by chance has this displacement coincided with the change of attitude of the main electricity and oil companies, who since 1973 have gradually but persistently moved from head-on rejection to leadership in the sectors of renewable energy and building products. The phenomenon has been accompanied by a growing social, media and political interest in sustainability that is transforming, through new regulations and popular demand, the practices of architects and design techniques themselves. So, whereas architects were previously more or less focussed on the tectonic, now they are directed towards a "bioclimatic" understanding of the design object. This conception calls for new kinds of knowledge, new experts and new ways of tackling the project. Essayists such as Sanford Kwinter have described this as a thermodynamic approach to architecture, an approach that involves a struggle between the "solo voice" of the architect and the increasingly noisy "chorus" of experts, urged on in turn by companies producing environmental technology.
In the 1990s an image of sustainability was consolidated that was clearly centred on the development of solutions

Stephan Behling, diagrama con dos triángulos acerca del futuro de este sistema aditivo de entender la sostenibilidad
Stephan Behling, two triangle diagram on the future of this additive system of understanding sustainability.

© Stephan Behling, 2002

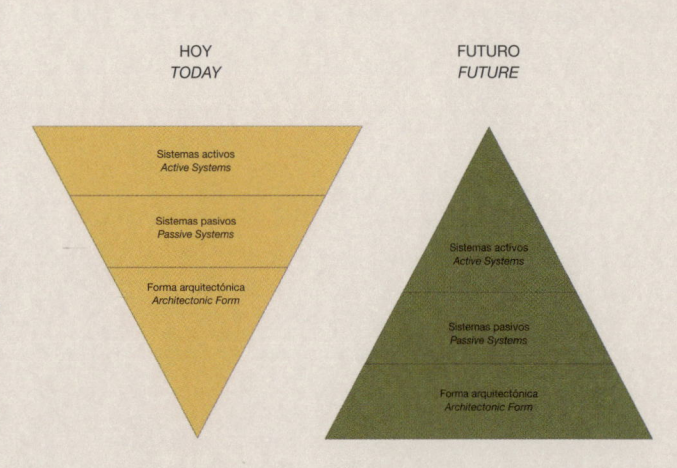

HOY / TODAY

Sistemas activos / Active Systems
Sistemas pasivos / Passive Systems
Forma arquitectónica / Architectonic Form

FUTURO / FUTURE

Sistemas activos / Active Systems
Sistemas pasivos / Passive Systems
Forma arquitectónica / Architectonic Form

de competencias entre lo que históricamente era la "voz solista" del arquitecto y el cada vez más ruidoso "coro" de expertos, azuzados a su vez por las compañías productoras de tecnología medioambiental.

En la década de 1990 se ha consolidado una imagen de la sostenibilidad claramente concentrada en el desarrollo de soluciones de cerramientos inteligentes o activos, que combinan sensores y nuevos materiales para componer cerramientos cada vez más complejos y sofisticados, muchas veces —demasiadas— aplicadas a edificios mal concebidos, antiguos y feos. La sostenibilidad de los consultores y algunos arquitectos se ha convertido a los ojos de los demás profesionales, y sobre todo de los estudiantes, en un desfile de *drag queens high tech* que difícilmente estimulan la creatividad. Stefan Behling, de Foster & Partners, junto con Arup, la mayor ingeniería-consultoría ambiental internacional, es en cierta medida responsable de este retrato. Últimamente ha propagado un diagrama con dos triángulos que cuestiona radicalmente el futuro de este sistema aditivo de entender la sostenibilidad (más capas, más caras y más sofisticadas), proponiendo una interesante taxonomía (sistemas activos, sistemas pasivos, forma arquitectónica) y una inversión de la importancia de los elementos en juego, en favor de su verdadera responsabilidad sobre el comportamiento termodinámico en unas condiciones dadas. Es decir, devolviendo la primacía a la forma en arquitectura, una idea que despierta simpatías entre los arquitectos (que ven de nuevo reconocido su papel), así como entre quienes defienden la historia de las tipologías como lección de adaptación bioclimática en relación a específicas condiciones de evolución técnica (algo no siempre cierto aplicado a programas contemporáneos asociados a entornos artificiales).

Posiciones alternativas y su materialización

El esquema, útil para clasificar y organizar el mapa de la sostenibilidad en arquitectura —y, por tanto, también para organizar debates sobre el tema—, viene a dar la razón a algunos de los pocos arquitectos que han adoptado ópticas lejanas al *high tech* para abordarla, interesados en procesos sustractivos en vez de aditivos, y en incrementar la performatividad energética con tecnologías muy económicas, *low tech*, enmarcando esta relación economía-ecología con una clara dimensión social. Algunos, como el estudio francés Lacaton & Vassal o el estadounidense Rural Studio, han creado una verdadera marca de identidad, un estilo que

for intelligent or active walling. This approach combines sensors and new materials for composing increasingly complex and sophisticated outer walls, often—all too often—applied to badly conceived, old and ugly buildings. The sustainability of the consultants and some architects has, in the eyes of other professionals (and above all of students), become a fashion parade of high-tech drag queens that is unlikely to lead to creativity. Stefan Behling, of Foster & Partners (who along with Arup, the major international environmental engineering consultants, is to a certain extent responsible for this likeness), has recently disseminated a diagram with two triangles that radically questions the future of this additive system of understanding sustainability (more layers and more sophisticated faces). In it he puts forward an interesting taxonomy (active systems, passive systems, architectonic form) and an inversion of the importance of the elements in play in favour of their true responsibility for thermodynamic behaviour under given conditions: namely, by restoring primacy to form in architecture. This idea elicits sympathy among architects (who see their role recognized anew) as well as among those who defend the history of typologies as a lesson in bioclimatic adaptation in relation to specific conditions of technical evolution (something that is not always true when applied to contemporary programmes associated with artificial environments).

Alternative positions and their materialization

Useful for classifying and organizing the map of sustainability in architecture—and thus for organizing debates on the theme as well—Behling's schema helps to justify some of the very few architects who have adopted viewpoints not aligned with high-tech architecture when addressing sustainability. Such architects are interested in subtractive rather than additive processes and in increasing energy performance with very economic, low-tech technologies, thus providing a context for this economy/ecology relationship with a clear social dimension. Some, like the French studio Lacaton & Vassal or the American Rural Studio, have created a genuine house style, one that has greater impact on students than additive schemes, which they often associate with a certain capitalist corporatism that appears to contradict the politically "alternative" character of sustainability. This link "at source" with the idea of sustainability is undoubtedly what permits their work to be rated as being within the sphere of "the authentic," as a counterpoint to "the technocratic," thus opening up the field of sustainability to public space and the recycling of modern heritage, among other issues.

Some architects from countries outside the industrial and cultural circuit of the First World have also contrived to have a voice of their own. Architects like Bruno Stagno are exemplary, not only for their astute management of natural resources and their low-tech architecture, but also for setting up international forums of debate that, acknowledging the demographic and metropolitan displacement towards the tropical belt, suggest initiating east-west dialogues that replace the north-south systems of influence of modernity (in which the south always adopted the role of "the exotic"). Bruno Stagno, director of the Institute for Tropical Architecture (headquartered in Costa Rica) and winner of the Aga Khan Award for Architecture and the Holcim Award, heads

cala entre los estudiantes con mayor profundidad que las propuestas aditivas, a menudo asociadas por ellos a un cierto corporativismo capitalista, contradictorio con el carácter políticamente alternativo originario de la sostenibilidad. Esta vinculación "a origen" con la idea de sostenibilidad es, sin duda, aquello que permite valorar su trabajo en la esfera de "lo auténtico", como contrapunto a lo "tecnocrático", abriendo el campo de la sostenibilidad al espacio público y al reciclaje del patrimonio moderno, entre otros asuntos. Algunos arquitectos de países fuera del circuito industrial y cultural del primer mundo han conseguido tener también voz propia. Arquitectos como Bruno Stagno son ejemplares, no sólo por la hábil gestión de los recursos naturales y *low tech* de su arquitectura, sino por haber logrado establecer foros internacionales de discusión que, atendiendo al desplazamiento demográfico y metropolitano hacia el cinturón tropical, propugnan iniciar diálogos este-oeste que sustituyan a los sistemas de influencia norte-sur de la modernidad, donde el sur adoptaba siempre el papel de "lo exótico". Bruno Stagno, director del Instituto Tropical de Arquitectura, con sede en Costa Rica, y premio Aga-Khan y Holcim, lidera esta toma de conciencia del progresivo protagonismo de los problemas de las metrópolis tropicales, y la necesidad de crear una cultura y una estética propias, alejadas del modelo difundido desde "la zona fría", con una atención preferente a las potencias del paisaje tropical como recurso termodinámico.

Cabe también considerar ciertas actitudes estéticas contemporáneas "atmosféricas o ambientalistas" como anticipaciones poéticas de una cultura ambiental integral, que daría lugar a un cierto grado cero de la materialidad arquitectónica, una evanescencia material o *blankness* (vacuidad) según el término que Sergio López-Piñeiro viene utilizando recurrentemente. Trabajos como los de Kazuyo Sejima o Philippe Rahm, sin poder considerarse técnicamente sostenibles con los parámetros que hoy están disponibles, apuntan hacia la construcción de una consistencia estética no desdeñable para tal idea, una sostenibilidad que, por así decirlo, hace del aire el principal material de construcción.

Cabe también preguntarse si la evanescencia material "atmosférica" no es un residuo del purismo material moderno, una resistencia a aceptar otras condiciones y otras estéticas materiales asociadas a la sostenibilidad. Es decir, cabe preguntarse si a la dialéctica sostenibilidad aditiva *versus* sostenibilidad sustractiva, al enfrentamiento norte-sur *versus* el entendimiento este-oeste, o a la sostenibilidad del frío seco *versus* la sostenibilidad del calor húmedo, puede contraponerse un modelo técnico y estético de carácter unitario, universal, producto de combinar alta tecnología y sistemas constructivos masivos, casi arcaicos: materiales inteligentes capaces de mutar su transparencia en distintas franjas del espectro solar, comunicados e interactuando con partes pasivas de construcción elemental que actúan como almacenes termodinámicos. En definitiva, una estética material híbrida, útil en el primer y el tercer mundo, capaz de reunir la eficacia derivada de la forma arquitectónica, los sistemas pasivos y los activos en una nueva combinatoria, un "mestizaje" material acorde con los cambios demográficos contemporáneos. Algunos de nuestros primeros trabajos, así como los de Sauerbruch Hutton y otros estudios, han ido explorando esta vía, basada en atender a la materialidad consustancial de las concepciones energéticas sostenibles

this awareness of the growing problems of tropical metropolises. In particular, he sees the need to create a culture and aesthetic of their own, remote from the model native to "the cold zone," with preferential attention given to the potential of the tropical landscape as a thermodynamic resource.

We might also consider certain "atmospheric or environmentalist" contemporary aesthetic attitudes as being poetic anticipations of an integral environmental culture that would give rise to a certain zero degree of architectural materiality, a material evanescence or blankness, according to the term Sergio López-Piñeiro has often used. Though considered to be technically unsustainable at the present time, works like those of Kazuyo Sejima or Philippe Rahm point towards the construction of an aesthetic consistency that should not be ignored, a sustainability that, so to speak, turns air into its main building material.

We might also ask if "atmospheric" material evanescence is not a residue of modern material purism, a resistance to accepting other material conditions and other aesthetics associated with sustainability. That is, we might ask whether, to the additive sustainability versus subtractive sustainability dialectic, to the north-south confrontation versus east-west understanding, or to the sustainability of dry cold versus the sustainability of damp heat, we might not counterpose a technical and aesthetic model of a unitary, universal sort, the result of combining high technology and massive, almost archaic, building systems. This would involve intelligent materials capable of varying their transparency in different bands of the solar spectrum, and connecting and interacting with passive parts of the elemental construction that act as thermodynamic storage facilities. In short, a hybrid material aesthetic, usable in the First and Third Worlds, capable of bringing together the efficiency deriving from architectural form and passive and active systems in a new combination —a material "crossbreeding" in tune with contemporary demographic changes. Some of our early works, as well as those of Sauerbruch Hutton and other studios, explored this way forward, which is based on paying attention to the materiality inseparable from conceptions of sustainable energy that largely calls for this duality in an axiomatic way in the management of material resources.

Mention must also be made of the more pessimistic attitude, that of simply interpreting sustainability as a return to the cavern, to an architecture lacking lightness or transparency, a vision that demonizes glass and the curtain wall —the very material system that continues to make the greatest advances in terms of energy performance (aside from being integral to the very idea of modernity). These purely defensive approaches, based on architecture of great inertia so as to meet the regulations without difficulty, are, even when masked in "cheerful," animated and colourful wrappers, effectively the bureaucratic face of sustainability, barely able to conceal the retrograde attitudes that inform them. They lack, so to speak, a genuine, prospective project and will be held back by their obstinate lack of vision, both technical and aesthetic.

Emerging design techniques: the integration of architecture, landscape and the environment
If we examine the design techniques deployed by the approaches described above, it is easy to identify two design

que, en gran medida, reclama esta dualidad de forma axiomática en la gestión de los recursos materiales.

Cabe también mencionar la actitud más pesimista, la de interpretar simplemente la sostenibilidad como una férrea vuelta a la caverna, a una arquitectura sin atributos de ligereza o transparencia, una visión que demoniza el vidrio y el muro cortina, precisamente el sistema material que más avances sigue desarrollando en términos de performatividad energética (y consustancial a la idea misma de modernidad). Estas aproximaciones puramente defensivas, basadas en plantear arquitecturas de gran inercia para cumplir los reglamentos sin problemas, aún si se enmascaran en envolturas "alegres", movidas y coloreadas, suponen la cara pesimista y burocrática de la sostenibilidad, y apenas son capaces de esconder las actitudes retrógradas que las fomentan. Carecen, por así decirlo, de un verdadero proyecto hacia el futuro, y deberán conformarse con su tozuda falta de visión tanto técnica como estética.

Técnicas proyectuales emergentes: integración entre arquitectura, paisaje y medio ambiente

Si atendemos a las nuevas técnicas proyectuales desplegadas por las aproximaciones hasta aquí descritas, resulta fácil identificar dos modelos proyectuales para la estética de la sostenibilidad. Dos modos de operar que parecen ligados a dos climas diferentes y también unidos a dos prototipos primigenios: un modelo basado en la construcción de un ambiente tecnificado, parametrizado y artificial, promovido desde el ámbito anglosajón y basado en gestionar el confort artificialmente y con medios maquínicos, con estrategias ambientales pensadas para un ciclo normalmente estacional; y el promovido desde el cinturón tropical y subtropical (incluyendo el Mediterráneo); es decir, desde la geografía del sol, basado en una gestión hábil y sensualista de medios diversos más elementales ("bricolagista" en términos de Claude Lévi-Strauss), con un ciclo termodinámico más diario que estacional. Estos dos modos de operar, obviamente, admiten todo tipo de gradientes de aproximación entre sí (por ejemplo, en el clima continental de grandes áreas de España), pero, sobre todo, su caracterización (o caricatura) permite identificar los tipos originales a los que ambos se remiten en última instancia: el invernadero y el umbráculo. O, mejor, en una versión actualizada de la cabaña primitiva de Marc-Antoine Laugier, la pequeña cúpula de vidrio de Richard Buckminster Fuller y la sombra de un chiringuito de playa, dos cabañas primitivas que, por banales que puedan parecer a primera vista, responden a dos formas precisas de entender la relación entre el medio físico y la arquitectura, ambas enraizadas culturalmente.

También ayudan a entender el sentido de las dos mutaciones disciplinares a las que hemos ido asistiendo con el cambio de siglo. Si por una parte se ha promovido la integración de nuevas disciplinas científicas (físicos y ecólogos principalmente), así como la integración de *software* paramétrico al instrumental de proyecto (que permite desarrollar análisis sistémicos de fenómenos dinámicos), por otra, se ha promovido de forma decidida de la tradición paisajística, la integración del conocimiento biológico al tectónico, heredada de los programas académicos modernos, cuya organización original, basada en la dualidad figura/fondo, ya no funciona a ningún nivel: ni proyectual ni territorial ni sociopolítico.

models for the aesthetics of sustainability —two ways of operating that seem to be linked to two different climates and also linked to two original prototypes. One model has to do with the construction of a technified, parametrized and artificial ambience, promoted in Anglo-Saxon circles, based on managing comfort artificially and by mechanical means, with environmental strategies proposed on the basis of a typically seasonal cycle. The other model stems from the tropical and subtropical belt (including the Mediterranean), the geography of sunshine, and is based on a skilful, sensualist management of more elementary means (*bricolagiste*, to use Claude Lévi-Strauss's word), with a thermodynamic cycle that is more daily than seasonal. Obviously, within these two ways of operating there are various levels of approach (for example, in the continental climate of large parts of Spain), but their general characterization (or caricature) enables us to identify the original types to which both ultimately refer: the greenhouse and the shade house. Or better yet, in an updated version of Marc-Antoine Laugier's "primitive hut," the small glass dome of Buckminster Fuller and the shadow of a beach bar —two primitive huts that, however banal they may initially seem, correspond to two precise, culturally rooted ways of understanding the relationship between the physical environment and architecture.

They also help us to understand the two disciplinary mutations we have witnessed with the change of century. On the one hand there has been promotion of new scientific disciplines (mainly physical and ecological) along with the integration of parametric software in the set of design tools (which enable systemic analyses of dynamic phenomena). Yet on the other hand, we have seen the promotion of the landscape design tradition, the integration of biological knowledge into the tectonic knowledge inherited from modern academic programmes whose original organization, based on the figure/ground duality, no longer functions at any level —projectual, territorial or socio-political. These two ways of operating enable us to visualize an orientative and balanced cartography of environmental comfort that, above and beyond banal counter-positions and laborious localist grievances, speaks to us of the necessary influence of the one on the other. Or, better still, of the benefit of a mutual learning process, of a constant dialogue and interchange between the two —a dialogue that can be synthesized into a greater disciplinary integration between architecture, landscape and environmental techniques, a new operative area.

If the northern effort to lend scientific objectivation to the technification of the environment has transformed design techniques (thus abolishing the false intuition that characterized professional work until the end of the 20th century), the sensualist approach to the environment rubs salt into the wound by somatically interpreting the thermodynamic conception of architecture above and beyond the moral, psychological, historicist, phenomenological, semantic and iconic interpretation inherited from the final decades of the revision of modernity. In this conception, the leading role in design activity is taken by haptic experience and the sensory construction of the environment, displacing the concept of the object as a concluded material fact. From this perspective we can situate the debate about sustainability in a wider context—that of the dialectic between the principles of thermodynamics and the somatic

Estos dos sistemas operativos permiten visualizar una cartografía orientativa y equilibrada del confort ambiental que, mas allá de banales contraposiciones o penosas reivindicaciones localistas, nos habla de la necesaria influencia de cada uno sobre el otro. O, mejor, del beneficio de un aprendizaje mutuo, de un constante diálogo e intercambio entre ambos, un diálogo que puede sintetizarse en una mayor integración disciplinar entre arquitectura, paisaje y técnicas medioambientales como nuevo territorio operativo. Si el esfuerzo realizado desde el norte por dotar de objetivación científica a la tecnificación del ambiente, ha transformado las técnicas proyectuales aboliendo la falsa intuición que caracterizó el trabajo profesional hasta finales del siglo xx (aquella aplicada a sustituir la ausencia de instrumentos de análisis por recetas domésticas, tradicionales o inventadas), la aproximación sensualista al ambiente pone el dedo en la llaga al interpretar somáticamente la concepción termodinámica de la arquitectura como experiencia física que transforma al sujeto en protagonista de la misma, mas allá de las interpretaciones morales, psicológicas, historicistas, fenomenológicas, semánticas o icónicas, heredadas de las últimas décadas de revisión de la modernidad. En esta concepción, la experiencia háptica, la construcción sensorial del ambiente y ya no el objeto como hecho material concluso, asume el protagonismo de la actividad proyectual.
Es desde esta perspectiva como podemos situar la discusión en torno a la sostenibilidad en un contexto más amplio, el de la dialéctica entre los principios de la termodinámica y la pulsión somática, como un intento de redescripción disciplinar, enraizado en los parámetros que caracterizan la vida en la realidad física de la biosfera. Desde esta perspectiva, la belleza termodinámica surge de poner en relación de forma emotiva y directa la intensificación de la experiencia somática individual con el control científico de los elementos naturales y artificiales como instrumentos de construcción del ambiente.

Prototipologías: prototipos *versus* tipologías
Una nueva idea de belleza, ligada a lo que muchos llaman un cambio de paradigma en la disciplina (y nosotros pensamos como un giro), implica necesariamente un proceso de mutación tipológica, una reinterpretación de la idea misma de tipo, y nuevas jerarquías y escalas en la organización espacial del territorio y la ciudad. La integración disciplinar entre arquitectura, paisaje y energía conlleva la alteración de los modos y las taxonomías heredadas, especialmente en aquellas situaciones en las que ninguna de las tres disciplinas tradicionales tiene capacidades para resolver satisfactoriamente los problemas planteados. Nos desplazamos desde la certidumbre de las tradiciones tipológicas respectivas hacia un escenario inductivo, en el que la experimentación con prototipos y su mecánica de prueba y error conviven con una cierta pericia tipológica híbrida, dando lugar a lo que podemos denominar "prototipologías", muchas veces frustradas en su afán por definir los escenarios futuros y, si se apura el término, las nuevas "coronas de la ciudad" o monumentos en los que catalizar el sueño colectivo de una nueva ciudad y una nueva noción de belleza en la que reconocerse. Algunos casos prácticos, como los denominados *landform buildings* o los *verticalscapes* —entidades híbridas extensivas e intensivas respectivamente, construcciones activas energéticamente, de impronta horizontal o vertical, en las que se

drive—and attempt disciplinary redescription rooted in the parameters that characterize life in the physical reality of the biosphere. From this perspective, thermodynamic beauty stems from interrelating, in an emotive, direct way, the intensification of individual somatic experience and the scientific control of natural and artificial elements as environmental tools for building the environment.

Prototypologies: prototypes versus typologies
A new idea of beauty linked to what many people call a change of paradigm in the discipline (and which we think of as an about-turn) necessarily involves a typological mutation, a reinterpretation of the very idea of type, and new hierarchies and scales in the spatial organization of the territory and the city. The disciplinary integration of architecture, landscape and energy involves the alteration of inherited modes and taxonomies, especially in those situations in which none of the three traditional disciplines has the capacity individually to resolve the problems posed. We move from the certainty of the respective typological traditions to an inductive scenario in which trial and error experimentation with prototypes and their mechanics coexists with a certain hybrid typological expertise, giving rise to what we may call "prototypologies," These are often frustrated in their desire to define future settings and, if we push the term, the new "crowns of the city" or monuments in which to catalyse the shared dream of a new city and a new notion of beauty in which to recognize oneself. A number of practical instances like so-called landform buildings or verticalscapes—respectively, extensive and intensive hybrid entities, energetically active buildings of a horizontal or vertical nature in which the territory of architecture and landscape is blurred—emerge as prototypologies with an ability to transform the categories and taxonomies of urban design, and as new somatic and technical settings whose urban efficiency is still to be explored, but whose strength resides in being a necessary consequence of this disciplinary convergence.
In the area of landscape design we witness a similar need for typological evolution. The urban park is an ever less instrumental inheritance of the figure/ground dichotomy. The "parks system" seems more capable of being successfully integrated in the new metropolitan context as an intensifier of biodiversity and of new forms of "hectometric" mobility, pedestrian and by bicycle. As opposed to the traditional green hierarchy extending from the garden and the urban park to the national park, new forms such as "biosphere reserves" involve scales and modes of intervention more in keeping with a productive articulation between nature and artifice. Their constitution in the form of concentric rings that modulate the relationship between human and biological activity offers a typology similar to that of the intensive and extensive organizations mentioned above, a typology which might serve as a model for advancing in the definition of other interventions and scales (as the works of Gilles Clément or Field Operations, among others, ably illustrate).
The emergence of new landscapes of energy and infrastructural production, the growing demand for organic gardens and green planning with thermodynamic criteria within the city, the reorganization of rural tourism, the growing attraction towards entropic spaces, the recycling of aban-

diluye el territorio de la arquitectura y el paisaje—, emergen como prototipologías con capacidad para transformar las categorías y taxonomías del diseño urbano, y como nuevos escenarios somático-técnicos cuya eficacia urbana aún está por explorar, pero cuya fuerza estriba en ser consecuencia necesaria de esta convergencia disciplinaria.

En el territorio del paisajismo vemos una necesidad similar de evolución tipológica. El parque urbano es una herencia cada vez menos instrumental de la dicotomía figura/fondo. El "sistema de parques" parece más capaz de integrarse con éxito en el nuevo contexto metropolitano, como intensificador de la biodiversidad y de nuevas formas de movilidad "hectométrica", peatonales y de bicicletas. Frente a la jerarquía tradicional del verde desde el jardín y el parque urbano al parque nacional, nuevas figuras como las "reservas de la biosfera" implican escalas y modos de intervención más acordes con una articulación productiva entre naturaleza y artificio. Su constitución en forma de anillos concéntricos que modulan la relación entre la actividad humana y la biológica, conforma una topología similar a la de las organizaciones intensivas y extensivas mencionadas anteriormente, que podría servir de modelo para avanzar en la definición de otras intervenciones y escalas (tal como permiten visualizar los trabajos de Gilles Clément o Field Operations, entre otros).

La emergencia de los nuevos paisajes de la producción de energía e infraestructurales, la demanda creciente de huertos orgánicos y la planificación del verde con criterios termodinámicos dentro de la ciudad, la reorganización del turismo rural, la atracción creciente por los espacios entrópicos, el reciclaje de territorios industriales y agrícolas abandonados y la gestión de los residuos, reclaman una mayor integración de los instrumentos de las tres disciplinas y sus recursos técnicos y formales, que ayudan a superar las visiones contemplativas y compensatorias adheridas históricamente al paisaje, y que reorientan las prácticas a la construcción de una nueva visión termodinámica, productiva en términos biológicos, culturales y sociales. Por otra parte, la utilización de principios ecológicos y *software* paramétrico ha facilitado la expansión del campo de acción desde la naturaleza a la ciudad y la incorporación del tiempo en las decisiones proyectuales, borrando aún más límites disciplinarios ya de por sí borrosos.

La reducción de emisiones de gases nocivos conforma un universo técnico en sintonía con el hasta aquí descrito para arquitectura y paisaje, no sólo por su implantación en grandes extensiones de colectores y en estructuras verticales a la búsqueda de condiciones solares y eólicas óptimas —reproduciendo a otra escala la dualidad *landform building/ verticalscape* ya mencionada—, sino por la alianza que implican entre los elementos naturales (aire, tierra, agua, fuego) y las decisiones formales, especialmente en relación al trinomio radiación/iluminación/ventilación, transformando cada vez más la toma de decisiones proyectuales, sea en el ámbito arquitectónico, en el paisajístico o en ambos a la vez, en una "biotécnica" que se basa en la integración de comportamiento termodinámico, eficacia estructural y voluntad formal en operaciones cada vez más sincréticas. Una biotecnología que recientemente ha empezado a dar sus frutos, compatibilizando datos provenientes de distintas disciplinas (estática, termodinámica, luminotecnia) para poder interactuar en tiempo real con modelos digitales tri-

doned industrial and farming areas, and the management of waste all call for greater integration of the tools of the three disciplines and their technical and formal resources. Such integration would help to go beyond the contemplative and compensatory visions adhering historically to the landscape, and re-orientate practices towards the construction of a new thermodynamic vision, productive in biological, cultural and social terms. Moreover, the utilization of ecological principles and parametric software has facilitated the expansion of the field of action from nature to the city and the incorporation of time in design decisions, blurring the already blurred disciplinary boundaries even more.

The reduction of emissions of harmful gases constitutes a technical world in harmony with the one hitherto described for architecture and landscape. This is not only due to its implantation in extended areas of collectors and in vertical structures in search of optimal wind and sunlight conditions—reproducing at another scale the landform building/verticalscape duality mentioned above—but is also on account of the alliance they involve between natural elements (air, earth, fire and water) and formal decisions, especially in relation to the radiation/illumination/ventilation trinomial. This trinomial is increasingly transforming design decisions—whether in architectural circles, in landscape design, or in both at the same time—into a "biotechnics" that is based on the integration of thermodynamic behaviour, structural efficiency and formal ambition in ever more syncretic interventions. A biotechnology that has recently started to bear fruit by bringing together data from different disciplines (static, thermodynamic and luminotechnic) in order to be able to interact in real time with three-dimensional digital models, determining the optimal energy balances at each updating of the model. Intuitive conventions and inventions are being replaced by a fine-tuning of the biological, physical and mathematical realms with creative subjective mechanisms, thus freeing the process of its time-honoured emotional and artesanal paraphernalia.

The prototypologies discussed above can be viewed from this angle as opportunities to develop new constructional entities as well as new operative methodologies. In the light of environmental technologies, verticalscapes are exemplary when it comes to investigating an optimization of the factor of form and the fine-tuning of radiation and natural illumination —factors that affect human and plant activity on an equal basis. They are also exemplary in exploring the advantages of laminar, cross- and vertical ventilation (solar chimneys), and in integrating photovoltaic, wind or geothermic generators according to scales, programmes and contexts. But, above all, they can be interpreted as combinations of thermodynamically complementary programmes: previously we said that a hybrid materiality—on the one hand active, on the other, massive and passive—was inseparable from sustainability. The vision of verticalscapes as programmatical hybrids can give a new dimension to this dialectic, facilitating completely new configurations of hitherto opaque or marginal metropolitan or neighbourhood facilities such as district heating and cooling or data centres, understood as distributor masses and/or generators of thermal energy. Verticalscapes may be understood as both thermodynamic and biotechnological entities, from which urban farms as well as housing or traditional public ameni-

dimensionales, precisando los balances energéticos óptimos a cada actualización del modelo. Las convenciones y los inventos intuitivos se ven sustituidos por un afinado de los ámbitos biológico, físico y matemático con los mecanismos creativos subjetivos, liberando el proceso de su ancestral parafernalia emotivo-artesanal.

Las prototipologías mencionadas pueden ser vistas desde esta óptica como oportunidades para desarrollar nuevas entidades constructivas, a la vez que nuevas metodologías operativas. A la luz de las tecnologías medioambientales, los *verticalscapes* son ejemplares para investigar la optimización del factor de forma y el afinado entre radiación e iluminación natural, factores que afectan por igual a la actividad humana y a la vegetal; explorar las ventajas de la ventilación laminar, transversal y vertical (chimeneas solares); integrar generadores fotovoltaicos, eólicos o geotérmicos en función de escalas, programas y contextos. Pero, sobre todo, pueden ser interpretadas como combinaciones de programas termodinámicamente complementarios: si previamente decíamos que era consustancial a la sostenibilidad una materialidad híbrida —por una parte activa, por otra masiva y pasiva—, la visión de los *verticalscapes* como híbridos programáticos puede llevar esa dialéctica a una nueva dimensión; posibilitando configuraciones inéditas de equipamientos metropolitanos o de barrio, integrando tipos hasta ahora opacos o marginales, como los *district heating and cooling* o los *data center*, entendidos como masas distribuidoras y/o generadoras de energía térmica. Los *verticalscapes* pueden ser entendidos como entidades termodinámicas y biotecnológicas simultáneamente, de las que pueden beneficiarse tanto granjas urbanas como viviendas o equipamientos públicos tradicionales, museos, bibliotecas, etc., modificando drásticamente las categorías asignadas a la arquitectura y el paisaje. Aún embrionarios, o visibles sólo en los ámbitos académicos avanzados, conforman el territorio de una prometedora mecánica operativa a la vez que tipológica.

Estrategias en relación a la forma
Es indiscutible la dimensión pública y política de la belleza termodinámica: su origen alternativo a una idea de modernidad y progreso impregna todo el discurso a pesar de que se desenvuelve en otros lenguajes, el de la física, el de la estética pintoresca del paisaje. En su libro *Politiques de la nature*,[2] Bruno Latour estableció un escenario convincente para la acción humana, basándose en el establecimiento de otras formas de diálogo democrático, proponiendo una democracia de las cosas y los humanos que demanda otro "parlamento" para desarrollarse. No insistiremos aquí en esta idea ni en otras que guardan una interesante similitud —como es el caso de Peter Sloterdijk—, sino en cómo estas prototipologías que hemos descrito hasta aquí están sujetas a una dimensión pública y política que se resuelve en su forma simbólica.

La ambición por establecer nuevas formas de diálogo entre humanos y no humanos (según la terminología de Bruno Latour) no puede "representarse" desde la indefinición formal ni desde el objeto icónico autorreferencial y autista. La disolución de la forma en las "condiciones de campo", en los procesos de adaptación temporal de la década de 1990 o el énfasis icónico posterior, fueron respuestas a contextos culturales específicos, desactivados en la actualidad. Las nuevas entidades termodinámicas no sólo interactúan con la experiencia mediante la pulsión somática y el control

ties, museums, libraries and so on can benefit, thus drastically modifying the categories assigned to architecture and landscape. As yet embryonic, or visible only in advanced academic circles, they constitute the territory of a promising operative, as well as typological, mechanics.

Strategies in relation to form
The public and political dimension of thermodynamic beauty is indisputable: its alternative origin to an idea of modernity and progress impregnates all discourse, despite being expounded in other languages —that of physics, of the picturesque aesthetic of landscape. In his book *Politics of nature*,[2] Bruno Latour established a convincing scenario for human action with regard to the establishing of other forms of democratic dialogue, putting forward a democracy of things and of humans that calls for another "parliament" in order to develop. We will not insist here on this idea nor on others that have an interesting similarity—as is the case of Peter Sloterdijk—but rather on how these prototypologies we've hitherto been describing are subject to a public and political dimension that is resolved in their symbolic form.

The ambition to establish new forms of human/non-human dialogue (as Bruno Latour's terminology has it) cannot "be represented" in terms of a formal lack of definition nor in terms of the self-referential, autistic, iconic object. The dissolution of form in "field conditions," in the processes of temporal adaptation of the 1990s or the later iconic emphasis, were responses to specific cultural contexts, which are deactivated today. New thermodynamic entities not only interact with experience through the somatic drive and the scientific control of exchanges of energy —they also operate in a cultural context of a radical revision of the modern project and within this they must be capable of emitting meaning, articulating a communicative and symbolic capacity as prototypes of a new project.

The nature/artifice dialogue is a truly sophisticated cultural construct that necessarily evolves in terms of formal as well as symbolic configuration, and is deployed on many scales and positions, from the microscopic to the cosmic, from the scientific to the spiritual realm, from the thermodynamic to the haptic, from crystalline to amorphous organizations, from environmental evanescence to the composition of conglomerates of maximum heterogeneity. The landscape design tradition convokes the figurativeness of the geometries of nature with their different cultural clues and connections, while the abstraction of thermodynamic physics approaches and maintains a great intimacy with tectonic tradition, sharing the self-same language (that of physics) and the self-same demand for synthesis and elegance in spatial solutions —something which has not always been understood among architects.

Form is also re-codified in terms of collective arrangements in which it is easy to distinguish the need for a representation in keeping with the global challenges that climate change creates in relation to our capacity for action. In a manner of speaking, contemporary beauty is or will be thermodynamic because the big problems are thermodynamic (or are at least perceived as such), and the images that this perception collectively generates are independent of disciplinary tradition, often more rooted before in a certain pop imagery (film, comics, photography, advertising, video clips and so on) or in political and geopolitical debate.

---

2. Latour, Bruno, *Politiques de la nature: comment faire entrer les sciences en démocratie*, La Découverte, París, 1999.

2. Latour, Bruno, *Politiques de la nature: comment faire entrer les sciences en démocratie*, La Découverte, Paris, 1999 (English version: *Politics of nature How to bring the sciences in to democracy*, Harvard University Press, Cambridge [Mass.], 2004).

científico de los intercambios energéticos, sino que operan en un contexto cultural de revisión radical del proyecto moderno, y dentro de él deben ser capaces de emitir sentido, articular una capacidad comunicativa y simbólica como prototipos de un nuevo proyecto.

El diálogo entre naturaleza y artificio es un constructo cultural verdaderamente sofisticado, que se desarrolla necesariamente tanto en términos de configuración formal como simbólica, y se despliega en múltiples escalas y posiciones, desde la microscópica a la cósmica, desde la esfera científica a la espiritual, desde la termodinámica a la háptica, desde las organizaciones cristalinas a las amorfas, desde la evanescencia ambiental a la composición de conglomerados de la máxima heterogeneidad. La tradición paisajística convoca la figuratividad de las geometrías de la naturaleza con sus distintas claves o filiaciones culturales, mientras la abstracción de la física termodinámica se acerca y mantiene una gran intimidad con la tradición tectónica, compartiendo un mismo lenguaje, el de la física, y una misma demanda de síntesis y elegancia en las soluciones espaciales, algo que no siempre se ha entendido entre los arquitectos.

La forma se recodifica también desde agenciamientos colectivos, en los que es fácil distinguir la necesidad de representación acorde a los retos globales que plantea el cambio climático en relación con nuestra capacidad de acción. Por así decirlo, la belleza contemporánea es o será termodinámica porque los grandes problemas lo son o, al menos, así son percibidos, y las figuras que esta percepción genera colectivamente son independientes de la tradición disciplinar, estando a menudo más ancladas a una cierta imaginería pop (cine, cómic, fotografía, publicidad, videoclip, etc.) o al debate político y geopolítico.

La respuesta arquitectónica a esta demanda recurre a la expansión generalizada de estrategias formales ensayadas en la modernidad, enfocadas a crear ahora campos semánticos ajenos a aquella tradición, caracterizados por su ambigua polisemia, metafórica y analógica. Construcciones aterrazadas que configuran topografías y montañas, geometrías amorfas o cristalinas que evocan una nueva naturalidad, edificios como tornados o como árboles son hoy el nuevo cliché pos-posmoderno que aún no ha sido problematizado (pero sí rápidamente fagocitado por las oficinas comerciales más astutas).

Este uso de la tradición moderna, arquitectónica y paisajística —en algunos casos obvio, en otros más ambiguos—, al añadir un diálogo desplegado en el tiempo con la propia disciplina, puede ayudar a nutrir el sistema evitando las simplificaciones del manifiesto y del optimismo desmesurado. Alejandro de la Sota decía que "Arquitectura es el aire que respiramos. Eso sí, un aire cargado precisamente de eso: de arquitectura". Hoy podemos afirmar que el aire que respiramos ya no está cargado exclusivamente de arquitectura, sino que contiene una mezcla gaseosa de energía, naturaleza y artificio, una amalgama que sólo con ingenuidad podemos imaginar no enraizada en la modernidad; se trataría, más bien, de administrar hacia el futuro la riqueza y contradicciones de ese patrimonio heredado.

El lenguaje en construcción es así a la vez deudor y radicalmente opuesto a la modernidad (a la relación entre técnica y naturaleza de la modernidad). Y al mismo tiempo es víctima de su accesibilidad pop y metafórica y de su proliferación, que tiende a acercarlo a la banalidad (un adjetivo ya no

The architectural response to these demands has recourse to the generalized expansion of formal strategies tried out in modernity —strategies centred on creating semantic fields today that are at odds with that tradition, characterized by their ambiguous metaphoric and analogical polysemy. Terraced constructions configuring topographies and mountains, amorphous or crystalline geometries evoking a new naturalness, buildings like tornados or trees are today the new postmodern cliché that has still not been rendered problematic (albeit rapidly gobbled up by the more astute commercial offices).

This use of modern architectural and landscape tradition—in some cases obvious, in others more ambiguous—can, in adding a dialogue with the actual discipline unfolding in time, help nourish the system by avoiding the simplifications of the manifesto and of an excessive optimism. Alejandro de la Sota used to say that "Architecture is the air we breathe. Yes, an air redolent with just that: with architecture." Today we can affirm that the air we breathe is no longer redolent with just architecture, but contains a gassy mixture of energy, nature and artifice, an amalgam we can only naïvely imagine not to be rooted in modernity; this would mean, rather, prospectively administering the richness and contradictions of that inheritance.

The language in building is thus at once indebted and radically opposed to modernity (to the relationship between technique and nature in modernity). And at the same time it is a victim of its pop and metaphoric accessibility and of its proliferation, which tends to bring it close to banality (an adjective that is no longer necessarily pejorative). To operate in this context between communicative figurations and the abstractions of thermodynamic physics is a difficult exercise in which the induction of somatic experiences often serves as a mediating agent between contradictory concerns. The thermodynamic about-turn involves a heterogeneous set of formal as well as constructional and typological strategies whose outcome in terms of beauty we are only now beginning to glimpse.

Our work during these years is focused on the primacy of form and style within this thermodynamic context overstimulated by technocratic and market-driven rhetoric. Operating in this context, it seems obvious that only cultural difference will be able to valorize the thermodynamic about-turn. In isolating form as a priority problem from the technical—see the two triangles once more—and at the same time aesthetic point of view, we have gradually explored the different possibilities geometry and topology provide for organizing strategic families that are susceptible to being grouped by degrees of greater or lesser geometric complexity (coinciding with their greater or lesser economic cost). From those which, basing themselves on the factor of form, seek maximum geometric simplicity (families approaching the simplicity of the cube and the sphere); to those which, emulating natural forms (geological and landscape ones), are organized in terms of triangular, circular or spiral compositions; and to those which, emulating the fluidity of energy or attempting to give visibility to thermodynamic phenomena like conduction, convection or radiation, enter the territory of complex geometries. This can happen either by the use of digital tools or by trusting in the most traditional tool, the hand, as a somatic medium between our rational condition and the stimuli of the external world.

Alejandro de la Sota, viviendas en Alcudia (Mallorca), España, 1984.
Alejandro de la Sota, housing in Alcudia (Majorca), Spain, 1984.

© Fundación Alejandro de la Sota

necesariamente peyorativo). Operar en este contexto entre la figuración comunicativa y las abstracciones de la física termodinámica, constituye un difícil ejercicio en el que la inducción de experiencias somáticas a menudo sirve como agente de mediación entre solicitudes contradictorias.
El giro termodinámico implica un conjunto heterogéneo tanto de estrategias formales como constructivas y tipológicas, cuyo resultado en términos de belleza sólo ahora comenzamos a vislumbrar.
Nuestro trabajo de estos años está enfocado a dar primacía a la forma y el estilo, dentro de este contexto termodinámico sobreestimulado por retóricas tecnocráticas y mercadotécnicas. Al operar en este contexto, parece evidente que sólo la diferencia cultural podrá poner en valor el giro termodinámico. Al aislar la forma como problema prioritario a la vez desde el punto de vista técnico —véanse los dos triángulos de nuevo— y desde el punto de vista estético, hemos ido explorando las distintas posibilidades que la geometría y la topología ofrecen para organizar familias estratégicas que admiten agruparse por grados de menor a mayor complejidad geométrica (coincidentes con su menor o mayor coste económico). Desde las que se basan en el factor de forma y buscan la máxima simplicidad geométrica (las familias de aproximación a la simplicidad del cubo y la esfera), a las que, emulando las formas naturales (geológicas y paisajistas), se organizan según composiciones triangula-

Pareja dentro de la cúpula de Jay Balwin.
Couple inside Jay Baldwin's dome.

© Jack Fulton, www.jackfulton.net

das, circulares o en hélice, hasta las que, emulando la fluidez energética o intentando dar visibilidad a fenómenos termodinámicos como la conducción, convección o radiación, entran en el territorio de las geometrías complejas, bien mediante el uso de instrumentos digitales o bien confiando en el instrumento más tradicional, la mano, como médium somático entre nuestra condición racional y los estímulos del mundo exterior.

Estas familias geométrico topológicas tienen su propia tradición cultural, así como distintos niveles de responsabilidad energética y diferentes efectos sobre el uso de los espacios. La confluencia de intereses termodinámicos, arquitectónicos y paisajísticos sobre cada una de estas familias, así como su facilidad comunicativa y adecuación a diferentes contextos y programas (sin olvidar sus raíces en la modernidad), forman el núcleo central de nuestro trabajo. Los proyectos aquí presentados pretenden superar la improvisación del pasado inmediato, para construir un nuevo cuerpo disciplinar basado en la integración de disciplinas en la creación de nuevos prototipos híbridos, en el reciclaje de los edificios y usos tradicionales, en la inducción de conductas somáticas que devuelvan el protagonismo a las experiencias individuales y a los agenciamientos colectivos del espacio y la ciudad. Menospreciar esta lógica comunicativa, aún en construcción, o encorsetarla en el territorio del formalismo, es todavía una posición crítica común, propia del ambiente tecnocrático en el que aún se desenvuelve el debate sobre la sostenibilidad, e implica una simplificación errónea al olvidar el papel de la arquitectura en la representación de valores en el ámbito de la vida cotidiana.

El giro desde el modelo tectónico y mecánico de la modernidad al modelo termodinámico contemporáneo, demanda construir nuevas entidades físicas experimentales y nuevas cartografías, que nos orienten en torno a las técnicas proyectuales, a los modos de integración disciplinar, a la organización de los sistemas constructivo tipológicos, a las filiaciones estéticas. El cruce de los lenguajes técnicos y culturales es la base para hacer fructífero el giro termodinámico en el plano crítico, en el técnico y en el estético.

These geometrico-topological families have their cultural identity as well as their different levels of energy responsibility, and different effects on the use of different spaces. The confluence of thermodynamic, architectural and landscape interests on each of these families, along with their communicative facility and adaptation to different contexts and programmes (without forgetting their roots in modernity), form the central nucleus of our work. The published projects in this issue seek to overcome the improvisation of the recent past in order to construct a new disciplinary body based on the integration of the disciplinary in the creation of new hybrid prototypes, on the recycling of buildings and traditional uses, on the induction of somatic behaviour patterns that restore the leading role to individual experiences and to collective arrangements of space and the city. To scorn this communicative logic, as yet under construction, or to straitjacket it in the territory of formalism is still a common critical position typical of the technocratic atmosphere the debate on sustainability is still developing in, and involves a mistaken simplification through forgetting the role of architecture in the representation of values in the realm of everyday life.

The visible about-turn from the tectonic and mechanical model of modernity to the contemporary thermodynamic model calls for the construction of new experimental physical entities and new cartographies that orientate us when it comes to design techniques, to the modes of disciplinary integration, to the organization of constructional-typological systems and to aesthetic affiliations. The intersection of technical and cultural languages is the bassis for the thermodynamic about-turn to bear fruit on the critical, technical and aesthetic plane.

15 notas + 5 anotaciones
15 notes + 5 annotations
Iñaki Ábalos, Renata Sentkiewicz + Enrique Walker

1. Me interesa vuestra noción de *garabato*, en particular como contrapartida a ciertos argumentos actuales sobre procesos de proyectación basados en premisas de optimización. El *garabato* —un dibujo lo suficientemente preciso como para representar las diferentes variables de un proyecto y, dado que, al encontrarse fortuitamente, éstas generalmente suponen conflicto, lo suficientemente ambiguo como para desencadenar diferentes posibilidades para un proyecto— pone énfasis, por el contrario, en la negociación de variables. Se trata de una suerte de *mesa de disección* o denominador común para la toma de decisiones, así como de la definición misma de lo que en arquitectura constituye proyectar...

Machu Picchu, Perú.
Machu Picchu, Peru.

© De Agostini/Getty Images

1 Es muy difícil pensar hoy en otro rasgo caracterizador de la producción que no sea el de la diferencia cultural. La accesibilidad ilimitada a la información conlleva una gran homogeneidad propositiva y una especie de presente continuo en el panorama actual, un enorme adelgazamiento del tiempo. Sólo al margen de este *mainstream* hay algo que producir, algo nuevo que construir, con lo que emocionar y emocionarse. Contra casi todas las evidencias, creemos en el futuro de la cultura frente a la información.

2 No hemos encontrado mejor medio creativo y de negociación que los apuntes a mano, los *garabatos*; dibujos rapidísimos, tan cargados de información como abiertos a diferentes interpretaciones, capaces de provocar conversaciones en las que cada interlocutor proyecta su visión y conocimiento propios. Entre una visión termodinámica, otra biológica y otra de raíz tectónica y cultural, los *garabatos* operan como geómetras-traductores, la única lengua capaz de construir consensos y mapas de orientación a la velocidad que trabaja la imaginación.[1]

3 El giro termodinámico ha dado una nueva dimensión al diálogo entre disciplinas, forzando a reorganizar los posicionamientos poéticos en terrenos de mayor objetividad física. Justo cuando los biomorfismos y las metáforas genéticas estaban en su apogeo, los análisis de los físicos han hecho una particular llamada al orden, en el sentido de la necesidad de un cierto marco de sencillez y rigor técnico en los procesos de formalización (y de simulación termodinámica). La mirada de los físicos devuelve a los procesos de invención y descubrimiento un principio de elegancia y simplicidad presente en la obra humana desde que existe una inclinación a la abstracción, sea en Machu Picchu o en cualquier castillo en la arena de cualquier niño. Por ello, no puede ser casual la proximidad del lenguaje termodinámico al tectónico; ambos provienen de áreas íntimamente asociadas de la física.

1 It's very hard, today, to think of another feature characterizing production that is not that of cultural difference. Unlimited access to information brings with it great propositional homogeneity and a kind of present continuous on the current scene, an enormous slimming down of time. Only on the margins of this mainstream is there anything to be produced, anything new to build, with which to give excitement and to get excited about. Against almost all the evidence we believe in the future of culture as opposed to information.

Enrique Walker (Buenos Aires, 1967) es arquitecto por la Universidad de Chile y máster por la Architectural Association de Londres. Actualmente es profesor en Columbia University de Nueva York y director del programa de máster en Advanced Architectural Design. Entre sus publicaciones recientes destacan los libros *Tschumi on architecture: Conversations with Enrique Walker* (The Monacelli Press, Nueva York, 2006) y *Lo ordinario* (Editorial Gustavo Gili, Barcelona, 2010).

Enrique Walker (Buenos Aires, 1967) studied architecture at the Universidad de Chile, and the Architectural Association, London. He teaches at the Graduate School of Architecture, Planning and Preservation, Columbia University, and directs the Master of Science programme in Advanced Architectural Design. His publications include *Tschumi on architecture: Conversations with Enrique Walker* (The Monacelli Press, New York, 2006) and *Lo ordinario* (Editorial Gustavo Gili, Barcelona, 2010).

2. La definición del proyecto como una ecuación entre el *garabato* y el *aforismo* interseca el debate de hace algunos años sobre *arquitectura diagramática*, escindido, precisamente, entre aquellos que definían el diagrama como un punto de partida, o un instrumento al inicio del proceso de proyectación, y aquellos que lo definían como un punto de llegada, o un atributo a su término. La noción de *aforismo* —el objetivo de que cada uno de vuestros proyectos conste las oportunidades que explotó del encuentro fortuito de variables para la disciplina— supone la reunión de ambos componentes y la afirmación del proyecto como argumento…

1. Your notion of the *doodle* interests me, particularly as a counterpoint to certain arguments about the design process today based on premises of optimization. The *doodle*—a drawing that is precise enough to represent the different variables in a project, and, given that in their chance encounter they usually entail conflict, one that is also ambiguous enough to trigger different possibilites for a project—puts emphasis instead on the negotiation of variables. It is indeed a sort of *dissecting table*, or common denominator for making decisions, as well as being the very definition of what design consists of in architecture…

2. The definition of the project as an equation between the *doodle* and the *aphorism* intersected the debate some years ago on *diagram architecture*, divided precisely between those who defined the diagram as a starting point, or an instrument at the outset of the design process, and those who defined it as an endpoint, or an attribute of its outcome. The notion of *aphorism*—the goal for each project to state the opportunities exploited in the chance encounter of variables for advancing the discipline—entails the meeting of both components, as well as the affirmation of the project as an argument…

4 Trabajar con figuras simples puede ser demasiado afirmativo; sistemáticamente provoca la necesidad de dotarlas de mayor ambigüedad. Si la geometría es rotunda, digamos cúbica o muy monumental, la materialidad tenderá a ser gaseosa, a confundirse con el cielo, a disolverse. Si la geometría es intrincada, la materialidad tenderá a estar más presente, a dar consistencia y unidad; si es curvilínea o redondeada, buscará brillos y superficies blancas sobre las que depositar las sombras. En general, ésta es una fórmula dialéctica entre geometría y materialidad nunca preestablecida, pero que funciona con regularidad, como un automatismo. Del mismo modo, siguiendo un protocolo de compensación, las figuras tienden a ser más abstractas cuanto más amable y natural es el contexto; en medios artificiales muy agresivos trabajamos más con figuras intrincadas que aceptan interpretaciones neonaturalistas. No es una fórmula, ni pretende ser algo metafórico, sino más bien reactivo, una reacción somática.

5 Hemos pasado de creer en una congruencia estricta entre forma y materia, a ver ahí un campo enorme de posibilidades. Nos interesa una pertinencia holística, tanto física como técnica y cultural: definir posiciones y expandir los límites de la experiencia con ellas. Esta especie de vitalismo nos lleva a acercarnos a la termodinámica y a interesarnos a su vez por la esfera de lo somático como una misma cosa. Por ello, más que de metáforas o silogismos, podríamos hablar de *aforismos*, edificios como aforismos, sin mayor argumento que su oportunidad, su mera presencia persuasiva. "Así lo quise" es la expresión que utilizó Cervantes para concluir *Don Quijote*. Suena brutal, pero es bastante clarificadora.[2]

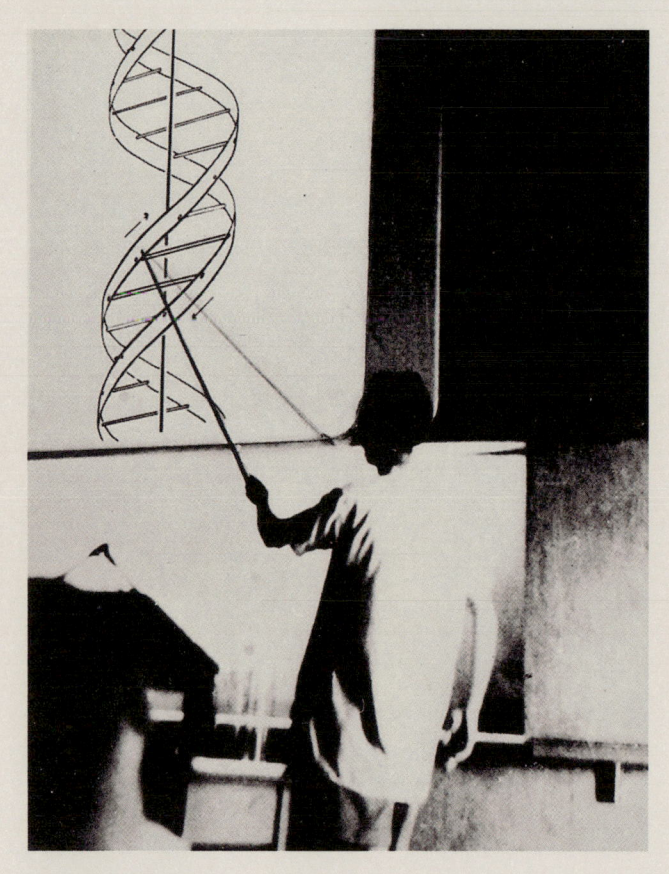

James D. Watson explicando la estructura de doble hélice del ADN, junio de 1953.
James D. Watson explaining the double helix DNA structure, June 1953.

2 We haven't found a better creative, transactional means than hand-drawn notations, *doodles*; ultra-rapid drawings, as open to different interpretations as they are laden with information, capable of provoking conversations in which each interlocutor projects his own vision and knowledge. Between a thermodynamic, biological, tectonic and cultural vision, *doodles* operate as geometers/translators, the only language capable of constructing consensuses and topographical maps at the speed the imagination works at.[1]

3 The thermodynamic turn has given a new dimension to the dialogue between disciplines, forcing a reorganization of poetic attitudes on terrains of greater physical objectivity. Just when biomorphisms and genetic metaphors were peaking, the analyses of the physicists have issued a particular call to order, in the sense of the need for a certain framework of simplicity and technical rigour in the processes of formalization (and of thermodynamic simulation). To the processes of invention and discovery the physicists' vision restores a principle of elegance and simplicity present in human building whenever there is an inclination towards abstraction, be it in Machu Picchu or in any kid's sandcastle. That's why chance has nothing to do with the closeness of thermodynamic and tectonic language: both come from areas intimately associated with physics.

4 Working with simple shapes can be too affirmative; it systematically leads to the need to endow them with greater ambiguity. If the geometry is strong, cubic or very monumental, say, the material appearance will have to be gaseous, to blend with the sky, to dissolve. If the geometry is intricate, the materiality will have to be more present, to give consistency and unity; if it is curvilinear or rounded, it will seek brightness and white surfaces on which to deposit the shadows. Generally speaking, this dialectical formula between geometry and materiality is never pre-established but functions regularly, like an automatism. Likewise, following a protocol of compensation, the friendlier and more natural the context, the more abstract the shapes tend to be. In very aggressive artificial atmospheres we work more with intricate shapes that accept neo-naturalist interpretations. This is not a formula, nor does it seek to be something metaphorical —instead, it is reactive, a somatic reaction.

5 We've gone on from creating in a strict congruence of form and material to seeing, there, a vast field of possibilities. We're interested in holistic pertinence, physical as well as technical and cultural: in defining positions and expanding the limits of experience with them. This kind of vitalism encourages us to get closer to thermodynamics and to be interested in turn by the realm of the somatic as a single thing. That's why rather than metaphors or syllogisms, we might speak of *aphorisms*, buildings as aphorisms, with no argument other than their appropriateness, their mere persuasive presence. "That's how I wanted it" is the phrase Cervantes used to conclude *Don Quixote*. It sounds incredible, but is quite enlightening.[2]

6 En sí mismas, algunas figuras tienen embebida una complejidad interpretativa que no puede pasar desapercibida. La doble hélice del ADN es un logo de nuestro tiempo, un hito histórico y científico cuya proximidad topológica con la verticalidad del rascacielos no ha dejado de influir en los intentos contemporáneos de reformulación de este tipo. Explorar sus potencias para introducir una nueva dimensión pública es un tema recurrente en nuestro trabajo: entendemos con frecuencia la construcción vertical como una forma de crear lo que hemos denominado *verticalscapes*. Frente a la tentación de mímesis orgánica y pintoresca, nos interesa a menudo una geometría mas dura, mineral, aceptando su asociación a montañas, rocas y observatorios: una condición pintoresca, entre arquitectura y paisajismo, que nos permite mayor rigor y tensión geométrica.

7 La fascinación de los románticos por las montañas supone otra referencia ineludible, tanto por ser la inspiración más inmediata de los *verticalscapes* como por las geometrías geomorfológicas y cristalinas que implica. Atiende a su vez a una cierta emoción y a la observación científica, como los conocidos estudios de Eugène Emmanuel Viollet-Le-Duc, o esa vena romántica y científica de Richard Buckminster Fuller y sus geometrías geodésicas. Volvemos a encontrar la triangulación en la concepción estructural de la construcción en altura desde la década de 1970, al considerar las deformaciones y las acciones horizontales como objetivos prioritarios de su atención. O, de forma más bricolajista, en la manera en la que generemos topografías a partir de superficies planas trianguladas en las maquetas más sencillas. La triangulación topográfica supone una técnica de optimización estructural y de evocación paisajística, y también, gracias a pliegues e inflexiones, puede devenir en estrategia de adaptación energética eficaz. Hemos trabajado con esta posibilidad siempre conscientes de sus potencias como recurso figurativo, como réplica dialéctica de los Alpes en la torre Spina de Turín, como gruta y generador de un parque de parterres en la estación intermodal de Logroño..., y siempre conscientes de la influencia especial que tenía sobre nosotros Bruno Taut y la gran hermandad expresionista en torno suyo.

Bruno Taut, "La montaña de cristal", en *Arquitectura alpina*, lámina 7, 1929.
Bruno Taut, "Crystal mountain", in *Alpine architecture*, plate 7, 1929.

6 In themselves, some shapes have incorporated an interpretative complexity that cannot go unnoticed. The DNA double helix is a logo of our time, an historical and scientific landmark whose topological proximity to the verticality of the skyscraper has inevitably influenced contemporary attempts to reformulate the type. Exploring its capacity to introduce a new public dimension is a recurring theme in our work: we frequently understand the vertical construction as a way of creating what we've called *verticalscapes*. In contrast to the temptation of organic, picturesque mimesis, we are often interested in a harder, more mineral world, accepting its association with mountains, rocks and observatories: a picturesque condition, somewhere between architecture and landscape design, that allows us greater rigour and geometrical tension.

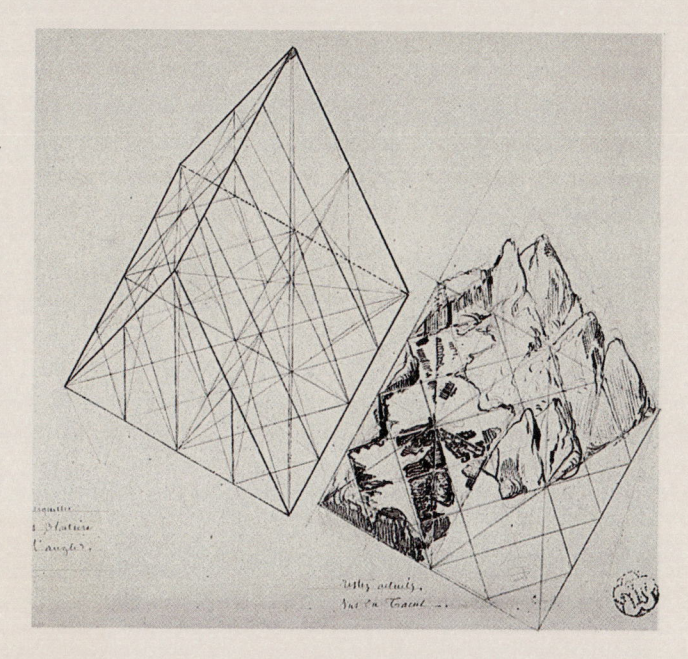

7 The fascination of the Romantics for mountains involves another unavoidable reference, due to being the most immediate inspiration for both the *verticalscapes* and for the geomorphological and crystalline geometries it implies. It responds, in turn, to a certain emotion and to scientific observation, like the well-known studies of Eugène Emmanuel Viollet-Le-Duc, or the romantic, scientific vein of Richard Buckminster Fuller and his geodesic geometries. We meet triangulation once again in the structural conception of high-rise building since the 1970s when considering deformations and horizontal actions to be the main goals of its attention. Or, in a more *bricolage* style, in the way we generate topographies from flat surfaces triangulated in the simplest sort of models. Topographical triangulation involves a technique of structural optimization and of landscapist evocation, and also, thanks to angles and inflections, it can turn into an effective strategy for energy adaptation. Ever aware of its potential as a figurative resource, we've worked with this possibility as a dialectical replica of the Alps in the Spina Tower in Turin, as a grotto and generator of a park of parterres in the intermodal station in Logroño, and ever aware of the special influence Bruno Taut and the Expressionist fraternity around him has had on us.

Eugène Emmanuel Viollet-le-Duc, estudios geométricos.
Eugène Emmanuel Viollet-le-Duc, geometric studies.

3. Una de las oportunidades latentes de expansión disciplinar en la actualidad es lo que denomináis el *giro termodinámico*. La introducción de dicho término es deliberada, ya que os permite desplazar los lugares comunes de la sostenibilidad y, del mismo modo, reincorporarla al proyecto como una variable que negociar con las demás, en lugar de una variable que optimizar de por sí, que como modalidad predominante ha supuesto escasas implicaciones disciplinares. La consecuencia de dicho desplazamiento es potencialmente la desestabilización —y el desafío de redefinición— del archivo tipológico existente. De ahí que hayáis acuñado además el término *prototipología* como un objetivo...

3. A latent opportunity for the discipline today is what you call the *thermodynamic turn*. The introduction of the term is deliberate, as it allows you to displace the clichés of sustainability, as well as to reinstate the issue in the project as a variable to be negotiated with others, instead of a variable to be optimized by itself, which as a predominant mode has entailed few implications for the discipline. Potentially, the consequence of this displacement is the destabilization—and the challenge of redefinition—of the existing typological archive. Hence the term *prototypology*, which you have coined as a goal...

4. As a matter of fact, the term *verticalscape* describes a *prototypology*. Besides the challenge of a contemporary typological investigation, it entails an opportunity to broaden the debate on *landscape*, a term that has been eroded over the past few years as it has implied less the formulation of a conceptual strategy than the description of a literal object. That is, *landscape* has become landscape. Moreover, the term *verticalscape* has the potential for advancing two trajectories already at play in your own work—that of the tower and that of the landscape—precisely through the productive conflict of their respective strategies...

8 Cada edificio es un prototipo, el producto de un lugar y de unos datos concretos, pero su sentido no se agota en estos datos locales, sino que mantiene un alto nivel de abstracción y generalidad: por ello lo denominamos *prototipología*. Siempre nos ha parecido que esta tensión entre datos locales y capacidad para abstraerlos constituía el mejor indicador de la buena arquitectura, pero es aún más obvio cuando hablamos de *verticalscapes*, cuya vocación de autonomía respecto del suelo es inherente a su condición vertical: sólo el clima como factor relativamente local nos liga a determinadas estrategias espaciales. Varios de los prototipos ensayados están siendo revisados para otras localizaciones y su adaptabilidad nos parece lógica y legítima; la mejor demostración de su idoneidad como tipología para un nuevo contexto, el de las grandes ciudades de hoy.³

8 Each building is a prototype, the product of a location and of concrete data, but its meaning is not exhausted in these local data —instead, it maintains a high level of abstraction and generality: that's why we call it *prototypology*. We've always felt that the tension between local data and an ability to abstract from them was the finest indicator of good architecture, but it's even more obvious when we speak of *verticalscapes*, whose aspiration towards autonomy vis-à-vis the ground is inherent in their vertical condition: only the relatively local factor of climate obliges us to keep to certain spatial strategies. Various prototypes linked to a specific location are being revised by other localities and to us their adaptability seems logical and legitimate; the finest demonstration of their suitability as a typology for a new context, that of the big cities of today.³

9 El interés por el protagonismo del "sujeto" frente al "icono" está muy presente en proyectos basados en la confianza en el impulso de la mano como mediación entre naturaleza e intelecto, tal como la litografía de Pablo Picasso muestra de forma inequívoca. El *garabato*, los redondeles y los dibujos automáticos aparecen recurrentemente en nuestro trabajo de una forma muy impulsiva, y siempre hay detrás una idea de relación con la experiencia del sujeto, con la acción y el movimiento. Dan pie a una vía de integración entre arquitectura, paisaje y energía: la proximidad formal con paisajes en movimiento o erosionados permite asociaciones muy directas, mientras ciertas propiedades físicas y mecánicas (sombras arrojadas, menor resistencia a esfuerzos horizontales, encauzamiento y aceleración del viento) posibilitan un eficaz despliegue tectónico y termodinámico que hemos ido explorando en aquellas ocasiones que parecía oportuno.

9 An interest in the protagonism of the "subject" as opposed to the "icon" is very present in projects based on a confidence in the impulse of the hand as a mediation between nature and intellect, as Pablo Picasso's lithograph unmistakably shows. The *doodle*, circles and automatic drawings appear time and again in our work in a very impulsive form, and behind them there is always an idea of relation with the experience of the subject, with action and movement. They give rise to a system of integrating architecture, landscape and energy: a formal proximity to landscapes in movement or eroded landscapes leads to very direct associations, while certain physical and mechanical properties (cast shadows, a lesser resistance to horizontal forces, the channelling and acceleration of the wind) permit the kind of efficient tectonic and thermodynamic deployment we've explored on those occasions it seemed right to do so.

10 Es siempre difícil establecer un equilibrio entre la realidad constructiva del día a día y la tendencia técnica general, pero es una parte esencial de nuestro trabajo tender puentes hacia el futuro, apostar por aquello que satisface las necesidades más poéticas del hombre. Hay sostenibilidad y belleza en el vidrio, como también la hay en las atmósferas naturales y umbrías alrededor de nuestras casas o en la ventilación natural de los lugares de trabajo. El vidrio es un material esencial, una herencia irrenunciable de la modernidad (de hecho, la modernidad es casi reducible a vidrio y rascacielos). Contra los profetas de una sostenibilidad miedosa, creemos en el vidrio, el único material cuya respuesta termodinámica no ha parado de avanzar en las últimas cinco a seis décadas, y sigue haciéndolo con los nuevos vidrios fotovoltaicos transparentes, que desplazan los impulsos eléctricos al bastidor perimetral; una revolución a la vuelta de la esquina que cambia el papel del vidrio de elemento inerte a elemento activo, del punto débil energético del edificio al captador que lo alimenta.

10 It's always difficult to strike a balance between the reality of building on a daily basis and the technical tendency in general, but it's an essential part of our work to build bridges in terms of the future, to wager on what might satisfy the more poetic needs of man. There is sustainability and beauty in glass, as there is, too, in natural and shady atmospheres around our houses or in the natural ventilation of the workplace. Glass is an essential material, an inalienable inheritance of Modernism (in fact Modernism is all but reducible to glass and skyscrapers). Against the primitive prophets of a fainthearted sustainability, we believe in glass, the only material whose thermodynamic response has not stopped advancing in the last five or six decades, and goes on doing so with the new transparent photovoltaic glass, which displaces the electrical impulses to the perimeter frame; a revolution just around the corner that changes the role of glass from an inert to an active element, from the building's weak energy point to the collector that feeds it.

Proceso de construcción de la obra de Antoni Tàpies *Nube y silla*, hacia 1990.
Construction process of Antoni Tàpies's work *Cloud and chair*, c. 1990.

© Fons Fotogràfic F. Català-Roca-Arxiu Fotogràfic de l'Arxiu Històric del Col·legi d'Arquitectes de Catalunya/© Fundació Antoni Tàpies/Vegap, Barcelona 2010

<

Robert Smithson, *Proyecto isla*, 1970.
Robert Smithson, *Island project*, 1970.

Robert Smithson, *Paisaje entrópico*, 1970.
Robert Smithson, *Entropic landscape*, 1970.

© Estate of Robert Smithson, Vegap, Barcelona, 2010

Pablo Picasso, *Pintor y modelo tricotando* (ilustración para el relato de Balzac *Le chef d'œuvre inconnu*), 1927. Aguafuerte, 38,6 x 50,6 cm.
Pablo Picasso, *Painter and model knitting* (illustration for Balzac's *Le Chef d'œuvre inconnu*), 1927. Etching, 38.6 x 50.6 cm.

© Sucesión Picasso/Vegap, Madrid 2010. Fotografía/*Photography*: Museo Picasso Málaga.
© Museo Picasso Málaga

141

Le Corbusier, villa Meyer, Neuilly-sur-Seine, Francia, 1925.
Le Corbusier, Meyer Villa, Neuilly-sur-Seine, France, 1925.

© FLC/Vegap, Barcelona 2010

4. El término *verticalscape* describe precisamente una *prototipología*. Además de un desafío de investigación tipológica contemporánea, constituye una oportunidad para expandir el debate sobre *paisaje*, cuyo término se ha desgastado en estos últimos años al referirse en menor grado a la formulación de una estrategia conceptual que a la descripción de un objeto literal: el *paisaje* se ha vuelto paisaje. Más aún, el término *verticalscape* posee el potencial de avanzar dos trayectorias ya en juego en vuestro trabajo —la de la arquitectura de la torre y la de la arquitectura del paisaje—, precisamente mediante el conflicto productivo de sus estrategias correspondientes...

5. Your concept of *still life*, just as the notion of *landscape*—or that of *field condition*, the horizontal and infinite surface which about two decades ago became instrumental for reconceptualizing and designing for the dispersed city—entails a strategy for organizing objects. However, as opposed to those notions, the concept of *still life* puts emphasis on the form between the objects as much as on the form of the objects. Potentially, it is a sort of *dissecting table* through which a number of types are brought into relation: the house, the pavilion, the factory, the tower, and the landscape itself...

11 Los *verticalscapes* suponen un paso adelante en la exploración de la construcción en altura. No sólo son un punto de encuentro entre arquitectura y paisaje, o una forma de introducir nuevas dimensiones de lo público en la tradición del rascacielos, sino que también son una forma de entender la hibridación de programas como una estrategia medioambiental global, una triple concurrencia que debe dar forma a una nueva generación de edificios verticales. Nuestros proyectos no entran en la competencia por "el más alto", "el más original" o "el más impactante"; nuestro objetivo es construir paso a paso una cartografía del *verticalscape* como catalizador del imaginario colectivo de las metrópolis actuales.[4]

12 El estilo es un aire de familia no necesariamente vinculado a los rasgos físicos. Muchas veces se da con mayor claridad en la forma de andar, de hablar o de reírse, en los somatismos del individuo. Igualmente pasa en arquitectura, hay quien viene repitiéndose a sí mismo de forma sobreactuada con rasgos siempre similares, y hay otros, entre lo que nos gustaría estar, que pueden y tienden a ser diversos usando materiales y geometrías según la ocasión, y, sin embargo conservan un aire, un estilo, porque los somatismos, la forma de relacionarse, posicionarse, mirar o mostrar indiferencia, la forma de invitar a ciertas acciones, de interactuar con la gente y las cosas, tiene ese aire familiar. La experimentación con técnicas, soportes y escalas diferentes resulta más productiva a la hora de definir una trayectoria que la búsqueda de la firma del autor en rasgos repetidos.

13 Muchos de los proyectos que presentamos se centran en la redefinición de la idea de museo, el lugar de las musas, esos personajes que encarnan la idea de belleza. Nos movemos en círculos entre la casa, el pabellón, la fábrica, la torre y el paisaje. El museo, al menos el museo al que aspiramos, es lo que une a estos cinco tipos; mejor dicho, es la consecuencia de intentar unir estas cinco modalidades espaciales en una.

14 Cuando hay que operar con volúmenes y usos muy diferenciados, pensamos en naturalezas muertas o *bodegones*, un género que proporciona claves para adaptar materialidades diferentes, acuerdos entre distintos intereses disciplinares, conjuntos congruentes con datos de partida incongruentes. Los *bodegones* son referencias explícitas en nuestro trabajo de reciclaje de estructuras históricas (el CaixaForum

11 *Verticalscapes* are a step forward in the exploration of high-rise building. Not only are they a meeting point between architecture and landscape and a way of introducing new dimensions of the public in the tradition of skyscrapers, they are also a way of understanding the hybridization of programmes as a global environmental strategy, a triple concurrence that is bound to shape a new generation of vertical buildings. Our projects do not enter into the competition to be "the highest," "the most original" or "the most impressive"; our goal is to construct, step by step, a cartography of the *verticalscape* as a catalyst of the collective imaginary of contemporary metropolises.[4]

12 Style is a family resemblance not necessarily linked to physical features. Often it is found more clearly in the way of walking, talking or laughing, in the somatisms of the individual. It can also occur in architecture, there are those who go on exaggeratedly repeating themselves with features that are forever similar, and there are others, among whom we would like to count ourselves, who can, and tend to, be varied, using materials and geometries according to the occasion, and yet they retain a resemblance, a style, because somatisms, the way of relating, positioning oneself, looking or displaying indifference, the way of inviting certain actions, of interacting with people and with things, possesses that family resemblance. Experimenting with different techniques, supports and scales is more productive when it comes to defining a trajectory than the search for the author's signature in repeated features.

13 Many of the projects we present focus on redefining the idea of a museum, the place of the Muses, those persons who embody the idea of beauty. We move in circles between the house, pavilion, factory, tower and landscape. The museum, at least the museum we aspire to, is what unites these five types; or better yet, it is the consequence of attempting to unite these five spatial modalities in one.

14 When we have to operate with highly differentiated volumes and uses, we think of *still lifes*, a genre that provides us with clues for adapting different materialities, agreements between distinct disciplinary interests, congruent groupings with incongruous starting data. *Still lifes* are explicit references in our work of recycling historic structures (CaixaForum in Seville, the Fundació Antoni Tàpies in Barcelona) and complex programmes and scales (the Performing Arts Centre in Taipei, the intermodal station in Logroño, the four energy observatories on La Palma, in the Canary Islands); in them, unity is arrived at through the tension between different forms and materials, and in the articulation of living and inert elements. Le Corbusier's passion for vases, amphorae and bottles, both handmade and industrial, and the everyday materials with which he constructed his *still lifes* (all this is crucial to understanding his mature work, as well as a lot of his early work) is a reference that is very present in our work (and, of course, in that of other architects we admire, such as Oscar Niemeyer).[5]

15 The diagram of the sports hall of the Maravillas School in Madrid that Alejandro de la Sota drew in 1962 and called "ventilation and insolation diagram" expresses to perfection the idea of thermodynamic beauty as the concurrence

5. Vuestro concepto de *bodegón*, al igual que la noción de *paisaje* —o la de *condición de campo*, la superficie horizontal e infinita que hace casi dos décadas fue instrumental para la reconceptualización y proyectación de la ciudad dispersa—, constituye una estrategia de organización de objetos. Sin embargo, a diferencia de dichas nociones, el *bodegón* pone énfasis tanto en la forma entre los objetos como en la forma de los objetos. Potencialmente, se trata de una *mesa de disección* mediante la cual se ponen en relación una serie de tipos: la casa, el pabellón, la fábrica, la torre, el mismo paisaje...

de Sevilla, la Fundació Antoni Tàpies de Barcelona) y de programas y escalas complejos (el Centro de artes escénicas de Taipei, la estación intermodal de Logroño, los cuatro observatorios de la energía en la Isla de La Palma, Canarias); en ellos, la unidad se alcanza a través de la tensión entre formas y materiales diferentes, y en la articulación de elementos vivos e inertes. La pasión de Le Corbusier por vasos, ánforas y botellas, tanto artesanales como industriales, y por los materiales cotidianos con los que construía sus *bodegones* (todo ello clave para entender su obra de madurez, así como gran parte de la inicial), es una referencia muy presente en nuestro trabajo (y desde luego en la de otros arquitectos que admiramos, como Oscar Niemeyer).⁵

15 El esquema del gimnasio del colegio Maravillas de Madrid que Alejandro de la Sota dibujó en 1962 y denominó "esquema de ventilación y soleamiento", expresa a la perfección la idea de belleza termodinámica como concurrencia entre vitalismo y rigor técnico. Los elementos naturales activan una invención tectónica de forma termodinámica, posibilitando a esas figuras dibujadas intensificar su experiencia vital en el marco de una construcción elemental y sorprendente; es un resumen de lo que buscamos. Lo mismo sucede con sus ociosos veraneantes vagueando en sus hamacas en las casas de vacaciones en Alcudia, Mallorca: ese dibujo representa para nosotros la cabaña primitiva en la geografía del sol. Y ambos dibujos conllevan un despliegue técnico que tiende a hacerse invisible: también en eso hay una gran lección.

of vitalism and technical rigour. The natural elements activate a tectonic invention of thermodynamic form, thus making it possible for those drawn shapes to intensify their vital experience within the framework of a surprisingly elementary building; it is a summing up of what we seek. The same thing happens with his idle holidaymakers lazing around in their hammocks in the Alcudia holiday homes in Mallorca: for us, that drawing represents the primitive hut in the geography of sunshine. And both drawings involve a technical deployment that tends to make itself invisible: in that, there is also a great lesson.

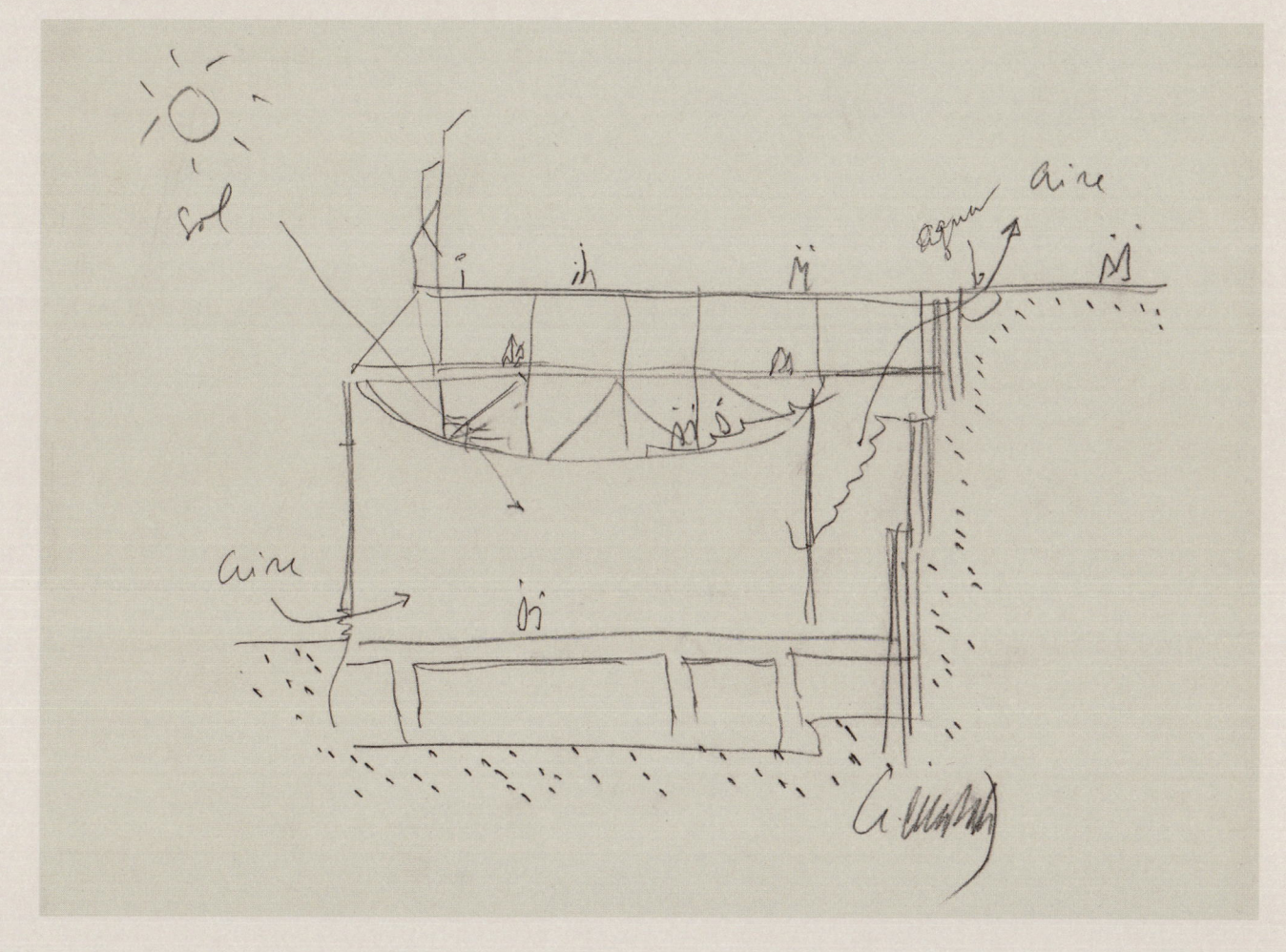

Alejandro de la Sota, gimnasio del colegio Maravillas, Madrid, España, 1961.
Alejandro de la Sota, Maravillas School sports hall, Madrid, Spain, 1961.

© Fundación Alejandro de la Sota

Próximo número
Forthcoming issue
njiric+ arhitekti

2G N.57 njiric+ arhitekti

Textos de Texts by
Stephen Bates,
Yoshiharu Tsukamoto

Nexus Texto de
Hrvoje Njiric,
Juan Herreros

Text by
Hrvoje Njiric,
Juan Herreros

Revista internacional de arquitectura
International Architecture Magazine

Textos de Texts by
STEPHEN BATES,
YOSHIHARU TSUKAMOTO

Urbanización residencial, Gracani, Zagreb
Housing project, Gracani, Zagreb

Casa Granturismo, Silves
Granturismo house, Silves

Casa Cipea, Nanjing
Cipea house, Nanjing

Ampliación de la biblioteca de Asplund, Estocolmo
Asplund Library extension, Stockholm

Grupo de viviendas, Markusevec, Zagreb
Housing ensemble, Markusevec, Zagreb

Guardería MB, Zagreb
MB Kindergarten, Zagreb

Centro cultural romaní, Kozari Bok, Zagreb
Romany cultural centre, Kozari Bok, Zagreb

Estadio de fútbol, Zagreb
Football stadium, Zagreb

Hotel Superdalmatia, Ciovo
Hotel Superdalmatia, Ciovo

Casa T, Drnis
House T, Drnis

Facultad de derecho, Split
Law Faculty, Split

Pabellón ZG, Zagreb
ZG pavilion, Zagreb

Biblioteca universitaria, Zadar
University library, Zadar

Biografía
Biography

Nexus
Una conversación entre Hrvoje Njiric y Juan Herreros
A conversation between Hrvoje Njiric and Juan Herreros